立命館大の英語

［第10版］

教学社編集部 編

教学社

はしがき

受験勉強は，ただやみくもに暗記したり，がむしゃらに問題を解いていけばよいというものではない。志望する大学がどんな試験をするのか，どんな問題を出すのかを知っていれば，それに合わせた勉強ができる。情報をもたない受験生より効率的な学習ができ，いい点もとれるはずである。

本書は，立命館大学合格を目指す受験生に向けて，立命館大学の英語の傾向を知り，傾向に合った対策を立ててもらうために編集されたものである。

立命館大学の入試は，メインとなる全学統一方式のほか，複数の方式で行われている。英語の試験は，いずれの方式でも出題のパターンはほぼ同じであり，各日程間に出題形式や難易度などの差異はほとんど見られない。いずれの方式・日程を受ける受験生も，この 1 冊で立命館大学の英語の全体像をつかむことができるだろう。

まず**「傾向と対策」**編では，「傾向を知り，対策を立てる」ための指針を示しておいた。受験生はこれをもとに自分に合った学習計画を組み立ててもらいたい。

「問題＆解答・解説」編では，演習の素材として，過去問を用意した。方式・日程，長文テーマなど，出題内容のバランスを考慮して，過去 11 カ年分（2012〜2022 年度）より 64 題を精選した。出題（設問）形式ごとに対策をとることができるよう，**第 1 章　長文読解①**，**第 2 章　長文読解②**，**第 3 章　会話文**，**第 4 章　文法・語彙**の章立てとしている。苦手分野がある場合は，そこを重点的に学習するのにも役立ててもらえるだろう。

また，各章冒頭には**「出題傾向と解法のコツ」**のページを設け，立命館大学の英語を解く際に，どのような方法で取り組むとより短時間で解答できるかを，できる限り具体的に紹介した。解答・解説のページにも，さまざまな**「解法テクニック」**や**「Check」**を盛り込んだので，こちらも参考にしてほしい。

本書は，立命館大学志望者が入試で合格点をとることを目標としている。満点をとるのは実際ほぼ不可能であり，得点しなければならない設問もあれば，間違っても仕方ない設問もある。それを意識した上で，どの問題で正解すべきかわかるように，各問に**難易度**を表記した。学習の目安として活用してほしい。

ともかく，本書に掲載されている過去問にあたっていくこと。それが，立命館大学合格への第一歩である。

CONTENTS

第1章　長文読解①

第2章　長文読解②

第3章　会話文

第4章　文法・語彙

〈1〉空所補充（文法・語法）

〈2〉誤り指摘

〈3〉語句整序

〈4〉空所補充（語）

〈5〉類語選択

掲載内容についてのお断り

- 「国際関係に関する英文読解」（国際関係学部IR方式）は掲載しておりません。
- 立命館アジア太平洋大学の試験は立命館大学と同一問題で実施されていますが，本書の試験方式については立命館大学のみの記載となっております。
- 試験方式，名称は年度により異なります。試験の詳細は最新の入試要項で必ず確認してください。
- 本書に掲載されている入試問題の解答・解説は，出題校が公表したものではありません。

傾向と対策

傾向

■出題の概要

立命館大学の入試には，多くの方式・日程があるが，英語の試験については，いずれの方式・日程も，**試験時間 80 分**で，解答方式は**マークセンス法**である。

問題構成のパターンも各日程で共通しており，以下の通りである。長文読解問題の比重が大きく，ここで確実に得点を積み上げられるかがポイントとなる。さらに，会話文，文法・語彙も問われ，総合的な英語力が試されている。高得点をとるためには，時間内に解くスピードを身につけること，読解力を養成すること，苦手分野をつくらないことが大きなカギになるだろう。

●問題構成のパターン

大問	出題形式	設問形式とその内容	本書での扱い
I	長文読解	〔1〕内容説明：本文の内容に関する英問英答（4問） 〔2〕内容真偽：英文を本文の内容に「一致・不一致・判断しかねる」のいずれかに判別（5問） 〔3〕主　　題：本文の主題を表すものを選択（1問）	第1章
II	長文読解	〔1〕空所補充（8問） 〔2〕内容説明：本文中の代名詞や語句の意味または内容として適当なものを選択（5問）	第2章
III	会話文	〔1〕空所補充：やや長い会話（4問） 〔2〕空所補充：やや長い会話（4問）	第3章
IV	文法・語法	空所補充：文法・語法に関するもの（8問）	第4章〈1〉
V	語彙	〔1〕空所補充：語彙に関するもの（5問）	第4章〈4〉
		〔2〕類語選択：下線部の語の類語を選択（5問）	第4章〈5〉

※上表は 2016 年度以降の問題構成。第 4 章〈2〉・〈3〉の誤り指摘と語句整序は，2015 年度までは出題されていたが，2016 年度以降は出題されていない。しかし，同様の問題が再び出題される可能性を考慮し，本書ではこれらを旧版から引き継いで掲載した。なお，各章冒頭「出題傾向」の表は最新の出題内容に準じる。

■難易度

Ⅰ・Ⅱ：英文のレベルは「コミュニケーション英語Ⅱ」「コミュニケーション英語Ⅲ」の教科書後半（語彙・内容のレベルが高い英文）程度である。設問のレベルも標準的で，Ⅰの「どちらとも判断しかねる」を含む独特な形式の内容真偽以外はオーソドックスな問題である。ただし，時間配分に注意が必要。

Ⅲ：基本レベルの出題で満点を狙える問題である。

Ⅳ：熟語に関する問題は基本・標準レベルの出題が大半であるが，難度の高いものが出題されることもある。

Ⅴ：やや難しい語も含まれるが，問われているのはおおむね標準レベルの意味である。

■時間配分

80分の試験時間内にすべての問題を解き，見直しのための時間を残す必要がある。本書ではそれぞれの問題に**「目標解答時間」**を記している。これを目安にして，常に時間を意識しながらトレーニングを積むようにしよう。問題はⅠから順に解いていくのが理想だが，時間が足りない場合は，比較的易しいⅢ・Ⅳ・Ⅴを先に解くのも一つの手だ。確信のもてなかった問題は余った時間で再検討し，得点アップを狙おう。

対策

●長文読解（Ⅰ・Ⅱ）

出題テーマは環境，社会，科学（特に生物学），文化，教育，随筆とあらゆる分野に及ぶ。英字新聞・雑誌などからの出題もあり，時事問題も取り上げられる。まずは『やっておきたい英語長文500』（河合出版）や『英語長文レベル別問題集 4中級編』（ナガセ）で読解力をつけたうえで，本書や大学入試シリーズ（赤本）など，過去問でその実力を試すのが第一の対策である。さらに，時事英文の対策として実用英語技能検定（英検）2級・準1級の長文問題に取り組むことを勧める。

●会話文（Ⅲ）

教科書での学習が有効。状況把握や会話の流れをつかむ練習をしよう。会話特有の表現が出題されることもあるので，参考書を使ってマスターしておきたい。『英語入試問題解法の王道1　会話問題のストラテジー（改訂版）』（河合出版）や『入試によく出る！「英会話・口語表現」の徹底トレーニング』（プレイス）などがお勧め。またインターネット上の会話動画も，自然な表現が身につくので役に立つ。

●文法・語法・語彙（Ⅳ・Ⅴ）

文法・語法については，学校で学習した教材を復習し，基本事項をしっかり身につけること。語彙問題は，要求される単語レベルが高いことも多い。まず，本書などの過去問で自分の語彙力を試してみよう。満点がとれない，あるいは，不十分と思われた場合は，入試直前まで単語の暗記に努めてほしい。

<最新2カ年　長文テーマ一覧>

年度	方　式	日程	大問	テーマ（主題）
2022	全学統一〈文系〉	2/1	Ⅰ	ハワイ語の復興
			Ⅱ	カモノハシの個体数の推移とその未来
	全学統一，理系型3教科，薬学	2/2	Ⅰ	二人の先駆的ルネサンスの画家の業績
			Ⅱ	なぜ電話で待たされるといらつくのか
	全学統一	2/3	Ⅰ	オーストラリアにおける都市の再野生化
			Ⅱ	学習様式に関する考察
	全学統一〈文系〉	2/4	Ⅰ	AI による文章創作の可能性
			Ⅱ	スコア記録をやめて，もっと幸福になろう
	学部個別配点	2/7	Ⅰ	職場で仲良くなるのは難しいが，それだけの価値はある
			Ⅱ	ロボット繁殖技術で人間は別世界に行けるか
	共通テスト併用	2/8	Ⅰ	マリー=ポーランド=フィッシュと海中の音
			Ⅱ	書籍の公有財産化をめぐって
	IR，共通テスト併用	2/9	Ⅰ	音読の利点とは
			Ⅱ	イカのもつ認知能力
	後期分割	3/7	Ⅰ	夜に起きていることが自然で有益である理由
			Ⅱ	インドネシアで発見されたブタの壁画は人類最古の動物画か
2021	全学統一〈文系〉	2/1	Ⅰ	ベニスの観光業の難題
			Ⅱ	アメリカの高校教育に関する調査
	全学統一，理系型3教科，薬学	2/2	Ⅰ	地域の遺産を再生した教師
			Ⅱ	倫理が消費者にとって重要なのは本当か
	全学統一	2/3	Ⅰ	地表の温度測定とその記録方法
			Ⅱ	忘れられつつある料理というものを取り戻す
	全学統一〈文系〉	2/4	Ⅰ	自然に法的人格・権利を与える動き
			Ⅱ	家事仕事における平等の確立方法
	学部個別配点	2/7	Ⅰ	紙の地図が現代でも重要である理由
			Ⅱ	ピザの歴史
	共通テスト併用	2/8	Ⅰ	女性発明家マーガレット=ナイトの功績
			Ⅱ	持続可能性と建物の適応型再利用
	IR，共通テスト併用	2/9	Ⅰ	廃棄物ゼロレストランの取り組み
			Ⅱ	子どもとスクリーンタイム
	後期分割	3/7	Ⅰ	ものを作って使うためのよりよい方法
			Ⅱ	動物は考えることができるか

第 1 章

長文読解①

出題傾向と解法のコツ

出題傾向

大問Ⅰ 800語程度の英文
内容理解と大意を把握する力が求められる問題

設問番号	設問形式	内　容	難易度
〔1〕	内容説明	本文の内容に関する英問英答で，4つの選択肢から適切なものを選ぶ。(4問)	標準～難
〔2〕	内容真偽	5つの英文について，本文の内容に「一致する・一致しない・どちらとも判断しかねる」のいずれかを選ぶ。(5問)	標準～難
〔3〕	主　題	5つの選択肢（英語）から本文のタイトル・テーマを選ぶ。(1問)	平易～標準

解法のコツ

●設問を解きながら本文を読み進めよう！

本文を全部読んでから設問に取りかかる方法は，英語が苦手な人にはあまりお勧めできない。理由は以下の通りである。

①本文の内容を全部覚えておくことは難しい
②設問を読むまでに集中力を浪費してしまう
③時間がかかる

ここ数年の設問では，**解答の根拠となる箇所はほぼすべて段落内にある**。本文を1段落読むごとに，その箇所に関する設問に答えていくことで，短い時間で解き進めていくことができる。

●立命館大学名物・受験生泣かせな「どちらとも判断しかねる」はこう解く！

多くの受験生が頭を悩ませるのが，設問〔2〕における**3「どちらとも判断しかねる」**である。一般的な「正誤判定」問題では，本文に記述がなければ「不一致（誤り）」と判定してきたので，「どちらとも判断しかねる」という判定にしなければならない場合でも，2「一致しない」と判定する癖がついている受験生が多いと思われる。

立命館大学の場合，2「一致しない」を選ぶのは，次のような場合だけである。たとえば，「人間の平均睡眠時間は約7時間である」と本文にあるのに，「人間の平均睡眠時間は約5時間である」と，選択肢が完全に間違った記述になっている場合である。「毎日10時間眠る人もいる」とか，「3時間の睡眠で十分という人もいる」という選択肢の場合，それらが本文にまったく述べられていなければ，すべて3「どちらとも判断しかねる」と答えなければならないのである。

さらなるコツ 長文が苦手な人は注目！ 全文を読まずに主題をつかむ！

手順は以下の通り。

①本文の各段冒頭文だけを読みつなぎ，全体の要旨を読み取る（〔3〕の主題文の選択問題が解ける）

②〔1〕・〔2〕の設問を読み，キーワードを見つけ，その語を本文中で拾って正解の手がかりを探していく

立命館大学の長文問題は，選択肢が本文の内容を忠実に反映した素直なものが多いので，こうした方法も可能である。以下で実際の入試問題を使って確認してみよう。

①各段冒頭文から要旨を読み取る→〔3〕を解く

ある長文問題の各段冒頭文である。便宜上，日本語で要約したものを並べてみた。

第1段：エコツーリストが多くなるにつれて，環境に優しいと称して，観光業者は利益を上げている。

第2段：この事態を解決しようとする組織の1つがエコツーリズム協会である。

第3段：エコツーリズムは万人向きではない。

第4段：エコツーリズム協会はシンクタンクであって，加盟者に環境に優しい実践を促している。

第5段：昨年，エコツーリズム協会はツアー事業者を監理する試験事業に乗り出した。

第6段：エコツーリズム協会理事は自然な発展によって，専門的な認定を提供することを考えている。

第7段：エコツーリズム協会は他地域でも事業を継続している。

最終段：エコツーリズム協会事業には，観光客の管理や持続可能な計画設計が含まれている。

（2011年度　2月7日実施分）

前頁の日本語要約を読んで，〔3〕の正解を見つけてみよう。適切な表題はどれだろうか。

(1) The success of The Ecotourism Society
(2) The origins of ecotourism industry groups
(3) The main reason for ecotourism in the world today
(4) The efforts to develop a system to assess ecotourism
(5) The launch of the Green Evaluation project in South America

本文に「エコツーリズム協会」が頻繁に出てくるからといって，(1)が正解と早とちりしてはならない。success「成功」という表現はどこにもない。第4～最終段まで協会の事業が説明されているので，efforts「努力」が出ている(4)を選べばよい。特に，**何を言わんとするかを述べる第1段と，結論部分になる最終段に注目すること。**

英語の文章は，**段落の冒頭でいちばん言いたいことが提示されることが多い**ので，本文の要旨を大まかに捉えておきたい場合，こうした読み方は有効である。

②設問からキーワードを見つけよう→〔1〕・〔2〕を解く

〔1〕では，設問からキーワードを探してほしい。次の設問を読んでみよう。

(A) According to the article, who are enjoying the commercial benefits of labeling themselves green?

解答の手がかりとなる文を本文から探し出す際，目安になると思われる語（ここではキーワードと呼んでいる）に印をつけてみよう。その印をつけた語句やそれと関連のありそうな語句（品詞が異なる語句や同意語句など）を本文から探し出し，その辺りを読みながら正解の手がかりを見つけてほしい。なお，「問題英文の流れと設問の順番は一致することが多い」という大原則（**解法テクニック⑩**参照）を頭に入れておけば，この設問(A)は最初の問題なので，キーワードはおそらく第1段にあると予想して取りかかることができよう。

green が第1段第1文に見つかる。参考までに第1段第1文を以下に書き出しておく。

As more and more ecotourists travel, tourism operators are recognizing the business advantages of calling themselves green.

第1段第1文をよく見ると，設問文の commercial benefits が business advantages，また labeling が calling という同意語句に置き換えられていることがわかる。レベルが高いと言われる設問はこのように同意語句を多用しているので，語彙を増やしていく場合，同意語句を意識した学習を勧めたい。

さて，選択肢は次のようになっている。

(1) Ecotourists.
(2) Economists.
(3) Industry groups.
(4) Tourism operators.

第1段第1文の主語である(4)が正解だとすぐにわかる。

〔2〕も〔1〕と同じ要領で，設問からキーワードを探しながら解く。まず次の設問からキーワードを選び，その語がどの段落にあるかを考えてみよう。〔1〕に倣って，今度は自分で印をつけて判定してみてほしい。

1「一致する」，2「一致しない」，3「どちらとも判断しかねる」のいずれかを選びなさい。

(2) The Ecotourism Society has developed guidelines for the nature tour industry that are recognized internationally.

固有名詞 The Ecotourism Society が大きな目印となる。その他 guidelines, nature tour industry がキーワードとなろう。設問(2)だから，おそらく第2段以降に正解が得られる手がかり文があろうと予測する（**解法テクニック⑩**参照）。第2段を見ていくと，第1文に The Ecotourism Society が見つかる。正解を得られる箇所は第2段であろうと判断できる。第1文にはその他のキーワードは出ていないので，さらに探していくと，第2段最終文に guidelines, nature tour industry が見つかる。第2段最終文は，It has developed the only independent, internationally recognized guidelines for the nature tour industry. となっている。もう問題なく判定ができよう。1の「一致する」が正解。

以上，全文を読まずに解答できるこの方法だと，時間にかなりゆとりがもてる。この他にも，限られた時間で効率よく正解するために試してもらいたい方法はたくさんある。それらは解答・解説のページで**解法テクニック**として適宜紹介していく。自分に合うと思うものを取り入れよう。

1

2022年度 2月9日

目標解答時間 22分

次の文を読んで，問いに答えなさい。

For much of history, reading was a fairly noisy activity. On clay tablets[1] written in ancient Iraq and Syria some 4,000 years ago, the commonly used words for "to read" literally meant "to cry out" or "to listen." Today, silent reading is the most common way. The majority of us keep the words in our heads as if sitting in a quiet library. Reading aloud is largely reserved for bedtime stories and performances.

However, some research suggests that we may be missing out by reading only with the voices inside our minds. The ancient art of reading aloud has a number of benefits for adults, from helping us to improve our memories and understand complex texts to strengthening emotional bonds between people. Even though silent reading is the standard way today, reading aloud is surprisingly common in modern life for different reasons. Many of us naturally use it as a convenient tool for making sense of the written word and are just not aware of it.

Colin MacLeod, a psychologist at the University of Waterloo in Canada, has extensively researched the impact of reading aloud on memory. He and his fellow researchers have shown that people usually remember words and texts better if they read them aloud than if they read them silently. This memory-improving effect of reading aloud is particularly strong in children, but it works for older people, too. "It's beneficial throughout the age range," he says.

MacLeod has named this phenomenon the "production effect." It means that producing written words by reading them out loud improves our memory of them. The production effect has been observed in numerous studies. In one study in Australia, a group of seven-to-ten-year-olds were presented with a list of words and asked to read some silently, and others aloud. Afterwards, they correctly recognized 87% of the words they'd read aloud but only 70% of the silent ones.

MacLeod says one reason why people remember the spoken words is that "they stand out. They're distinct[2] because they were read aloud, and this gives you an additional basis for memory." He further suggests that we are generally better at recalling distinct, unusual events, and also events that need more active involvement. For instance, generating a word in response to a question makes it more memorable, a phenomenon known as the "generation effect." If someone asks you "what is the word for a tiny child that sleeps in a cradle[3]?" and you answer "baby," you're going to remember it better than if you simply read the word "baby," MacLeod says.

Another way of remembering words is to perform them, for instance by bouncing a ball (or by imagining bouncing a ball) while saying "bounce a ball." This is called the "enactment effect." Both the generation effect and the enactment effect are closely related to the production effect: They allow our memory to associate the word with a distinct event, and therefore make it easier to remember later.

The production effect is strongest if we read aloud ourselves. But listening to someone else read can benefit memory in other ways. In a study led by researchers at the University of Perugia in Italy, students read parts from novels to a group of elderly people with dementia[4] over a total of 60 sessions. The listeners performed better in general memory tests after the sessions than before, possibly because the stories made them draw on their own memories and imagination and helped them sort past experiences into sequences. "It seems that actively listening to a story leads to more intense and deeper information processing," the researchers concluded. Reading aloud can also make certain memory problems more obvious and could be helpful in detecting such issues early on. In a different study, people with early Alzheimer's disease[5] were found to be more likely than others to make certain errors when reading aloud.

If reading aloud delivers such benefits, why did humans ever switch to silent reading? One clue may lie in those clay tablets from ancient Iraq and Syria, written by professional scribes[6] in a script called cuneiform[7]. Over time, the scribes developed an even faster and better way of writing this script. Such fast writing has a key advantage, according to Karenleigh Overmann, from the University of Bergen, Norway, who studies how writing affected human brains and behavior in the past. "It keeps up with the speed of thought much better," she says. Reading aloud, on the other hand, is relatively slow due to the extra step of producing a sound. "The ability to read silently, while limited to highly skilled scribes, would have had distinct advantages, especially speed," says Overmann. "Reading aloud is a behavior that would slow down your ability to read quickly."

Perhaps the ancient scribes, just like us today, enjoyed having two reading styles — one fast, convenient, silent and personal; the other slower, noisier, and more memorable. In a time when our interactions with others are brief and the huge amount of information we take in is only retained temporarily, perhaps it is worth making a bit more time for reading aloud.

(Adapted from a work by Sophie Hardach)

(注)

1. clay tablet　粘土板
2. distinct　はっきりとした
3. cradle　揺りかご
4. dementia　認知症
5. Alzheimer's disease　アルツハイマー病
6. scribe　筆記者
7. cuneiform　くさび形文字

〔1〕本文の意味，内容にかかわる問い(A)～(D)それぞれの答えとして，本文にしたがってもっとも適当なものを(1)～(4)から一つ選び，その番号を解答欄にマークしなさい。

(A) According to Colin MacLeod, what is one reason that reading aloud improves memory?

(1) Because it helps people develop their imagination

(2) Because it requires people to be more actively engaged

(3) Because it promotes our ability to understand difficult pronunciation

(4) Because it encourages us to connect new information with our existing knowledge

(B) What is mentioned as a possible reason for the listeners with dementia getting better results on the memory test?

(1) The listeners acted out the stories as they listened.

(2) Deeper information processing produced more active listening.

(3) The stories encouraged the listeners to arrange their life events in order.

(4) The listeners became more socially active by telling each other their own stories.

(C) According to the text, why did humans shift from reading aloud to reading silently?

(1) Reading aloud requires greater skill.

(2) Silent reading allows us to read privately.

(3) Reading aloud reduces the speed of reading.

(4) Silent reading increases interest in reading for pleasure.

(D) According to the text, what is true about reading?

(1) Silent reading started before reading aloud.

(2) Humans first began to read about 4,000 years ago.

(3) Silent reading has some advantages over reading aloud.

(4) Reading aloud helped scribes be more accurate than silent reading.

〔2〕次の(1)～(5)の文の中で，本文の内容と一致するものには1の番号を，一致しないものには2の番号を，また本文の内容からだけではどちらとも判断しかねるものには3の番号を解答欄にマークしなさい。

(1) The production effect works both for children and for adults.

(2) The production effect is more helpful than the enactment effect in improving memory.

(3) Reading aloud could help discover memory problems at an early stage.

(4) The ancient scribes read more quickly than people in modern society.

(5) According to the author, silent reading is less personal but more memorable.

〔3〕本文の内容をもっともよく表しているものを(1)～(5)から一つ選び，その番号を解答欄にマークしなさい。

(1) How to promote reading aloud

(2) Reading styles in the ancient world

(3) The complex workings of human memory

(4) The reasons why reading aloud is still important

(5) The similarities between the generation effect and the enactment effect

全訳

≪音読の利点とは≫

歴史の大部分を通じて，読書は極めて騒がしい行為であった。4000年ほど前に古代イラクや古代シリアで書かれた粘土板では，一般的に使われている「読む」を表す言葉は，文字どおりには「泣き叫ぶ」または「聞く」という意味だった。現在は，黙読が最も一般的な方法である。私たちの大多数は，静かな図書館に座っているかのように，言葉を頭の中にとどめている。声を出して読むのは，主に寝る前に子どもに聞かせるお話や朗読の上演などに限られる。

しかし，ある研究によると，私たちは心の中の声だけで読書をしていると，何かを逃しているかもしれないのだ。古代からの音読のわざは，私たちの記憶力を向上させ，複雑な文章の理解に役立つことから，人と人との感情的つながりを強めることまで，大人にとって多くの利点がある。今日では黙読が一般的だが，音読することはさまざまな理由で，現代生活において意外と多い。私たちの多くが，音読を書き言葉の意味を理解するための便利な道具として自然に使っており，ただ意識していないだけなのだ。

カナダのウォータールー大学の心理学者コリン=マクラウドは，音読が記憶に与える影響について幅広く研究してきた。彼と仲間の研究者たちは，通常，人々は黙読するよりも音読した方が言葉や文章をよく覚えていることを示した。この音読の記憶力向上効果は，特に子どもに顕著だが，高齢者にも効果がある。彼は「年齢層にかかわらず効果があるのです」と言う。

マクラウドはこの現象を「生産効果」と名づけた。それはつまり，書かれた言葉を声に出して生産すると，その記憶が向上するということだ。生産効果は，数多くの研究で観察されている。オーストラリアでのある研究では，7～10歳の子どもたちが単語のリストを渡され，それらのいくつかを黙読し，また別のものは音読するように言われた。その後で，彼らは音読した語の87％の単語を正しく認識することができたのだが，黙読したものは70％しか認識できなかった。

マクラウドは，人が声に出した言葉を記憶する理由のひとつは，「話された言葉は際立つのです。声に出して読まれたから，それらははっきりとしており，これが記憶のためのさらなる土台を与えるのです」と言う。彼はさらに，私たちは一般的に，はっきりとした，普通ではないできごと，また，より積極的な関わりを必要とするできごとを思い出すことの方に長けていると示唆している。たとえば，ある質問に対する応答として単語を発すると，その言葉がより記憶に残りやすくなる。「生成効果」として知られている現象だ。誰かが「揺りかごで眠る小さな子どもを指す言葉は何か」と尋ねて，あなたが「赤ん坊」と答えた場合，単に「赤ん坊」という言葉を読んだだけの場合よりも，そのことをよく覚えているとマクラウドは言う。

言葉を覚えるまた別の方法は，その行為をやってみることだ。たとえば，「ボールをつく」と言いながらボールを弾ませる（あるいはボールを弾ませるイメージをする）のだ。これは「実演効果」と呼ばれている。生成効果も実演効果も，生産効果と密接な関係がある。それらにより，記憶がその単語とはっきりしたできごととを関連づけることができるため，後で思い出しやすくなるのだ。

自分で声に出して読むと，生産効果は最も強くなる。しかし，誰か他の人が読むのを聞くことは別の方法で記憶に利益をもたらす可能性がある。イタリアのペルージャ大学の研究者たちにより主導された研究では，認知症を患う高齢者グループに，学生が小説の一部を合計60回にわたるセッションで読み聞かせた。小説を聞いた高齢者はそのセッション前よりも後の方が，一般的記憶テストの成績が良くなった。これはおそらく物語が，彼ら自身の記憶や想像力を活用させ，過去の経験を順序立てて整理する手助けをしたためだと思われる。研究者らは，「物語を積極的に聞くことは，より集中した，より深い情報処理につながるようだ」と結論づけた。また，声に出して読むことで，特定の記憶障害がより明らかになり，そうした問題の早期発見に役立つ可能性もある。別の研究では，初期のアルツハイマー病の人は，音読した際に，特定の誤りをする可能性が他の人より高いことが判明した。

音読がこんなに利益をもたらしてくれるのならば，なぜ人類は黙読に切り替えたのだろう。その手がかりは，専門の筆記者がくさび形文字という文字で書いた，古代イラクや古代シリアの粘土板にある。時を経て，筆記者たちはこのくさび形文字をより速く，より美しく書く方法を開発した。書くという活動が過去の人間の脳と行動にどのような影響を与えたかを研究している，ノルウェーのベルゲン大学のカレンレイ=オーヴァーマンによると，そのような速い筆記方法には極めて重要な利点があるのだという。「思考のスピードにはるかにうまくついていくことができるのです」と彼女は言う。他方，音読は音を出すという余分な手順があるため，比較的時間がかかるのだ。「黙読する能力は，高度に熟練した筆記者に限られるとはいえ，特に速さの面で明確な利点があったはずです」とオーヴァーマンは言う。「音読は速読の能力を遅くする行為なのです」

おそらく，古代の筆記者たちも，現代の私たちと同じように，速く，便利で，静かで，個人的な読書方式と，それよりもゆっくりで，騒がしく，より記憶に残る読書方式の2つを楽しんだのだ。他者との交流の時間が短く，得られた膨大な情報を一時的にしか保持しない私たちの時代において，音読の時間をもう少し増やすことは価値あることなのかもしれない。

（英文出典：Why you should read this out loud, BBC Future on September 18, 2020 by Sophie Hardach）

●語句・構文

□ *l.* 5　as if (we were) sitting in a quiet library「まるで私たちが静かな図書館に座っているかのように」

□ *l.* 8　the ancient art「古代からのわざ」 artには「芸術」の他に「（ある分野の）技術・技巧・技」の意がある。

□ *l.* 9　from helping … to strengthening …「～に役立つことから，～を強めることまで」直前の多くの利点の具体例を述べた部分である。

□ *l.* 24　numerous「数多くの」 number「数」と同じ語源をもつ。

□ *l.* 25 were presented with ～「～が与えられた」 present *A* with *B*「*A* に *B* を与える」の受動態。

□ *l.* 30 stand out「目立つ」

□ *l.* 34 in response to a question「ある質問への応答として」

□ *l.* 34 makes it more memorable「それ（その単語）をより記憶に残りやすくする」

□ *l.* 43 allow our memory to associate the word with ～「（私たちの）記憶がその単語を～と関連づけることを可能にする」 allow *A* to *do*「*A* が～することを可能にする」

□ *l.* 50 the stories made them draw on their own memories and imagination and helped them sort past experiences into sequences「それらの物語は彼ら自身の記憶や想像力を活用させ，過去の経験を順序立てて整理する手助けをした」 動詞 made と helped が並列関係となっている。draw on ～「～を利用する」 sequences「順序，順番」

□ *l.* 53 information processing「情報処理」

□ *l.* 58 switch to ～「～へと切り替える」

□ *l.* 64 keeps up with ～「～に（遅れずに）ついていく」

□ *l.* 67 while (it was) limited to highly skilled scribes「それ（黙読するという能力）は高度に熟練した筆記者に限られてはいたが」

□ *l.* 72 In a time when … temporarily「他者との交流の時間が短く，得られた膨大な情報を一時的にしか保持しない時代において」 すなわち現代のこと。

解 説

〔1〕内容説明

Ⓐ 正解は (2) ―――――――――――――― 標準

「コリン=マクラウドによると，音読が記憶力を向上させる理由のひとつは何か」

(1)「人々が想像力を養うことができるから」

(2)「人々がより積極的に取り組む必要があるから」

(3)「私たちが難しい発音を理解する能力を高めるから」

(4)「私たちが新しい情報を既存の知識と結びつけることを促すから」

第5段第1文（MacLeod says one …）には，問われている one reason why people remember the spoken words との表現があり，この段落に解答のヒントがあると考えられる。第5段第3文（He further suggests …）では，「彼は…より積極的な関わりを必要とするできごとを思い出すことの方に長けていると示唆している」と述べられており，この内容は(2)と一致する。

Ⓑ 正解は (3) ―――――――――――――― やや難

「認知症の聞き手が記憶力テストで良い結果を得たことの考えられる理由として述べられているのは何か」

(1)「聞き手が物語を演じながら聞いていた」

(2)「情報処理の深化により，より積極的な聞き取りができるようになった」

(3)「物語を聞くことで，聞き手は自分の人生のできごとを整理することができるようになった」

(4)「聞き手は自分自身の物語を互いに話すことで，社交面でより積極的になった」

問われている認知症の人々の記憶力に関する実験については，第7段（The production effect …）に言及がある。第7段第4文（The listeners performed …）「これはおそらく物語が，彼ら自身の記憶や想像力を活用させ，過去の経験を順序立てて整理する手助けをしたためと思われる」の箇所より，(3)が最も適切。

(C)　正解は (3) ―――――――――――――――― 平易

「本文によると，人類が音読から黙読に移行した理由は何か」

(1)「音読はより高度な技術を必要とするということ」

(2)「黙読は個人的に読書をすることを可能にするということ」

(3)「音読は読む速度を低下させるということ」

(4)「黙読は趣味の読書への関心を高めるということ」

人間が音読から黙読に切り替えた理由については第8段（If reading aloud …）に書かれており，第8段第5文（"It keeps up …）以降に，黙読の方が思考のスピードについていけるのに対し，音読は音を出すという段階を経るため遅くなることが書かれている。よって，(3)が正解。

(D)　正解は (3) ―――――――――――――――― 標準

「本文によると，読書について正しいものはどれか」

(1)「音読の前に黙読が始まった」

(2)「人類が初めて文字を読むようになったのは，約4000年前である」

(3)「黙読には音読と比べて利点がある」

(4)「音読は黙読よりも筆記者（の仕事）をより正確にするのに役立った」

最終段では，音読と黙読のそれぞれの利点についてまとめられており，黙読については「速く，便利で，静かで，個人的な」ものであると書かれている。よって，(3)が正解。

〔2〕内容真偽

(1)　正解は 1 ―――――――――――――――― 平易

「生産効果は子どもにも大人にも有効である」

第3段第3文（This memory-improving …）「この音読の記憶力向上効果は，特に子どもに顕著だが，高齢者にも効果がある」より，この効果は子どもにも大人にも現れることがわかる。よって，本文の内容と一致する。

(2) **正解は 3** ―――― 標準

「記憶力の向上には，実演効果よりも生産効果の方が役に立つ」

「実演効果」の説明がある第6段の第3文（Both the generation …）に，「生成効果も実演効果も，生産効果と密接な関係がある」との記述はあるが，どちらが役立つかの比較はなされていない。よって，正誤の判断はしかねる。

(3) **正解は 1** ―――― やや難

「音読は記憶の問題を早期に発見するのに役立つ可能性がある」

第7段第6文（Reading aloud can …）「声に出して読むことで，特定の記憶障害がより明らかになり，そうした問題の早期発見に役立つ可能性もある」とあることから，本文の内容と一致する。

(4) **正解は 3** ―――― 標準

「古代の筆記者は，現代社会の人々よりも速く読んでいた」

古代の筆記者と現代人との比較については最終段第1文（Perhaps the ancient …）に書かれているが，ここでは「おそらく，古代の筆記者たちも，現代の私たちと同じように，…2つを楽しんだのだ」とあるのみで，読むスピードの比較はなされていない。よって，正誤の判断はしかねる。

(5) **正解は 2** ―――― やや難

「筆者によると，黙読は個人的なものではないが，より記憶に残るものである」

最終段第1文（Perhaps the ancient …）において，黙読と音読が対比されている。黙読は「速く，便利で，静かで，個人的な読書方式」で，音読は「それよりもゆっくりで，騒がしく，より記憶に残る読書方式」とされている。よって本文の内容と一致しない。

解法テクニック❶　対比はその相違点に着目せよ！

特に実験などでは，2つ（以上）の条件やグループが比較されることがよくあり，その目的はそれらの特徴を際立たせることである。このような部分では，特に比較級の表現に注意し，それらが何のために比較されているのか，どのような相違点があるのかを整理しながら読み進めるようにしよう。

問題英文を読みながら，ここは「A」の特徴，ここは「B」の特徴などと簡単なメモを残しておくと，あとで問いを解く際，よりすばやく解答の根拠を見つけることができる。

〔3〕主題

正解は (4) ―――― 標準

(1)「音読のすすめ方」

(2)「古代の読書スタイル」

(3)「人間の記憶の複雑な仕組み」

(4)「音読が今なお重要な理由」
(5)「生成効果と実演効果の共通点」

導入である第1段では古代の音読と現代の黙読という対比が述べられている。続いて第2～7段では音読の利点が挙げられ，結論となる最終段最終文（In a time …）では「…私たちの時代において，音読の時間をもう少し増やすことは価値あることなのかもしれない」と締めくくられている。これらより，この文章は，音読を読者に推奨する意図をもって書かれたものであると推測でき，(4)「音読が今なお重要な理由」が最も適切となる。

〔1〕 (A)―(2) (B)―(3) (C)―(3) (D)―(3)
〔2〕 (1)―1 (2)―3 (3)―1 (4)―3 (5)―2
〔3〕 (4)

2

2020年度　2月8日

目標解答時間　23分

次の文を読んで，問いに答えなさい。

For many women, talking about money is hard. This partially explains why, when we interviewed 43 friends from our former sorority[1] after graduation from university in the early '90s about their lives, career decisions, marriage, and parenting, questions about personal finance weren't top priority. We've since expanded our research and discovered that, frequently, a difference of belief on one key question predicted our friends' career choices: Should a career be a sort of manifestation[2] of one's passions and deeply held beliefs, or should a job primarily function to pay the bills?

The stories of two of those friends in particular persuaded us to look into this topic. Growing up in the American Midwest, one friend had watched her mother struggle to support herself financially after her parents divorced. With "the power to support myself" as her primary motivation, she opted[3] for a career in dentistry. She doesn't love the job, but she loves knowing that she can, and does, support herself. Now married with two kids, she keeps her finances separate from her husband's, even though they earn about the same. Another friend also had a financially turbulent[4] childhood. Born to parents who were unable to care for her, she grew up being shuttled back and forth among family members. She was the star of her high school — known for her deep singing voice. After graduation from university, she worked on launching her singing career, but after years of auditioning without much luck, she switched to a reliable job in the financial-services industry.

After our interviews were complete, we asked our 43 friends whether they'd given priority to passion or economic independence in their career choices. More than half of them told us they'd opted to follow their passion and hoped that the money would follow. Interestingly, even those who didn't see earning money as a measure of complete success or complete failure gave up working altogether when the thing they were passionate about didn't lead to a lucrative[5] career. As for those friends who didn't love what they were doing, it made sense to give it up. But these were also women who had the economic freedom to stay home because their partners earned enough that they could give up their jobs without dramatically changing their lifestyles. And, most significantly, none of these women linked money with independence.

The other friends, when faced with the choice between a job that was just good enough and staying at home, opted for the job, inspired by a desire to support themselves, so they would not have to ask anyone for permission to buy anything. While some of them struggled to inject passion into their jobs, others found ways to feel stimulated by, if not passionate about, their work. And still others saw work and passion as two entirely separate areas. This made us wonder when it was, exactly, that passion became a thing that had anything to do with work.

In 2005, Steve Jobs, co-founder of Apple Computers, gave a graduation speech at Stanford University in which he told the new graduates that "the only way to do great work is to love what you do." This idea became very popular very quickly, the writer Miya Tokumitsu argues, because doing what you love is actually about social class, not about love. Being a person who loves their work sends the message that you are approaching Steve Jobs' level of success in society. You are not merely an automaton[6] tightening screws in a factory; you are actually someone with ideas and fire and enthusiasm, a person with control over your career and thus your future. "Do what you love" though, writes Tokumitsu, hides the fact that being able to choose a career primarily on passion and for personal reward is an unmerited privilege[7], a sign of that person's high social and economic class.

This explains why some of our friends seemed mildly embarrassed that they hadn't found their true calling[8], the thing they could fall in love with. It also explains why so many of our friends felt they needed to be passionate about their work in order to keep doing it. Moreover, we suspect that the idea that one should feel enthusiastic about one's work disproportionately[9] affects women, who may already feel that their job is a hardship for their family. Because of this, for women who don't naturally see their role in the family as "economic provider," staying in a job that might not pay much and that they're not crazy about feels frivolous[10] and selfish.

There's yet one more aspect to this concept: Being good at something can create passion for it. Another friend told us that her banking job wasn't a passion. She was interested in being able to support herself above all else. But we saw that her work was clearly something she cared about very deeply, a job that paid her back for her hard work, for being really good at something, by boosting her confidence and awarding her success.

(Adapted from a work by Hana Schank and Elizabeth Wallace)

(注)

1. sorority　アメリカの女子学生の社交クラブ
2. manifestation　明確に表すもの
3. opt　選ぶ
4. turbulent　不安定な
5. lucrative　もうかる
6. automaton　産業用ロボット
7. unmerited privilege　不相応な特権
8. true calling　天職
9. disproportionately　過剰なまでに
10. frivolous　ばかげている，愚かしい

〔1〕本文の意味，内容にかかわる問い(A)～(D)それぞれの答えとして，本文にしたがってもっとも適当なものを(1)～(4)から一つ選び，その番号を解答欄にマークしなさい。

(A) What did the authors discover when they further developed their research?

(1) The reason women didn't like to talk about money.

(2) That women tended to agree on the purpose of a career.

(3) That choosing a career should be based on a desire to make money.

(4) That career choices often reflected participants' belief in the purpose of their job.

(B) What was the result of the two sorority friends' experience with uncertainty in their early lives?

(1) It led them to select careers they loved.

(2) It led them to decide not to have children.

(3) It led them to choose to become more financially secure.

(4) It led them to opt for staying at home and taking care of their children.

(C) Why did some women the authors interviewed quit their work?

(1) They thought they were not qualified for their job.

(2) They felt being passionate about work affected their lifestyle.

(3) They assumed their partner should earn enough money to support the family.

(4) They believed that their freedom was not dependent on making money for themselves.

(D) According to the authors, why may women be more negatively affected by the pressure to find their true calling?

(1) Because some women were not crazy about working outside of the house.

(2) Because some women felt their main responsibility was not financial.

(3) Because some women found it more difficult to discover a true calling.

(4) Because some women were embarrassed about doing what they loved to do.

〔2〕次の(1)～(5)の文の中で，本文の内容と一致するものには1の番号を，一致しないものには2の番号を，また本文の内容からだけではどちらとも判断しかねるものには3の番号を解答欄にマークしなさい。

(1) The authors did not learn why the women in the study chose their careers.

(2) The majority of the women believed money was more important than being enthusiastic about their work.

(3) For women who wanted to support themselves financially, going shopping was a top priority.

(4) According to Miya Tokumitsu, the opportunity to do what you love is equally distributed throughout society.

(5) The authors found that being passionate about work was not the only way to get benefits from having a job.

〔3〕本文の内容を最もよく表しているものを(1)～(5)から一つ選び，その番号を解答欄にマークしなさい。

(1) Why women prioritize family over career

(2) The importance for women to be independent

(3) How women react to expectations of job satisfaction

(4) The reasons why women don't like to talk about money

(5) Why it's important for women to be passionate about their work

全訳

≪女性にとって働きがいとは≫

多くの女性にとって，お金のことを話すのは簡単なことではない。私たちが以前属していた女子学生の社交クラブで，1990年代前半に大学を卒業した43人の友人たちに，彼女らの人生，職業選択，結婚，子育てに関するインタビューをした際，なぜお金のやりくりに関する質問が最優先事項ではなかったのかを，このことが部分的に説明している。それ以来，私たちは研究の範囲を拡大し，ある重要な質問に関する考え方の違いが，しばしば私たちの友人たちの職業選択を決定するということを発見した。その質問とは以下のようなものだ。職業はその人間の情熱や深く根づいた信念を，ある種明確に表したものであるべきなのだろうか，それとも仕事は主に生計を立てるためのものであるべきなのだろうか。

調査した友人たちのうち，特に2人の来歴をきっかけに，私たちはこの問題を研究することに決めた。そのうち1人はアメリカ中西部で育ち，両親が離婚したのち，母親が経済的に自立することに苦労する様子を目の当たりにした。「自分で生計を立てる力」が彼女の主要な動機となり，彼女は歯科の職業を選んだ。彼女は仕事が好きではないが，彼女は自分で生計を立てていくことが可能であり，また実際にそうしているということを知り満足している。現在，彼女は結婚して，2人の子どもがおり，夫の稼ぎは彼女とほぼ同額であるにもかかわらず，夫とは生計を別にしている。もう1人の友人もまた，経済的に不安定な子ども時代を過ごした。子どもの面倒を見ることができない両親のもとに生まれた彼女は，家族親戚の間を行ったり来たりして育った。彼女は高校では太く低い歌声で有名なスターだった。大学卒業後，彼女は歌手の道へ進もうとした。しかし，数年間オーディションを受けたが幸運には恵まれず，金融サービス業の安定した職業へと転身した。

インタビューが終わると，私たちは43人の友人に彼女らが職業選択において情熱と経済的自立のどちらを優先したかを尋ねた。彼女らのうち半数以上が自らの情熱に従うことを選び，結果としてお金がついてくればよいと考えたと語った。おもしろいことに，お金を稼ぐことを完全な成功もしくは完全な失敗の指標と考えていない者でさえ，自らが情熱を持っていることが儲かる職業に結びつかない場合には，働くことをまったく辞めてしまっていた。自分のしていることが好きではない者に関しては，それを辞めることは理にかなっている。しかし，これらの女性たちはまた，家庭に入ることのできる経済的自由もあったのだ。なぜなら彼女らのパートナーは十分に稼いでおり，生活スタイルを大きく変えなくても仕事を辞めることができたからである。そして最も重要なことに，これらの女性たちは誰もお金と自立を結びつけてはいなかったのだ。

また別の友人たちは，さほど悪くはない仕事と，家庭に入ることとの間の選択に迫られ，何かを買う際に誰かの許可を求めなくてもよいように自分で生計を立てたいという願望から，仕事をすることを選んだ。仕事に情熱を注ぐことが難しいと悩む者がいる一方で，仕事に情熱を持っているというほどではないにせよ，仕事から刺激を受ける方法を見出している者もいた。また，仕事と情熱はまったく別の領域だとみなす者もいた。これを受けて私たちは，情熱が仕事と関係のあるものになったのは厳密にはいつのことだったのかという疑問を持った。

2005 年，アップルコンピュータの共同設立者であるスティーブ=ジョブズはスタンフォード大学で卒業スピーチを行った。その中で彼は新卒業生たちに「素晴らしい仕事をやってのけるためには自らの仕事を愛するしかない」と言った。作家のミヤ=トクミツは，この考え方がまたたくまに広まったのは，自分の好きなことをするということが，実は愛と関係のあることではなく，社会的階級と関係のあることだからだと主張している。自分の仕事が好きな人間であるということは，社会の中でスティーブ=ジョブズほどの成功に到達しつつあるというメッセージを送っていることになるのだ。あなたは工場でネジを締めるだけの産業用ロボットではなく，本当はアイデアやひらめきや熱意を持った人間であり，自分の職業を，ひいては自分の未来をコントロールすることのできる人間なのだと。しかし，トクミツによれば，「自分の好きなことをしなさい」という言葉は，情熱を第一に考えて個人的なやりがいのために職業を選ぶことができるというのは不相応な特権，つまりその人間の社会的ならびに経済的階級が高いことの証であるという事実を隠している。

このことは，なぜ私たちの友人のうちに，自分たちの天職を，つまり彼女らが好きになれるものを見つけられなかったことで少し恥ずかしそうにしている者がいるのかを説明している。また同様に，なぜ友人たちのかなり多くが，仕事を続けるには自らの仕事に対して情熱を持っていなければならないと感じているのかを説明してもいる。さらに，人は自分の仕事に熱意を持っていなければならないという考え方が，自らの仕事が家族にとっての障害になると今までに感じたことのあるかもしれない女性たちに過剰なまでに影響を与えているのではないかと私たちは疑っている。このせいで，もともと家族の中での自分たちの役割を「一家の稼ぎ手」とみなしていないような女性たちにとって，それほど給料がよくなく，夢中になっているわけでもないような仕事を続けるのは愚かで身勝手なことのように感じられるのだ。

しかし，この考え方にはもう１つの側面がある。何かが得意であるということはそれに対する熱意を生み出す可能性があるということだ。もう１人の友人は，彼女の銀行での仕事は好きではないと私たちに語ってくれた。彼女は自分で生計を立てるということに何よりも関心があった。しかし，彼女の仕事は明らかに彼女がとても大切にしているものであると私たちにはわかった。その仕事は，彼女の自信を高め，成功を与えることにより，彼女の勤勉さや見事な仕事ぶりに報いるものであったのだ。

（英文出典：When ‘Love What You Do’ Pushes Women to Quit, The Atlantic on June 26, 2018, by Hana Schank and Elizabeth Wallace）

●語句・構文

□ *l*. 1 This partially explains why, …, questions about personal finance weren't top priority.「このことはなぜお金のやりくりに関する質問が最優先事項ではなかったのかを，部分的に説明している」 why は questions 以下とつながって疑問詞節となっている。

□ *l.* 8 pay the bills「請求書の支払いをする」ことから「生計を立てる」の意。
□ *l.* 18 Born to parents 以下は分詞構文。「～の両親のもとに生まれて」
□ *l.* 19 being shuttled back and forth「行ったり来たりして」
□ *l.* 30 As for ～「～に関して」
□ *l.* 37 inspired by ～「～に刺激されて」
□ *l.* 38 ask *A* for permission「*A* に許可を求める」
□ *l.* 39 inject「～を注入する」
□ *l.* 40 if not passionate about「(仕事に) 情熱を持っているというほどではないにせよ」
□ *l.* 42 when it was, exactly, that passion became a thing ～ は強調構文で when passion became a thing ～ を強調した形。「情熱が～になったのは厳密にはいつのことだったのか」
□ *l.* 48 social class「社会階級」
□ *l.* 55 an unmerited privilege, a sign of … においてカンマは同格もしくは言い換えを表す。

解 説

〔1〕内容説明

Ⓐ 正解は (4) 標準

「筆者らは研究をさらに進めた際にどのようなことを発見したか」

(1)「女性がお金のことについて話したがらない理由」
(2)「女性は仕事の目的に関して意見が一致する傾向にあるということ」
(3)「職業の選択はお金を稼ぎたいという願望に基づくべきだということ」
(4)「職業の選択は，仕事をする目的に関する被験者たちの信念を反映したものであることが多かったこと」

第 1 段最終文（We've since expanded …）に「ある重要な質問に関する考え方の違いが，しばしば私たちの友人たちの職業選択を決定するということを発見した」とあり，この「ある重要な質問」とはコロン（：）以下の「仕事は情熱の持てるものをすべきか，それとも生計を立てるためにすべきか」という，仕事をする目的のことである。よって，(4)「職業の選択は，仕事をする目的に関する被験者たちの信念を反映したものであることが多かったこと」が正解。

解法テクニック❷ コロンは言い換えを表す記号

コロン記号（：）は同格や言い換えの際に使われることの多い記号である。特に読者にとってわかりにくい表現に関して，補足説明を加える際に使用される。コロン前の一見わかりにくい表現について問われることも多いが，コロン前後が同じ内容の言い換えであることに気づくことができれば，解答への近道となる。

(B) 正解は (3) 標準

「女子学生の社交クラブの2人の友人が幼いころに経験した不安定さの結果，どうなったか」

(1) 「その不安定さのせいで，自分たちが好む職業を選択した」

(2) 「その不安定さのせいで，子どもを作らないことにした」

(3) 「その不安定さのせいで，彼女らは経済的により安定する方を選んだ」

(4) 「その不安定さのせいで，彼女らは家にいて子どもの世話をすることを選んだ」

第2段で挙げられている2人の友人のうち1人目は，第2段第3文（With "the power …）より，「『自分で生計を立てる力』が彼女の（職業選択の）主要な動機」であるとわかる。また，2人目に関しては，同段最終文（After graduation from …）に，最終的には「金融サービス業の安定した職業へと転身した」とある。よって，この2人に共通することである(3)「それにより，彼女らは経済的により安定する方を選んだ」が正解。

(C) 正解は (4) やや難

「筆者らがインタビューした女性の中の幾人かはなぜ仕事を辞めたのか」

(1) 「彼女らは自らが自分の仕事に向いていないと思った」

(2) 「彼女らは仕事に情熱を注ぐことが自らのライフスタイルに影響を与えると感じた」

(3) 「彼女らはパートナーが家族を養えるだけのお金を稼ぐことを前提にしていた」

(4) 「彼女らは，自らの自由が自分でお金を稼ぐことに依存しているわけではないと考えていた」

仕事を辞める女性に関しては第3段に調査結果が書かれている。その第3段最終文（And, most significantly, …）に「これらの女性たちは誰もお金と自立を結びつけてはいなかったのだ」とあるので，(4)「彼女らは，自らの自由が自分でお金を稼ぐことに依存しているわけではないと考えていた」が正解。

(D) 正解は (2) やや難

「筆者によると，なぜ女性は天職を見つけなければならないという重圧にさらされると，よりネガティブな影響を受ける可能性があるのか」

(1) 「女性の中には，家の外で働くことに夢中になっていない人がいたから」

(2) 「女性の中には，自分が主に果たさなければならない責任は経済的なものではないと感じる者がいたから」

(3) 「女性の中には，天職を見つけるのがより難しいと感じた人もいたから」

(4) 「女性の中には，自分の好きなことをするのが恥ずかしいと思う者がいたから」

第6段最終文（Because of this, …）に「もともと家族の中での自分たちの役割を『一家の稼ぎ手』とみなしていないような女性たちにとって，それほど給料がよくなく，夢中になっているわけでもないような仕事を続けるのは愚かで身勝手なことのように感じられる」とある。この記述から，仕事を続けるためには，それが夢中になれるような仕事すなわち天職でなければならないと考えている女性は，自分の役割を「一家の稼ぎ手」とみなしていないことがわかる。よって，(2)「女性の中には，自分が主に果たさなければならない責任は経済的なものではないと感じる者がいたから」が正解。

解法テクニック3 等位接続詞の並列関係は直後を見て判断せよ！（and / but / or のつなぐものは何と何？）

難解な構造の文は多くの場合，長くて並列関係の多い構造になっている。これらの文でよく使われる and / but / or / so / for は等位接続詞と分類され，左右で等価なものをつなぐ接続詞である。これらの接続詞が何と何をつないでいるかがわかれば，文構造を正しく把握することができる。

まず注目すべきは，接続詞のあとに続く語（句）だ。直後が名詞であれば，直前の名詞との並列関係であることが多いし，直後に SV の構造が続けば，直前の SV との並列関係である可能性が高い。

名詞と名詞：*Kate* and *Chris* are good friends.

動詞と動詞：Television *is*, and *always has been*, criticized by adults.

副詞句と副詞句：Is your brother *at home* or *in the gym*?

節と節：*We arrived at the station* and *we boarded a train for London*.

本問の該当箇所では，staying in a job *that might not pay much* and *that they're not crazy about* feels frivolous and selfish のように2つの関係代名詞節が and でつながり並列関係となって，a job を修飾していることがわかる。

〔2〕内容真偽

(1) 正解は 2 ―――――――――――――――――――― 平易

「筆者らはなぜ研究に参加した女性たちが彼女らの職業を選んだのかがわからなかった」

第2～4段に出てくる女性たちに関しては，仕事を選んだ理由が，「経済的安定を求めて」，もしくは「自分で生計を立てていくことを望んで」のようにはっきりしている。よって，本文の内容と一致しない。

(2) 正解は 2 ―――――――――――――――――――― 標準

「女性の大多数は，仕事に熱心であることよりもお金の方が重要だと考えていた」

第3段第2文（More than half …）「彼女らのうち半数以上が自らの情熱に従うことを選び，結果としてお金がついてくればよいと考えたと語った」より，金銭面よりも仕事への情熱を優先する女性の方が多いことがわかる。よって，本文の内容と一致しない。

⑶ 正解は 3 ―――― 標準

「経済的に自分を支えたい女性にとって，買い物に行くことは最優先事項だった」

本文中には「買い物をすることが最優先事項である」という趣旨の記述はない。よって，正誤の判断はしかねる。

⑷ 正解は 2 ―――― やや易

「ミヤ=トクミツによると，好きなことをする機会は社会全体に平等にあるという」

第5段最終文（“Do what you …）に，「情熱を第一に考えて個人的なやりがいのために自分の仕事を選ぶことができるというのは不相応な特権，つまりその人間の社会的ならびに経済的階級が高いことの証である」とあり，彼女によると，好きなことを仕事にするというのは社会的・経済的階級が高い者だけに与えられた特権であることがわかる。よって，本文の内容と一致しない。

⑸ 正解は 1 ―――― やや難

「筆者らは，仕事に熱中することだけが，仕事を持つことで得られるメリットではないことを発見した」

最終段で触れられている女性は，自ら「仕事は好きではない」とは言っているものの，最終文（But we saw …）に「その仕事は，彼女の自信を高め，成功を与えることにより，彼女の勤勉さや見事な仕事ぶりに報いるものであった」とあり，自らの仕事を大切にし，またそこから自信や成功を得ていることがわかる。よって，本文の内容と一致する。

〔3〕主題

正解は ⑶ ―――― 標準

⑴ 「女性がキャリアより家庭を優先する理由」

⑵ 「女性が自立することの重要性」

⑶ 「女性が仕事のやりがいへの期待にどう反応するか」

⑷ 「女性がお金の話をしたがらない理由」

⑸ 「女性が仕事に熱中することが大切な理由」

導入である第1段最終文（We've since expanded …）で，「好きなことを仕事にすべきか，仕事はお金を稼ぐためにすべきか」という問題提起がなされており，これに関する調査の結果が以降の段落で記載されている。⑴のように，家庭をとるか仕事をとるかという二者択一の視点からは書かれていないし，⑵に関しても，経済的に自立したいと考える女性の話は出てくるが筆者はそれが重要であるとは述べていない。⑷に関しては第1段の導入部分には書かれているものの，それ以降の段落では触れられていない。また，⑸にあるような「女性が仕事に情熱的であるべきだ」という考え方に対して筆者は懐疑的である。本文の主題は，女性が経済的安定と仕事に対する情熱のいずれに重きを置いて職業選択をするかであり，これに相当するのは，job satisfaction「仕事の満足感（やりがい）」をどのように考えるかを含む(3)である。

解答

〔1〕 (A)―(4)　(B)―(3)　(C)―(4)　(D)―(2)
〔2〕 (1)―2　(2)―2　(3)―3　(4)―2　(5)―1
〔3〕 (3)

3

2020年度　2月2日

目標解答時間　22分

次の文を読んで，問いに答えなさい。

The average Canadian commuter[1] spends almost 100 hours per year in major traffic congestion[2]. In Toronto alone, the wasted time represents as much as $11 billion in lost productivity and other costs. Commuting is linked to anxiety, stress, loneliness, obesity[3], and divorce. Car exhaust has polluted major roadways, which, according to one study, raises the risk of leukemia[4] for children living nearby.

Making a highway wider isn't a solution as traffic volume merely expands to fill the available space. When Los Angeles tried to reduce traffic on the 405, the most congested stretch of highway in the United States, it chose a five-year, $1.1 billion project that added a new carpool lane[5]. The result was that rush-hour commutes are now, on average, a full minute longer. Building more roads simply creates more reasons for people to drive.

The truth is, we can't help ourselves. Our cities were built for cars, and so were we, to a degree, as can be seen from the following example. Italian researchers gave a group of research participants a number of coins that they could spend on two methods of transportation: car or subway. Each came with a cost. But while the cost of riding the subway was fixed, the cost of driving a car changed according to random variables: weather, accidents, and road work. Even when the average cost of using a car was 50 percent more than the alternative, test participants chose it by a two-to-one proportion.

In the long term, however, seemingly small innovations — such as building more cycling paths — could bring localized relief[6] from traffic congestion by encouraging people to leave their cars at home. A year after bike lanes were installed, which provide a physical barrier between cars and bikes in five US cities, cycling volume increased by 71 percent. When Toronto introduced separated bike lanes on two major east-west streets, usage more than quadrupled[7]. According to a US Department of Transportation study, separating cyclists and motorists is key to increasing the number of people who ride a bike.

One argument against expanding cycling infrastructure[8] in Canada though is that the country is simply too cold for bikes to be part of any congestion-reduction strategy. But Copenhagen, considered the gold standard of cycling cities, is hardly tropical. More than 50 percent of the city's commuters cycle to work on 400 kilometres of separated bike lanes. There are other factors involved in this Danish revolution, such as very high gas and vehicle taxes, but the lesson generally holds that when it comes to bikes, infrastructure matters.

If even one percent of car-driving commuters switched to bikes, the effect could be substantial. A study in Boston predicted that such a shift during peak periods would produce an 18 percent drop in commuting time for drivers. And yet, drivers still refuse to give up their cars. "People want change," said Eric Miller, director of the University of Toronto's Transportation Research Institute, "but not badly enough to change their behaviour yet."

A much more promising transportation revolution is under way: self-driving cars. The modern vision of autonomous vehicles (AVs)[9] — as they are formally known — took shape in 2004, with a first-of-its-kind race sponsored by the US Department of Defense. Fifteen modified vehicles competed in the Mojave Desert. There was only one rule: no human help. Once out of the gate, the cars had to use their own computer technology to navigate a rocky route filled with steep slopes and other obstacles. None finished the 230 kilometre route; no vehicle got any farther than 11.78 kilometres before crashing, having engine trouble or simply becoming unable to navigate. The $1 million prize went unclaimed.

The following year, in 2005, the prize was doubled. This time, five vehicles successfully completed the race. The top prize was won by a team from Stanford University, whose entry, "Stanley," finished with a time of six hours and fifty-three minutes. A large company hired the team and began developing its own AV. And by 2010, the company had a working model.

The technology is expected to reshape urban life. A 2015 report commissioned by the City of Toronto's Transportation Services Division concluded that large-scale AV adoption there would bring about a 90 percent reduction in death and injury rates. The vehicles — which are expected to be common by the late 2020s, according to the report — will reduce congestion by moving at the most appropriate speeds and by determining the best route. If AVs are introduced on a large scale in Toronto, the gains for the city — thanks to reduced major traffic congestion, fewer accidents, and lower insurance costs — are estimated to be about $6 billion annually.

Meanwhile, the existing world of traffic and transportation is poorly funded and not functioning well. Until driverless cars can provide a remedy, real change will have to come from drivers' own behavioural shifts, a willingness to accept higher gas taxes and charges, more cycling and walking, and an increase in telecommuting[10]. These solutions are hardly romantic or transformative, but they might be all we have available until the robots take over our transportation system.

(Adapted from a work by Don Gillmor)

(注)

1．commuter　通勤者，通学者

2．congestion　渋滞

3．obesity　肥満

4．leukemia　白血病

5．carpool lane　相乗り車優先車線

6. localized relief　局地的な緩和，軽減
7. quadruple　4倍になる
8. infrastructure　（道路，ダム，堤防などの）基盤設備，インフラ
9. autonomous vehicle (AV)　自動運転の乗物
10. telecommuting　（インターネット通信などを利用する）在宅勤務

〔1〕本文の意味，内容にかかわる問い(A)～(D)それぞれの答えとして，本文にしたがってもっとも適当なものを(1)～(4)から一つ選び，その番号を解答欄にマークしなさい。

(A) What happened in Los Angeles after Highway 405 was widened?
　(1) The road became less congested.
　(2) The number of drivers increased.
　(3) The city managed to save $1.1 billion.
　(4) Most drivers chose to use the new lane.

(B) What is one innovation that is helping to ease traffic problems?
　(1) Cyclists can use special lanes reserved for bikes.
　(2) Drivers have been encouraged not to use their cars.
　(3) Barriers have been installed to make roads safer for drivers.
　(4) Commuters are provided financial benefits to use bikes instead of cars.

(C) What was one result of the first race for self-driving cars?
　(1) The rules were too strict and the event was canceled.
　(2) No car completed the course, so nobody received the prize.
　(3) The event was held again and most of the cars reached the goal safely.
　(4) The event was postponed because the technology was not good enough.

(D) What point related to the future use of AVs in Toronto is NOT mentioned in the text?

(1) AVs would take the best routes.

(2) People who use AVs would get a tax refund.

(3) The use of AVs would reduce serious accidents.

(4) The city of Toronto would pay less for insurance.

〔2〕次の(1)～(5)の文の中で，本文の内容と一致するものには1の番号を，一致しないものには2の番号を，また本文の内容からだけではどちらとも判断しかねるものには3の番号を解答欄にマークしなさい。

(1) Expanding cycling infrastructure is not helpful in reducing traffic congestion in cold weather.

(2) Italian researchers found that most of their research subjects would use the subway if it was cheaper than driving.

(3) In one city, it was suggested that if a small proportion of people stopped driving, a lot more people would benefit.

(4) By the year 2030, cars will be AVs.

(5) For the time being, we cannot rely on AVs to provide a solution to traffic congestion.

〔3〕本文の内容を最もよく表しているものを(1)～(5)から一つ選び，その番号を解答欄にマークしなさい。

(1) Providing cycle paths for dedicated bike riders

(2) Potential solutions to the problem of traffic congestion

(3) How traffic problems were reduced in four different countries

(4) How self-driving cars can solve traffic problems in large cities

(5) Why North Americans choose to drive despite the benefits of cycling

全訳

≪交通渋滞問題を解決するためには≫

平均的なカナダの通勤者は，年にほぼ 100 時間を深刻な交通渋滞の中で過ごしている。トロントだけで，浪費される時間は失われた生産性その他の費用として，110 億ドルもの多額に上る。通勤は不安やストレス，孤独，肥満，離婚に結びついている。排気ガスは幹線道を汚染し，ある研究によれば，そのために近隣に暮らす児童の白血病の危険性が高まるという。

主要道路を拡幅することは解決にはならない。交通量が増えて，使えるようになった空間を埋め尽くすだけだからである。ロサンジェルス市が，合衆国で最も混雑した幹線道である 405 号線の交通を削減しようとして，新たな相乗り車優先車線を補充する 11 億ドルの 5 カ年計画を選択した。その結果，ラッシュアワーの通勤にかかる時間は，今では平均まる 1 分長くなってしまった。道路をさらに建設することは，人々が車に乗る理由を増やすだけなのだ。

実は，私たちはやめられないのだ。現代の都市は車のために作られたのであり，これはある程度は人間にもあてはまる。次の例でそれがわかるだろう。イタリアの研究者が研究参加者の集団に一定数のコインを渡した。2 つの移動手段，自動車か地下鉄にそれが使えた。それぞれにコストがかかった。だが，地下鉄に乗るコストは固定である一方，車に乗るコストは，ランダムな不確定要素によって変わった。天気，事故，道路工事などである。車を使う平均コストが，別の選択肢に比べて 50％高くても，調査の参加者は 2 対 1 の比率で車を選んだ。

しかし長期的には，一見ちょっとした新しい工夫，例えば，自転車用道路を増設することが，人々に車を自宅に置いておくことを後押しし，交通渋滞の局地的な緩和をもたらすことになりうる。自転車専用路が設置されて，合衆国の 5 都市で車と自転車を物理的に隔てる壁となって 1 年後，自転車の交通量は 71％上昇した。トロント市が分離自転車専用路を 2 本の東西に走る主要道に導入したとき，利用は 4 倍を超えた。合衆国運輸省の研究によると，自転車利用者と車利用者を分離することが，自転車に乗る人を増やす鍵を握っているそうだ。

とはいえ，カナダで自転車の基盤設備を拡大することに反対する一つの理由は，単に国土があまりに寒すぎて自転車は渋滞軽減戦略の一部になれないというものだ。だが，コペンハーゲンは自転車都市のお手本だと考えられているが，とても熱帯などではない。その都市の通勤者の 50％以上が，自転車で 400 km の分離自転車専用路を通って仕事に行っている。このデンマークの革命には，非常に高いガソリン税や乗用車税といった他の要素も関わっているが，自転車は，基盤設備がものを言うという教訓は広く通用するのである。

もし自動車通勤者がほんの 1％でも自転車に切り替えれば，その影響は相当なものになるだろう。ボストン市の研究では，ピーク時のそうした変化は運転者の通勤時間を 18％短縮するだろうという予想が出た。しかし，運転者は依然として車をやめようとはしない。「人々は変化を求めています」と，トロント大学運輸研究所所長，エリック＝ミラー氏は語る。「ですがまだ，自分の行動を変えるほど強く，ではありません」

はるかに前途有望な輸送革命が進行中である。自動運転車である。自律運転乗用車（AV）というのが正式な言い方だが，自動運転の乗り物の現代的展望は2004年に具現化し，米国国防総省がスポンサーとなった類例を見ないレースが行われた。15台の改造車がモハーヴェ砂漠で競走した。ルールは一つだけ。人間の手出し無用である。ひとたびゲートを出るや，車は自らのコンピュータ技術を使って，険しい斜面その他の障害がいっぱいある石だらけの順路を走らなければならなかった。どれも230kmの順路を完走できなかった。衝突したり，エンジントラブルが起きたり，単に走行不能になったりして，どの車両も11.78kmより遠くへは行けなかった。100万ドルの賞金は，手にするものがいないままとなった。

翌2005年に，賞金は倍増された。今度は，5台がレースをうまく完走した。優勝したのは，スタンフォード大学チームであり，その参加車両「スタンリー」は6時間53分のタイムでゴールした。大会社がそのチームを雇い，独自の自動運転車を開発し始めた。そして2010年までに，その会社は実動模型を作った。

その技術は都会生活を作り直すことになると期待されている。2015年のトロント市運輸事業部委嘱の報告は，当地での大規模な自動運転車の採用によって，死傷率は90％減少するだろうと結論した。その車は，その報告によれば2020年代末には普通になっていると予想されており，最適の速度で走り最適の順路を定めることによって，渋滞を軽減するだろう。もし自動運転車がトロント市で大規模に導入されれば，大渋滞の軽減，事故の減少，保険料の低下のおかげで，都市の得る利得は年間約60億ドルになると推定されている。

その一方，既存の交通輸送界は，資金に乏しく，うまく機能していない。運転者なしの車が解決策を提供するまでは，真の変化は運転者自身の行動の変化，ガソリン税とガソリン代の上昇を進んで受け入れること，自転車利用と徒歩の増加，在宅勤務の増加から生じるほかない。こうした解決策は到底，夢のあるものでも変化を生むものでもないが，ロボットが現在の輸送システムに取って代わるときまでは，私たちに使えるのはそれだけしかないのかもしれない。

（英文出典：Stuck, The Walrus on July 20, 2016, by Don Gillmor）

●語句・構文

- □ *l.* 3　lost productivity「生産性の損失」
- □ *l.* 4　car exhaust「排ガス」
- □ *l.* 9　congested「混雑した」
- □ *l.* 14　we can't help ourselves「（車の利用を）せずにはいられない」
- □ *l.* 15　so were we「私たちも同じだ」 we were built for cars と同意。
- □ *l.* 21　by a two-to-one proportion「2対1の比率で」
- □ *l.* 30　key to ～「～の秘訣」
- □ *l.* 38　the lesson generally holds「その教訓は広く通用している」
- □ *l.* 39　*A* matters「*A* が重要である」
- □ *l.* 47　promising「見込みのある」
- □ *l.* 47　be under way「進行中である」

□ *l*. 49　first-of-its-kind「その種で最初の」
□ *l*. 56　unclaimed「引き取り手のいない」
□ *l*. 65　bring about ～「～を引き起こす」
□ *l*. 75　remedy「治療薬・改善法」

解 説

〔1〕内容説明

(A)　正解は (2) ―――――――――――――――――――――――――― 標準

「405 号線が拡幅された後，ロサンジェルスで何が起きたか」

(1)「道路は渋滞が緩和された」

(2)「運転者の数が増えた」

(3)「市はうまく 11 億ドルを節約することができた」

(4)「大半の運転者は新しい車線を利用することにした」

「405 号線の拡幅」に関しては，第 2 段最後の 2 文（The result was …）に「その結果，ラッシュアワーの通勤にかかる時間は，今では平均まる 1 分長くなってしまった。道路をさらに建設することは，人々が車に乗る理由を増やすだけなのだ」とある。よって，(2)が正解。

(B)　正解は (1) ―――――――――――――――――――――――――― 平易

「交通問題を緩和するのに役立っている新しい工夫とは何か」

(1)「自転車利用者は，自転車用に確保された特別車線を利用できる」

(2)「運転者は車を利用しないように奨励されてきた」

(3)「車の運転者にとって道路がより安全となるようにと，障壁が設置されてきた」

(4)「通勤者は車でなく自転車を利用するよう，金銭的利得を与えられる」

「新しい工夫」に関しては，第 4 段第 1 文（In the long …）に「一見ちょっとした新しい工夫，例えば，自転車用道路を増設することが，人々に車を自宅に置いておくことを後押しし，交通渋滞の局地的な緩和をもたらすことになりうる」とある。ダッシュ記号（—）の後に，「新しい工夫」の一例である「自転車用道路増設」を挙げている。よって，正解は(1)。

解法テクニック4　ダッシュ記号（—）は補足説明のサイン

ダッシュ記号（—）は，文意のわかりにくい箇所を，読者にわかりやすく説明する際に使われる記号で，後には補足説明や例示が続くことが多い。一読して理解の難しい箇所でも，この補足説明が理解の一助となることだろう。本問では特にわかりやすく，例示を表す such as ～「～のように」と併用されている。

ダッシュ記号は文末では省略されるので，—が 1 つしか見当たらない場合は，その補足説明が文末まで続いていると考えよう。

(C) 正解は (2) —— 標準

「自動運転車の最初のレースの一つの結果とは何だったか」

(1) 「規則が厳しすぎて，行事は中止された」

(2) 「どの車も完走できなかったので，誰も賞金を受け取れなかった」

(3) 「行事は再度開催され，大半の車が無事に終着点についた」

(4) 「技術が不十分だったため，行事は延期された」

「自動運転車のレース」に関しては，第7段第2文（The modern vision …）から第1回のレースについての記述が始まり，段落終わりまで続いている。同段最後の2文（None finished the …）に「どれも 230km の順路を完走できなかった。…100万ドルの賞金は，手にするものがいないままとなった」とあるから，正解は(2)だとわかる。

(D) 正解は (2) —— 標準

「トロント市での AV の将来の利用法に関して，本文で言及されていない点はどれか」

(1) 「AV は，最善の順路をとるだろう」

(2) 「AV を使う人々は税金の払い戻しを受けるだろう」

(3) 「AV の利用は大事故を減らすだろう」

(4) 「トロント市は保険料の支払いが減るだろう」

「AV の利用法」に関しては，第9段（The technology is …）に記述されている。税金に関しては最終段（Meanwhile, the existing …）に「当面は高いガソリン税を支払う」という主旨の文はあるが，「税金の払い戻し」という記述は，本文中にない。よって，正解は(2)。

〔2〕内容真偽

(1) 正解は 2 —— やや難

「自転車用基盤設備の拡大は，寒冷な気候では交通渋滞の軽減に役立たない」

第5段第1文（One argument against …）で，寒冷地であるカナダにおいては自転車通勤路を整備することへの反対意見もあるという記述があるが，同段第2文（But Copenhagen, …）以降では，同じく寒冷地であるデンマークの首都コペンハーゲンでの成功例が挙げられており，同段最終文後半（but the lesson generally …）では，基盤設備が重要であると締めくくっている。よって，本文の内容に不一致。

(2) 正解は 2 —— 平易

「イタリアの研究者は，調査の被験者の大半は，運転より安価であれば地下鉄を使うということを見出した」

第3段最終文（Even when the average …）より，たとえ費用が高かろうと，自動車を利用する人の割合が高かったことから，本文の内容と不一致。

(3) **正解は 1** ―――――――――――――――― やや易

「ある都市では，ごく一部の人々が車を使うのをやめれば，はるかに多くの人々に利益があることが示唆された」

第6段第1・2文（If even one percent …）より，わずか1％の変化でも大きな効果があるとわかる。よって，本文の内容に一致する。

(4) **正解は 3** ―――――――――――――――― やや難

「2030年までには，自動車はAVになるだろう」

第9段第3文（The vehicles …）に自動運転車の未来に関する記述があるが，「2020年代末には一般的になっていると予想されており」とあるだけで，すべての車が自動運転車になるという記述があるわけではない。よって，どちらとも判断しかねる。

(5) **正解は 1** ―――――――――――――――― やや難

「当分は，私たちはAVが交通渋滞に解決策を与えてくれるのを当てにすることはできない」

最終段第2文（Until driverless cars …）に運転者なしの車が解決策を提供するまで（しばらくの間）は，自動車に頼らない変化で，交通渋滞に対応する必要があるという主旨の記述がある。よって，本文の内容と一致。

〔3〕主題

正解は (2) ―――――――――――――――― 標準

(1)「自転車愛好家に自転車用道路を提供すること」

(2)「交通渋滞の解決策になりうるもの」

(3)「異なる4カ国でどのようにして交通問題が軽減されたか」

(4)「どのようにして自動運転車は大都市で交通問題を解決できるのか」

(5)「なぜ北米の人々は自転車利用に利益があるのに，車を運転することに決めるのか」

本文の導入となる第1段はカナダにおける通勤交通渋滞とその弊害に関する記述から始まっており，第2段以降はこの問題をどのように解決するかについての考察が続いている。また文章のまとめとなる最終段でも渋滞を緩和するための解決策solutionsに触れられていることから，本文の主旨は，「都会の交通渋滞をどうすれば解決できるのか」であるとわかる。よって，正解は(2)。(4)の自動運転車は確かに解決策の1つとされているが，それだけがこの文章の焦点ではないため不適切。

解答

〔1〕 (A)—(2) (B)—(1) (C)—(2) (D)—(2)
〔2〕 (1)—2 (2)—2 (3)—1 (4)—3 (5)—1
〔3〕 (2)

4

2018年度 2月2日

目標解答時間 24分

次の文を読んで，問いに答えなさい。

A program used in many US fisheries[1] to protect the marine environment and maintain healthy fish populations may have an extremely important added benefit: preserving the lives of American fishermen. In a recent study, researchers found that catch-share programs, in which fishermen are assigned a set quota[2] of the catch, reduce some of the notoriously risky behavior fishermen are known for, such as fishing in stormy weather, delaying vessel maintenance, or heading out to sea in a boat loaded with too much heavy fishing gear. Traditional derby-style[3] fishery-management programs open and close fishing seasons on specific days. By contrast, catch shares work on a quota system, under which fishermen have a longer period to harvest their fixed share. That gives fishermen the luxury and perhaps the life-saving option of time.

The findings don't surprise Scott Campbell, who spent most of his 35-year career fishing the Bering Sea for king crab[4] the way it used to be done: derby style. Crab season would open, and regardless of weather, Campbell and his crew would be on the water, hoping to catch enough crab during the season's brief time period to keep his business going. "If you can picture a four-day season for crab — and that's the only four days you're going to get — and an unusually fierce storm blows in for 24 to 48 hours of those four days, well, a lot of boats didn't stop fishing, because that was their only source of income for the whole year," says Campbell. "It forced us to take unnecessary risks for financial survival." That kind of risk-taking has historically made fishing one of the nation's most dangerous professions, with a death rate more than 30 times the US average, according to the new study.

Today there are approximately two dozen state and federal catch-share programs in the US, mostly launched in the last decade. However, derby-style fishing still exists in many US regions, including the Pacific and Atlantic swordfish[5] fisheries and the Northeast's monkfish[6] and herring[7] fisheries. Numerous studies have looked at the environmental benefits of catch-share programs, such as the reduction of unwanted catch, the ability to maximize the value of the catch, and direct impacts on the way fisheries are managed. But what makes this new study on catch-sharing innovative is that it's looking at actual risk-taking data, says the study's main author, Lisa Pfeiffer, an economist at the Northwest Fisheries Science Center.

Pfeiffer examined the impact a catch-share management program had on fishing safety by looking at the West Coast sablefish[8] fishery, which is particularly rich in data. In 1994, the fishery had a nine-day season and was managed with traditional commercial fishing licenses. In 2001, it made a transition to a catch-share management system, with a set quota divided among fishermen and a season that now lasted seven months. Pfeiffer analyzed data taken from fishing records together with information from the National Weather Service. She tracked high-wind days when fishermen would face rough waves and stormy conditions. And she found that, under the catch-share program, fishermen were far more likely to keep their boats in the dock than risk their lives at sea, and as a result, fishing trips on high-wind days dropped by 79 percent.

Tim Fitzgerald, director of impact at the Environmental Defense Fund, which supports and promotes catch-share programs, says that such a dramatic increase in safe fishing behavior makes sense: "Usually, catch-share programs are carried out for environmental or economic reasons. Safety is probably not the goal in the beginning, but it's one of those things that gets realized almost immediately, whether you're fishing in tropical waters like the Gulf of Mexico or in the cold waters of Alaska."

Not everyone, however, is convinced that catch-share programs help all fishermen equally. Many worry that these programs push small fishermen out of business. That includes Niaz Dorry, director for a nonprofit organization[9] that focuses on marine biodiversity.[10] She says fisheries that operate under catch-share quotas "probably have fewer incidents because there are fewer boats involved and fewer fishermen. When you cooperate for catch shares, and you go from 200 smaller boats to five large boats, you're going to have fewer accidents because you have fewer fishermen at sea."

Pfeiffer, the study's author, says, "If there's a change in the size of the vessels fishing, that could be a contributing factor," because larger ships may survive stormy weather better. "But in this case, the boats fishing for sablefish aren't the huge ships you may imagine. Here they have a two- or three-member crew on board."

But Dorry says that there are other ways to protect the lives of fishermen without pushing small fishermen out of the market. She points to community-supported fishery programs, which enable fishermen to sell whatever they catch, regardless of weather. This kind of system gives them more control over when they should go fishing and other means of staying safe at sea.

(Adapted from a work by Clare Leschin-Hoar)

(注)

1. fishery	漁場
2. quota	一定割当量
3. derby-style	一斉操業方式の
4. king crab	タラバガニ
5. swordfish	メカジキ
6. monkfish	アンコウ
7. herring	ニシン
8. sablefish	ギンダラ
9. nonprofit organization	NPO, 非営利団体
10. biodiversity	生物多様性

〔1〕本文の意味，内容にかかわる問い(A)～(D)それぞれの答えとして，本文にしたがって最も適当なものを(1)～(4)から一つ選び，その番号を解答欄にマークしなさい。

(A) What was an unexpected result of introducing catch-share programs to some US fisheries?

(1) Biodiversity was protected.

(2) Fishermen made more profit.

(3) Fishermen took more holidays.

(4) Fishermen worked more safely.

(B) How did Campbell operate in his career as a king crab fisherman?

(1) He tried to catch 30 times as much as competing fishermen.

(2) He tried to protect his fellow fishermen's lives during the four-day season, despite the great risks.

(3) He tried to catch as much as possible during the season, no matter what the weather was like.

(4) He tried to catch only fully grown king crabs in order to keep his business going during the derby-style season.

(C) Which data did Pfeiffer compare in the study?

(1) She compared the US average fishery data with the West Coast sablefish fishery data.

(2) She compared the environmental data of the Northeast monkfish fishery with the economic data of the same area.

(3) She compared the data on the West Coast sablefish fishery from the derby-style era with the data from the catch-share management era.

(4) She compared the fishing and weather data from different fisheries such as the Northeast monkfish fishery and the West Coast sablefish fishery.

(D) Which effect of catch-share programs does Dorry point out?

(1) Fishermen under catch-share programs tend to operate on bigger boats.

(2) Small fishermen pay more attention to marine biodiversity than big companies.

(3) Catch-share programs tend to raise both the cost of operation and the prices of fish.

(4) Catch-share programs tend to create a ready-made market regardless of the weather.

〔2〕次の(1)～(5)の文の中で，本文の内容と一致するものには1の番号を，一致しないものには2の番号を，また本文の内容からだけではどちらとも判断しかねるものには3の番号を解答欄にマークしなさい。

(1) Under the catch-share management system, fishermen may catch only a fixed amount of fish in one season.

(2) Some risks fishermen take under the derby-style season include fishing in stormy weather and delaying repairs of their ships.

(3) Few studies have been conducted on the environmental benefits of catch-share management systems.

(4) Sablefish fishermen tend to suffer more accidents than king crab fishermen under the derby-style management system.

(5) According to Dorry, fishermen are able to take more responsibility for their own safety when they know they can sell any fish they catch.

〔3〕本文の内容を最もよく表しているものを(1)～(5)から一つ選び，その番号を解答欄にマークしなさい。

(1) The reasons why fishing was a very dangerous job

(2) Why a program to protect fish also saves fishermen's lives

(3) The reasons why catch-share programs protect the environment

(4) How to create more profitable fisheries in the Pacific Northwest

(5) How catch-share programs have taken over from derby-style fishing

全訳

≪魚類を保護する計画が漁師の命も救うわけ≫

海洋環境を保護し，健全な魚類個体群を維持するために多くのアメリカの漁場で使われている計画は，きわめて重要な付加的利益を有するかもしれない。それはつまり，アメリカの漁師たちの命を守るという利益である。最近の研究で，研究者は，漁師が一定の漁獲割当量を指定される漁獲割当計画が，世に知られた悪評の高い危険な漁師の行動，たとえば嵐の中で操業したり，船体の維持管理を怠ったり，重量超過の漁具を積んだ船で海に乗り出したりといったことを，一部抑制するということを発見した。従来の一斉操業方式の漁場管理計画では，ある一定の日時に漁期を開始し，終了する。一方，漁獲割当方式では割当制をとり，漁師は長めの期間で定められた割当量を捕る。それによって漁師は時間の余剰を得ることになり，またことによると，その余剰の時間によって命を救われるという選択肢を得ているのかもしれない。

その研究成果について，スコット=キャンベル氏に驚きはない。彼は35年の職歴の大半をベーリング海で，以前のやり方である一斉操業方式でタラバガニを捕るのに費やした。カニの漁期が始まれば，天候にかかわらず，キャンベル氏は乗組員とともに海に出て，短い漁期の間にたっぷりカニを捕って仕事が続くように望んでいたのだった。「カニの漁期が4日だとしてみよう。しかも漁期はその4日しかないとしよう。そして，その4日のうち24～48時間，並外れて猛烈な嵐が吹き荒れたとしよう。それでも，多くの船が漁を止めたりはしなかった。だって，1年間それしか収入源がないんだから」と，キャンベル氏は述べる。「だから経済的に生き残ろうとすれば無用の危険を冒すほかなかったんだよ」 そうした危険を冒すため，漁業は歴史的にアメリカ最大の危険業種の1つとなり，その新しい研究によれば，死亡率は全国平均の30倍以上だったのである。

今日，アメリカでは州と連邦合わせておおよそ20数種の漁獲割当計画があり，大半がここ10年間に始まったものである。しかし，一斉操業方式の漁業はアメリカの多くの地域で依然として残っており，太平洋，大西洋のメカジキ漁や北東部のアンコウ・ニシン漁はその一部である。おびただしい数の研究が，無用漁獲の削減，漁獲価格を最大化する可能性，漁場管理法への直接的な影響などといった漁獲割当計画の環境面での利益に注目してきた。しかし漁獲割当に関するこの新たな研究が斬新なのは，それが現実の危険を負う行動についてのデータに着目しているからだと，研究の筆頭著者である北西部漁場科学センターの経済専門家リサ=ファイファー氏は語る。

ファイファー氏は，漁獲割当管理計画が漁業の安全性に与える影響を，特にデータが豊富な西海岸のギンダラの漁場を見ることによって調査した。1994年，漁場には9日間の漁期があり，従来の商業漁獲許可証によって管理されていた。2001年には漁獲割当管理制に移行され，漁師間で分割された一定の割当と，今や7カ月に及ぶ漁期がもたらされた。ファイファー氏は，漁業記録からとったデータと全国気象サービスからの情報を合わせて分析した。彼女は，漁師が大波と嵐の状態に直面することになる強風日を追跡した。そして，漁獲割当計画のもとでは，漁師が船を波止場にとめておく可能性が，命懸けで海に出るよりはるかに高くなり，その結果，強風日の出漁は79％も下落したことを見出した。

環境防衛基金という漁獲割当計画を支援し，推進する組織の環境影響部長であるティム=フィッツジェラルド氏は，安全な操業姿勢のそうした劇的増加は理解できると語る。「漁獲割当計画は，たいてい環境的，経済的な理由から実行されるのです。安全はおそらく始めは目標になっていないのですが，操業がメキシコ湾といった熱帯海域であれ，アラスカの寒帯海域であれ，安全面への影響は，ほとんどあっという間に気づくことの1つなのです」

しかし，だれもが，漁獲割当計画はすべての漁師に等しく役立つと納得しているわけではない。多くの人が，こうした計画が小規模漁業者を失業に追いやるのではと案じている。その一人が海洋生物の多様性に注目するNPOの責任者であるニアズ=ドリー氏だ。彼女は，漁獲割当制のもとで操業する漁場では「おそらく事故は少なくなるでしょう。関係する漁船も，漁師も少ないからです。漁獲割当に協力して，200隻の小型船から5隻の大型船になれば，事故は少なくなります。海に出る漁師は少なくなるからです」と述べる。

研究の著者のファイファー氏曰く，「もしも漁をする船の大きさに変化があれば，それは1つの大きな要因になることもあるでしょう」 大型船は荒天でも生き延びる可能性が高そうだからである。「でもこの場合には，ギンダラ漁をする船は，思っているほどの巨大船ではありません。ここでは船の乗組員は2，3人ですね」

しかし，ドリー氏は，小規模漁業者を市場からしめ出すことなく漁師の命を守る方法は他にもあると語る。彼女が指摘するのは，社会支援型漁場計画で，それによって漁師は，天候にかかわらず，自分が捕ったものなら何でも販売できるようになる。この種の方式では，漁師はいつ漁に出ればよいかをさらに思うままに決められるようになり，それ以外にも海上の安全を保つ手段が得られる。

（英文出典：Study : Program To Protect Fish Is Saving Fishermen's Lives, Too, The Salt on February 16, 2016, by Clare Leschin-Hoar, National Public Radio）

●語句・構文

- □ *l*. 5 assign *A B*「*A* に *B* を割り当てる」
- □ *l*. 7 vessel maintenance「船体の維持管理」
- □ *l*. 7 head out to ～「～へ向かう」
- □ *l*. 10 By contrast「その一方で」 前との対比を表す際に用いられる。
- □ *l*. 14 the way it used to be done「それがかつて行われていた方法」
- □ *l*. 15 regardless of ～「～にもかかわらず」 譲歩を表す。
- □ *l*. 17 keep *one's* business going「商売を続けていく」
- □ *l*. 18 picture「～を想像する，～を頭に思い描く」
- □ *l*. 24 with a death rate more than 30 times ～「死亡率が～の30倍以上で」 付帯状況を表す with O C の形。
- □ *l*. 27 launch「始まる」

□ *l*. 39 rich in data「データに富んでいる，データ量の多い」
□ *l*. 41 a transition to ～「～への移行」
□ *l*. 47 risk *one's* life「命を危険にさらす」
□ *l*. 51 make sense「道理が通っている，理解できる」
□ *l*. 56 be convinced that ～「～に納得している」

解 説

〔1〕内容説明

Ⓐ 正解は (4) ――― 平易

「アメリカの漁場の一部に漁獲割当計画を導入することの意外な結果とは何だったのか」

(1)「生物多様性が保護された」

(2)「漁師の利益が増えた」

(3)「漁師の休日が増えた」

(4)「漁師がより安全に働けるようになった」

「割当計画の意外な結果」とは第1段第1文の an … important added benefit「重要な付加的利益」のことである。これを具体的に説明しているのが，コロン（：）以下 preserving the lives …「漁師たちの命を守るという利益」である。よって，正解は安全面に言及した(4)である。

Ⓑ 正解は (3) ――― 標準

「キャンベル氏はタラバガニ漁師としてどのように働いていたか」

(1)「彼は競争相手の漁師の30倍捕ろうとした」

(2)「4日の漁期の間，大いに危険だったにもかかわらず，彼は仲間の漁師の命を守ろうとした」

(3)「彼は漁期の間に，天候がどうであれ，できるだけ多く捕ろうとした」

(4)「彼は一斉操業期間内に自分の仕事が続いていくように，完全に成長したタラバガニだけを捕ろうとした」

設問文の How で「やり方，様子」を問うていることがわかる。キャンベル氏のカニ漁に関しては，第2段冒頭（The findings don't …）に「以前のやり方の一斉操業方式で」とあり，さらに次文に「天候にかかわらず，乗組員とともに海に出て，短い漁期の間にたっぷりカニを捕って」とある。(3)の no matter what the weather was like「天候はどうであれ」の部分が，本文の regardless of weather「天候にかかわらず」と対応していることを確認したい。よって，正解は(3)。

Ⓒ 正解は (3) ――― 難

「ファイファー氏はその研究で，どのデータを比較したのか」

⑴ 「彼女はアメリカの平均的漁場のデータを西海岸のギンダラ漁場のデータと比較した」
⑵ 「彼女は北東部アンコウ漁場の環境データを同地域の経済データと比較した」
⑶ 「彼女は西海岸の一斉操業期のギンダラ漁場のデータを漁獲割当管理期のデータと比較した」
⑷ 「彼女は北東部のアンコウ漁場や西海岸のギンダラ漁場といった様々な漁場の漁獲と天候のデータを比較した」

「ファイファー氏の研究データ」に関しては第4段冒頭（Pfeiffer examined the …）に「漁獲割当管理計画が漁業の安全性に与える影響を，特にデータが豊富な西海岸のギンダラの漁場を見ることによって調査した」とある。続く第2文（In 1994, the …）では，1994年に伝統的（一斉操業）漁業が行われていたことについて，さらに次の第3文（In 2001, it …）では2001年に漁獲割当管理制へと移行したことについて書かれている。これらより，同一漁場の2つの時期のデータを比較したとわかり，⑶が正解である。era は「時代」の意。本文中には，どれとどれを比較したかが直接は書かれていないという点で，読みの深さが問われる問題となっている。

Ⓓ 正解は ⑴ 難

「漁獲割当計画のどの効果をドリー氏は指摘しているか」
⑴ 「漁獲割当計画下の漁師は，より大きな船で操業する傾向がある」
⑵ 「小規模漁業者は，海洋の生物多様性に大企業よりも注意を払う」
⑶ 「漁獲割当計画は操業コストと魚価を両方とも上げる傾向がある」
⑷ 「漁獲割当計画は天候と無関係に，既成市場を生み出す傾向がある」

「ドリー氏の指摘」に関しては第6段第4・5文に書かれている。第4文（She says fisheries …）では，事故が少なくなる要因を「関係する漁船も，漁師も少ないから」としており，第5文（When you cooperate …）ではさらに具体的に「200隻の小型船から5隻の大型船になれば，事故は少なくなる」とある。この部分が，⑴の on bigger boats と一致するので，⑴が正解。第5文の主語は一般人称の you で，聞き手の「あなた」を指しているのではなく，一般的に漁場に出る漁師を指している。最終段第2文に point to ～「～を指摘する」という語があるが，この段ではその1文目にあるとおり，「漁師の命を守る別の方法」について書かれているので解答の根拠とはならない。

〔2〕内容真偽

⑴ 正解は 1 ―――― 標準

「漁獲割当管理制のもとでは，漁師は1シーズンに一定量の魚だけ捕ってよい」

漁獲割当管理制については第1段第2文（In a recent …）に書かれており，関係代名詞節の in which 以降「漁師が一定の漁獲割当量を指定される」がその説明となっている。a set quota of the catch が選択肢の a fixed amount of fish と一致することが解答の決め手となる。よって，本文と一致する。

⑵ 正解は 1 ―――― 平易

「一斉操業方式の漁期のもとで漁師が冒す危険には，荒天での漁や漁船の修理の遅れが含まれる」

従来方式の場合の漁師の危険については，第1段第2文（In a recent …）の some of the … risky behavior に書かれている。直後には such as ～「～のような」と例を挙げる表現が続き，「嵐の中で操業したり，船体の維持管理を怠ったり」と述べられている。よって，一致する。

⑶ 正解は 2 ―――― 平易

「漁獲割当管理制のもつ環境的な利益に関しては，研究はわずかしかなされなかった」

第3段第3文（Numerous studies have …）に「おびただしい数の研究が，…漁獲割当計画の環境的利益に注目してきた」とあるので，不一致。numerous「数え切れないほど多い」は number（数）の派生語。

⑷ 正解は 3 ―――― 平易

「一斉操業方式管理制のもとでは，ギンダラ漁師はタラバガニ漁師よりも多くの事故に遭いがちである」

タラバガニ漁については，第2段（The findings don't …）に一斉操業時の危険について記述があり，ギンダラ漁については，第4段（Pfeiffer examined the …）に漁獲割当制によって大幅に危険が減少した旨の記述があるが，両者の比較に関しては記述がない。よって，判断しかねる。

⑸ 正解は 1 ―――― 難

「ドリー氏によれば，漁師は自分が捕った魚をすべて売ることができると知っているとき，自分自身の安全により多くの責任を負うことができる」

最終段第2文（She points to …）で紹介されている community-supported fishery programs「社会支援型漁場計画」では，「漁師は自分が捕ったものなら何でも販売できるようになる」とある。さらに次の文（This kind of …）で「この種の方式で，…海上の安全を保つ手段が得られる」とあり，自分の捕ったものを何でも販売できることが漁師の安全につながるという因果関係が読みとれる。よって，一致する。本文の該当箇所が長く，内容もやや難解なため，解答に時間がかかるかもしれない。

〔3〕主題

正解は (2) 標準

(1) 「なぜ漁業はきわめて危険な仕事であったのか」

(2) 「なぜ魚類を守る計画が，漁師の命をも守るのか」

(3) 「なぜ漁獲割当計画が環境を守るのか」

(4) 「どのようにして太平洋北西部でよりもうかる漁場を作るか」

(5) 「どのように漁獲割当計画が一斉操業方式の漁業から引き継ぎをしてきたか」

本文のテーマが述べられる可能性の最も高いのは冒頭第1段である。本文では，「海洋環境を保護し，健全な魚類個体群を維持するために，アメリカの漁場で使われている漁獲割当計画が，アメリカの漁師たちの命を守るというきわめて重要な付加的利益を有する」とある。中でも，preserving the lives of American fishermen と catch-share programs の2つがキーワードだ。よって，「漁獲割当計画」が「漁師の安全を守る」という内容の(2)が正解。選択肢を見てしまうと迷いが出ることもあるので，まず文章を読み終えた時点で，どのようなテーマだったか（キーワードは何か）を書き留めておくのもよいだろう。

解答

〔1〕 (A)—(4) (B)—(3) (C)—(3) (D)—(1)

〔2〕 (1)—1 (2)—1 (3)—2 (4)—3 (5)—1

〔3〕 (2)

5

2018年度 2月7日

目標解答時間 22分

次の文を読んで，問いに答えなさい。

As an adult, there are many benefits to knowing more than one language. For example, it has been shown that elderly people who speak more than one language have less chance of developing cognitive diseases.[1] Additionally, the bilingual brain becomes better at concentrating, and learning several languages improves creativity. Evidence also shows that learning further languages is easier than learning the first foreign language. Unfortunately, not all American universities consider learning foreign languages worthwhile, despite the cognitive and emotional benefits. One of these benefits that is not obvious is that language learning improves tolerance.[2] This happens in two important ways.

The first is that it helps people understand ways of doing things that are different from their own. This ability is called “cultural competence,” and it is essential to succeed in our increasingly globalized world. How, specifically, does language learning improve cultural competence? The answer can be found by examining different types of intelligence. Psychologist Robert Sternberg’s research describes different types of intelligence and how they are related to adult language learning. What he refers to as “practical intelligence” helps individuals learn non-explicit[3] information from their environments, including from meaningful gestures or other social clues. When learning a second language, students pick up clues about the culture both during classes and through meaningful social experiences outside the classroom. In this way, language learning inevitably involves learning about different cultures. Researchers Hanh Thi Nguyen and Guy Kellogg have shown that when students learn another language, they develop new ways of understanding culture through analyzing cultural stereotypes. The researchers explain that "learning a second language involves learning not only linguistic[4] forms but also ways of thinking and behaving." With the help of an instructor, students can think critically about stereotypes of different cultures related to food, appearance and conversation styles.

The second way that adult language learning increases tolerance is related to the comfort level of a person when dealing with unfamiliar situations, and is known as "tolerance of ambiguity." Someone with a high tolerance of ambiguity finds unfamiliar situations exciting, rather than frightening. Research on motivation, anxiety and beliefs indicates that language learning improves people's tolerance of ambiguity, especially when more than one foreign language is involved. It's not difficult to see why this may be so. Conversations in a foreign language will inevitably involve unknown words. It wouldn't be a successful conversation if one of the speakers constantly stopped to say, "Wait a minute — I don't know that word. Let me look it up in the dictionary." Those with a high tolerance of ambiguity would feel comfortable continuing the conversation despite the unfamiliar words involved. Linguists Jean-Marc Dewaele and Li Wei study tolerance of ambiguity, and have indicated that people with experience of learning more than one foreign language have more tolerance of ambiguity, which brings many advantages. It helps students become less anxious in social interactions and in future language-learning experiences. Not surprisingly, the more experience a person has with language learning, the more comfortable the person gets with this type of ambiguity.

However, that's not all. Individuals with higher levels of tolerance of ambiguity have also been found to be more entrepreneurial.[5] In other words, they are more optimistic, more innovative,[6] and don't mind taking risks. In the modern world, universities are frequently judged by the salaries of their graduates. Based on the relationship between tolerance of ambiguity and entrepreneurial intention, increased tolerance of ambiguity could lead to higher salaries for graduates, which in turn could help increase funding for those universities that require foreign language study. Those who have devoted their lives to studying and teaching languages would say, "It's not about the money." But perhaps it is.

Most American universities have a minimum language requirement that often varies depending on the student's major. However, students can typically avoid the requirement by taking a test or providing some other proof of ability. In contrast to this trend, Princeton University recently announced that all students, regardless of their ability when entering the university, would be required to study an additional language. If more universities follow Princeton's system, language study at the university level could lead to an increased tolerance of the different cultural norms[7] represented in American society.

Knowledge of different languages is essential to becoming a global citizen. As former US Secretary of Education[8] Arne Duncan noted, "Our country needs to create a future in which all Americans understand that by speaking more than one language, they are enabling our country to work cooperatively with partners across the globe." Considering the evidence that studying languages as adults increases tolerance in two important ways, the question shouldn't be "Why should universities require foreign language study?" but rather "Why wouldn't they?"

(Adapted from a work by Amy Thompson)

(注)

1. cognitive disease　認知症
2. tolerance　寛容，寛大さ
3. non-explicit　意図が明確に示されない
4. linguistic　言語の
5. entrepreneurial　起業家精神にあふれた
6. innovative　革新的な
7. norm　規範
8. US Secretary of Education　アメリカ合衆国教育長官

〔1〕本文の意味，内容にかかわる問い(A)～(D)それぞれの答えとして，本文にしたがって最も適当なものを(1)～(4)から一つ選び，その番号を解答欄にマークしなさい。

(A) According to the text, what does "cultural competence" help people do?

(1) Learn how to make new gestures.
(2) See things from a different perspective.
(3) Understand various types of intelligence.
(4) Make friends with people from different countries.

(B) When having a conversation in a foreign language, what would someone with a high "tolerance of ambiguity" probably do if there is a word they do not know?

(1) Keep on talking anyway.
(2) Immediately end the conversation.
(3) Start to speak in their mother tongue.
(4) Stop to check the meaning of the word in a dictionary.

(C) According to the text, why might people who learn foreign languages earn a higher salary?

(1) Because they have devoted their lives to study.
(2) Because they study at universities with more funding.
(3) Because they are more likely to start a new business.
(4) Because they will be able to work in various countries.

(D) Which point about foreign language learning is NOT mentioned in the text?

(1) It enables you to become more creative.
(2) It makes it easier to learn additional languages.
(3) It is necessary in order to become a global citizen.
(4) It increases your understanding of your native language.

〔2〕次の(1)～(5)の文の中で，本文の内容と一致するものには1の番号を，一致しないものには2の番号を，また本文の内容からだけではどちらとも判断しかねるものには3の番号を解答欄にマークしなさい。

(1) Learning a foreign language can have an effect on your health.
(2) Research shows that university students rarely believe in stereotypes.
(3) People who have learned foreign languages are more likely to cope well with new situations.
(4) Under Princeton University's new policy, students will not have to study any foreign languages.
(5) Arne Duncan believes that foreign language ability is not necessary for America's future.

〔3〕本文の内容を最もよく表しているものを(1)～(5)から一つ選び，その番号を解答欄にマークしなさい。

(1) How to become a global citizen
(2) Foreign language study at US universities
(3) The relationship between tolerance and salary
(4) The benefits of developing cultural competence
(5) Increasing tolerance through language learning

全訳

≪語学で高まる寛容度≫

成人すると，２つ以上の言語を知っていることには恩恵がたくさんある。たとえば，２言語以上を話す高齢者は，認知症を発症する可能性が低いということが示されている。加えて，２言語脳の方が，集中力が高く，複数言語を学習することは独創性を高める。また，初めて外国語を学習するのより，２つ目，３つ目の言語を学習する方が楽だということを示す証拠もある。残念ながら，認知的，感情的な利益があるにもかかわらず，アメリカのすべての大学が外国語を学習することに価値があると考えているわけではない。こうした一見明白とは言えない利益の１つに，言語学習は寛容度を向上させるということがある。それは，２通りの重要な方法で生じる。

第一に，それは人々が自分自身とは異なる物事のやり方を理解するのに役立つ。この能力は「文化的適応力」と呼ばれており，その能力は，ますますグローバル化していく我々の世界で成功するには不可欠である。具体的には，どのようにして言語学習が文化的適応力を向上させるのだろうか。その答えは，様々な種類の知能を検証することによって見つかる。心理学者のロバート=スターンバーグ氏の研究は，様々な種類の知能と，それらがどのように成人の言語学習と関連しているかを記述している。彼が「実用的な知能」と呼ぶものは，意味ありげな身振りやその他の社会的な手がかりをはじめ，周りの環境の中から，意図が明確に示されない情報を個々人が学ぶのに役立つ。外国語を学習すると，学生は文化に関する手がかりを授業中にも，また教室外の有意義な社会的経験からも身につけていく。このように，言語学習には様々な文化を学習することが必ず伴う。研究者のハン=ティ=ングイェン氏とガイ=ケロッグ氏は，学生が外国語を学習すると，文化的な固定観念を分析することによって，新しい文化の理解の仕方を身につけることを示した。研究者たちは，「外国語を学習することには，言語の形ばかりでなく，考え方や振る舞い方をも学習することが必然的に伴うのです」と説明する。教員の手を借りて，学生は食物，外見，会話の仕方に関連する様々な文化の固定観念を批判的に考えることができる。

大人の言語学習が寛容度の増加を生じるもう１つの方法は，なじみのない状況を処理する際の個人の快適度に関係しており，これは「曖昧さの許容」として知られている。曖昧さの許容度が大きい人は，なじみのない状況を刺激的だと思い，怯えたりはしない。動機や不安，信念に関する研究の示すところでは，言語学習は，特に２つ以上の外国語が関係する場合，曖昧さの許容度を高めるのである。なぜそんなことがあるのかを理解するのは，難しいことではない。外国語での会話には，必ず知らない単語があるだろう。もし話し手の１人が，いつも話を遮って「ちょっと待って。その言葉知らないから，辞書で引いてみる」と言っていたら，会話はうまくいかないだろう。曖昧さの許容度の高い人々なら，知らない単語があっても，気持ちよく会話を続けるだろう。言語学者のジャン-マルク=ドワール氏とリー=ウェイ氏は，曖昧さの許容度を研究しており，２つ以上の外国語を学習した経験のある人々は，曖昧さの許容度が大きくなり，それが多くの利点をもたらすことを示してきた。それは，学生が社会的な交流や将来の言語学習経験にあたって，それほど不安にならずに済むのに役立つ。驚くには当たらないが，語学学習の経験が多ければ多いほど，それだけ楽な気分で，この種の曖昧さを取り入れられる。

しかし，話はそれで終わらない。曖昧さの許容度が高い個々人は，起業家精神にあふれてもいるということがわかった。言い換えると，彼らはより楽天的であり，より革新的であり，リスクを冒すのをいとわないということだ。現代の世界では，大学は卒業生の収入で評価されることが多い。曖昧さの許容度と起業の意欲の関係に基づき，曖昧さの許容度の増加は，卒業生の収入増を生むこともありうるし，それが今度は，外国語学習を必修とする大学の財源を増やすのに役立つこともあるだろう。生涯をかけて語学を学習し教授してきた人々は，「お金の問題じゃない」と言うだろう。でも，そういうこと（＝お金の問題）かもしれない。

大半のアメリカの大学では語学の必修科目は最小限であり，学生の専攻に応じてしばしば変化する。しかし，学生はたいていテストを受けたり，他の能力の証明書を提出したりすれば必修を免れることができる。この傾向に反して，プリンストン大学は最近，すべての学生が，入学時の能力に関係なく，もう１つ言語を学習することを義務づけると表明した。もしより多くの大学がプリンストン方式に倣うなら，大学段階での語学学習は，アメリカ社会に現れる様々な文化規範の許容度を上げることにつながるであろう。

様々な言語の知識は，国際人になるには不可欠である。アメリカ合衆国前教育長官のアーン=ダンカン氏が述べたように，「２つ以上の言語を話すことで，我が国が世界中の仲間たちと共同作業をするのが可能となるということをすべてのアメリカ人が理解するような，そんな未来を，我が国は作らねばならない」 大人になって語学を学ぶことは，２つの重要な方法で寛容度を上げるという証拠があるのを考慮すれば，「なぜ大学は外国語の学習を必須とすべきなのか」ではなくて「なぜそうしないのか」が問題となってしかるべきである。

（英文出典：How learning a new language improves tolerance, The Conversation on December 11, 2016 by Amy Thompson）

●語句・構文

- □ *l.* 4 Additionally「さらに，付け加えて」
- □ *l.* 5 creativity「独創性」
- □ *l.* 8 worthwhile「価値がある」
- □ *l.* 8 despite「～にもかかわらず」 譲歩を表す。
- □ *l.* 18 refer to *A* as *B*「*A* を *B* と呼ぶ」
- □ *l.* 20 clue「手がかり」
- □ *l.* 23 inevitably「不可避的に，必然的に」
- □ *l.* 32 when dealing with ～「～を扱う際の」（＝when they are dealing with ～）
- □ *l.* 33 ambiguity「曖昧さ」
- □ *l.* 42 despite the unfamiliar words involved「知らない単語があるにもかかわらず」 過去分詞 involved は直前の words を修飾している。

□ *l.* 46　which brings many advantages「それが多くの利点をもたらす」 which の指すものは，people … ambiguity である。
□ *l.* 47　social interaction「社会的な交流」
□ *l.* 52　optimistic「楽観的な」
□ *l.* 56　in turn「今度は」
□ *l.* 59　But perhaps it is.「でも，そういうこと（＝お金の問題）かもしれない」 it is の後ろには about the money が省略されている。
□ *l.* 61　*A* varies depending on *B*「*B* に応じて *A* が変化する」
□ *l.* 74　as adults「大人になって」 as は時を表す。

解 説

〔1〕内容説明

Ⓐ　正解は (2) ——— 平易

「本文によれば，『文化的適応力』は何をするのに役立つのか」

(1)「新しい身振りをする方法を学ぶこと」

(2)「違う視点から物事を見ること」

(3)「様々な種類の知能を理解すること」

(4)「様々な国の人たちと仲良くなること」

「文化的適応力」について挙げられているのは，第2段第1文（The first is …）「自分自身とは異なる物事のやり方を，人々が理解するのに役立つ」である。本文中の understand … things が，選択肢では See things from … perspective と言い換えられている。よって，(2)が正解。

Ⓑ　正解は (1) ——— 標準

「外国語で会話をしているとき，『曖昧さの許容度』が高い人は，もしも知らない単語が出てきたら，どうする可能性が高いか」

(1)「どうにか会話を続ける」

(2)「直ちに会話を止める」

(3)「母国語で話し始める」

(4)「話を止めて辞書で単語の意味を調べる」

「曖昧さの許容度」について書かれているのは第3段以降であるが，その中でも「未知の単語」に関しては第3段第8文（Those with a …）に「曖昧さの許容度の高い人々なら，知らない単語があっても，気持ちよく会話を続けるだろう」とある。主語の Those はここでは「人々」の意である。また，continuing the conversation という表現が，選択肢の Keep on talking と一致する。よって，(1)が正解。

(C) 正解は (3) ―――― 難

「本文によれば，なぜ外国語を学習する人々は高い給料をもらえるかもしれないのか」

(1) 「生涯を研究に捧げたから」

(2) 「財源の豊かな大学で学ぶから」

(3) 「新しい事業を始める可能性が高いから」

(4) 「様々な国で仕事ができるから」

「給料」について触れられているのは，第4段であり，第5文（Based on the …）には「曖昧さの許容度と起業の意欲の関係に基づき，曖昧さの許容度の増加は…収入増を生むこともありうる」とある。この「曖昧さの許容度と起業の意欲の関係」とは，同段第2文（Individuals with higher …）「曖昧さの許容度が高い個々人は，起業家精神にあふれてもいるということがわかった」に明示されている。entrepreneurial の意味については，（注）に「起業家精神にあふれた」とあるが，内容がピンと来ない場合は，同じく第3文で言い換えてある optimistic や innovative，さらには don't mind taking risks などをヒントに理解することができる。「前向きに，リスクを恐れず，革新的なことに取り組む」という内容を含んでいるのは(3)のみである。

(D) 正解は (4) ―――― 標準

「外国語学習に関してどの点が本文で言及されていないか」

それぞれの選択肢を検討すると，

(1) 「独創性を育んでくれる」

「独創性」に関しては，第1段第3文（Additionally, the bilingual …）に「複数言語を学習することは独創性を高める」とある。

(2) 「さらに別の言語を学習するのがたやすくなる」

「追加の言語」に関しては，第1段第4文（Evidence also shows …）に「2つ目，3つ目の言語を学習する方が楽だ」という記述がある。

(3) 「国際人になるのに，必要である」

「国際人」に関しては，最終段第1文（Knowledge of different …）に「様々な言語の知識は，国際人になるには不可欠である」という記述がある。

(4) 「母国語の理解を深める」

「母国語の理解」に関しては，本文にはとりたてて記述されている部分はない。よって，(4)が正解である。

〔2〕内容真偽

(1) 正解は 1 ―――― 標準

「外国語を学習することは，健康に影響を与えることがある」

「言語を学ぶこと」と「健康」との関連については，第1段第2文（For example, it …）に「2言語以上を話す高齢者は，認知症を発症する可能性が低い」とある。また，本文では diseases という表現が用いられており，認知症が疾患の1つとして捉えられていることがわかる。よって，本文の内容と一致する。

(2) **正解は 3** ―――― 難

「研究により，大学生はめったに固定観念を信用しないことが示されている」

「固定観念」については，第2段第9文（Researchers Hanh Thi …）に「学生が外国語を学習すると，文化的な固定観念を分析することによって，新しい文化の理解の仕方を身につける」とあり，さらに同段最終文（With the help …）に「教員の手を借りて，学生は食物，外見，会話の仕方に関連する様々な文化の固定観念を批判的に考えることができる」とある。ただ，これらはそれぞれ「外国語を学習すると」あるいは「教員の手を借りて」という条件付きで固定観念への認識に変化が生じると述べられているに過ぎず，一般的に大学生が固定観念を信用しないという記述についてまでは，真偽の判断はしかねる。

解法テクニック5　解ける問題から解いていこう！

設問の中には，正答率が低いと思われるものもある。限られた解答時間の中で，少しでも多く得点するためには，行き詰まった問題はとばして次に進むのもよいだろう。

特に長文問題では，読み進めていくにしたがって，同じ内容の言い換えや，わかりやすい例示が出てくることもある。そういった箇所から得た情報が，とばした問題を解く手がかりになることもあるはずだ。

(3) **正解は 1** ―――― 平易

「外国語を学習した人々の方が，新たな状況にうまく適応する可能性が高い」

第3段第2文（Someone with a …）に「なじみのない状況を刺激的だと思い，怯えたりはしない」とあり，この（dealing with）unfamiliar situations が cope well with new situations と対応していると考えられる。また，この段以前では「言語学習は寛容度を向上させる」という説が幾度となく述べられている。これらを総合すると，「言語学習をする」→「寛容度が高まる」→「新しい状況を肯定的に捉えて対処できる」という因果関係が成り立つ。よって，本文と一致する。

(4) **正解は 2** ―――― 平易

「プリンストン大学の新方針の下では，学生は外国語を一切学ぶ必要はなくなるだろう」

プリンストン大学により発表された内容は，第5段第3文（In contrast to …）の「プリンストン大学は最近，すべての学生が，入学時の能力に関係なく，もう1つ言語を学習することを義務づける」であり，さらに多くの言語を学習するよう求めているので，不一致。

⑸ 正解は 2 ―― 標準

「アーン=ダンカン氏は外国語の能力はアメリカの未来には必要ないと確信している」

最終段第２文（As former US …）で「２つ以上の言語を話すことで，我が国が世界中の仲間たちと共同作業をするのが可能となるということをすべてのアメリカ人が理解するような，そんな未来を，我が国は作らねばならない」と発言しているので，不一致。

〔3〕主題

正解は ⑸ ―― 標準

⑴「国際人になる方法」
⑵「アメリカ合衆国の大学の外国語学習」
⑶「寛容と給料との関係」
⑷「文化的適応力を身につけるメリット」
⑸「語学による寛容度の増進」

導入となる第１段で「外国語学習の利点としての寛容度の向上」が挙げられている。このあとも tolerance of ambiguity という表現は頻出し，本文のキーワードだとわかる。この表現を含む選択肢のうち，⑶の「給与との関係」は，第４段にしか書かれておらず，全体の主旨としては不適切。一方で，「語学」については導入段から，最終段での「大学での言語学習の奨励」まで，本文全体を通じてテーマとして挙がっていることから，⑸が最も適切。

解答

〔1〕 (A)―⑵ (B)―⑴ (C)―⑶ (D)―⑷
〔2〕 ⑴―1 ⑵―3 ⑶―1 ⑷―2 ⑸―2
〔3〕 ⑸

6

2018年度 2月9日

目標解答時間 22分

次の文を読んで，問いに答えなさい。

In his book, *Me Talk Pretty One Day*, David Sedaris tells the story of learning to speak French as an adult. Finding it difficult to master the new tongue, he feels powerless and defenseless — almost like a different person entirely. Anyone who's taken on the challenge of learning a new language can probably relate to this. But it's more than just a feeling: Research suggests our personalities really can change depending on the language we speak.

Margarita, a Russian-American immigrant, came to the US at age 19 to escape hardship. Today, her experiences seem to have influenced the way she feels when she speaks each language. When she speaks Russian, she says she feels cautious, quiet, and uncomfortable. But when she speaks English, she describes herself as curious, open, and free. Similarly, Tony, who grew up speaking English and Spanish and went on to learn French, says that when he speaks French he feels sophisticated, elegant, and stylish. This matches his opinion of French people and culture.

Indeed, research suggests that our perceptions[1] of the culture of a people who speak a certain language can influence our behavior. A 2006 study led by Nairan Ramírez-Esparza at the University of Connecticut asked bilingual Mexican Americans to take a personality test in both English and Spanish. The test measures personality traits, particularly how sociable, friendly, open, diligent, or obsessive people are.

The study found that participants had higher scores on the traits of sociability, friendliness, and diligence when they took the English version of the test. The authors suggested that this result reflects the fact that individualistic[2] cultures such as the US highly value individual expression, achievement, and surface-level friendliness. On the other hand, the authors suggest that it's less important to sing one's own praises[3] in collectivistic[4] cultures such as Mexico.

As a follow-up, Ramírez-Esparza and her colleagues asked study participants to write a 15-minute description of their personalities. They found that, while writing in Spanish, the study participants described themselves in relation to their families, relationships, and hobbies. In English, however, they wrote about their achievements, college life, and daily activities. Ramírez-Esparza explains the changes in personality and the differing focus on values as being related to how language influences behavior.

"The language cannot be separated from the cultural values of that language," she says. "You see yourself through the cultural values of the language you are speaking." It makes sense that this effect is felt particularly strongly by people who are bicultural[5] as well as bilingual. This is because such people have a strong grounding[6] in multiple cultures.

It's also possible that our perceptions of our own personalities change because we notice how people react to us when we speak different languages. After all, according to Carolyn McKinney, a professor of language and literacy studies at the University of Cape Town, identity is not only your sense of self, but also of how you feel others see you. So you might see yourself as a confident professional when speaking your first language in front of a crowd and watching the audience pay close attention to your every word, and then feel foolish when conducting a meeting in your second or third language.

"The minute you speak to someone you're engaging in an identity negotiation," says Bonny Norton, a professor of language and literacy education at British Columbia University. This negotiation involves thinking about questions such as "Who are you?", "Where are you?", "How do I relate to you?", and "How do you see me?". According to Norton, although people often say their personality changes when they speak a different language, what actually happens is that when they talk to other people their personality changes.

It may also be that the context in which you learn a second language is essential to your sense of self in that tongue. For example, if you're learning to speak Mandarin Chinese while living in China, the firsthand[7] observations you make about the people and culture during that period will be built into your sense of identity as a Mandarin speaker. If you're learning Mandarin in a classroom in the US, you'll likely incorporate[8] your instructor's beliefs about Chinese culture along with your own — even if those beliefs are based on stereotypes.

On the other hand, if you learn a language without any kind of context, it may not impact your personality much at all. Jill Hadfield, a professor of language studies at Unitec Institute of Technology in New Zealand, argues that "if all you use a language for is to translate or fill blanks in decontextualized[9] sentences, you will not develop a second-language identity."

What are the implications? If you are learning a language associated with a culture you admire, immerse yourself in that culture. This can be done, for example, by taking a trip abroad, watching movies in your chosen tongue, or finding a native speaker who can help you learn about their country's traditions. When you learn a new language, you're not just memorizing vocabulary and grammar rules — you also have a chance to tap into[10] new parts of your identity.

(Adapted from a work by Nicola Prentis)

（注）

1．perception　　とらえ方

2．individualistic　　個人主義の

3．sing one's own praises　　自画自賛する

4．collectivistic　　集団主義の

5．bicultural　　二文化に精通している

6. grounding 基礎知識
7. firsthand 直接の
8. incorporate 組み入れる
9. decontextualize 文脈から切り離す
10. tap into ～を発見する

〔1〕本文の意味，内容にかかわる問い(A)～(D)それぞれの答えとして，本文にしたがって最も適当なものを(1)～(4)から一つ選び，その番号を解答欄にマークしなさい。

(A) What do the experiences of Margarita and Tony suggest about learning a new language?

(1) We need a strong curiosity about culture in order to succeed.
(2) Language learning seems increasingly difficult as we get older.
(3) Our impressions of a culture affect how we feel when speaking that language.
(4) Communicating successfully in a second language can boost our self-confidence.

(B) What do Ramírez-Esparza's studies about bilingual and bicultural Mexican Americans show?

(1) That language affects culture to some extent.
(2) That experiencing another culture helps us understand our own.
(3) That personality changes occur when switching from one language to another.
(4) That people who are both bilingual and bicultural are more sociable and diligent.

(C) What does Carolyn McKinney say about identity?

(1) It is influenced by your profession.
(2) It includes your idea of what others think of you.

(3) It influences how well you can speak a second language.

(4) It remains unchanged regardless of which language you speak.

(D) According to the author, how does the learning environment affect the way people see themselves when using the language they are learning?

(1) Living in a country where the language is spoken increases their motivation.

(2) Acquiring language in a classroom gives them more self-confidence in using grammar.

(3) Talking to as many native speakers as possible allows them to make the language their own.

(4) Living among native speakers helps a learner of that language to develop a second-language identity.

〔2〕次の(1)〜(5)の文の中で，本文の内容と一致するものには1の番号を，一致しないものには2の番号を，また本文の内容からだけではどちらとも判断しかねるものには3の番号を解答欄にマークしなさい。

(1) David Sedaris's book has been translated into French.

(2) Professor Ramírez-Esparza can speak multiple languages.

(3) Bonny Norton believes interacting with others alters one's personality.

(4) Stereotypes are unlikely to affect the second language identity of language learners.

(5) According to Jill Hadfield, a second language identity cannot be formed through translation alone.

〔3〕本文の内容を最もよく表しているものを(1)〜(5)から一つ選び，その番号を解答欄にマークしなさい。

(1) The advantages of being bilingual

(2) The relationship between language and culture

(3) Why immersion is the best way to learn a foreign language

(4) The difficulties of learning to speak foreign languages as an adult

(5) How learning a new language can change the way you see yourself

全訳

≪言語とアイデンティティの関係≫

デイビッド=セダリスは彼の本，『*Me Talk Pretty One Day*』の中で，大人になってからフランス語会話を学ぶ話をしている。彼は新しい言語を習得することの難しさを知り，まるでほとんど全くの別人になったかのように，無力で無防備に感じている。新しい言語を学ぶという挑戦をしたことがある者なら誰でもおそらくこのことに共感できるだろう。しかし，それは単なる感覚以上のものである。研究は，話す言語に応じて我々の性格が実際に変わるということを示唆している。

ロシア系アメリカ人の移民マルガリータは，19 歳のとき苦難を逃れるためアメリカにやってきた。彼女の経験は，今日それぞれの言語を話す際の彼女の感じ方に影響を与えているようである。彼女はロシア語を話すとき，警戒心が強く，寡黙で，居心地悪く感じるという。しかし彼女が英語を話すときは自分のことを，好奇心が旺盛で，率直で，自由であると描写している。同様に，英語とスペイン語を話して育ち，後にフランス語を学ぶことになったトニーは，フランス語を話すときには，自分が洗練され，優雅で，上品であるように感じると話す。これは彼がフランス人とフランス文化に対してもつ意見と符合する。

実際，研究によると，ある特定の言語を話す集団の文化に対する我々のとらえ方は，我々の行動に影響を与えることがあるようだ。コネチカット大学のナイラン=ラミレス-エスパルザによって主導された 2006 年の研究では，バイリンガルのメキシコ系アメリカ人に英語とスペイン語との両方で性格テストを受けさせた。そのテストは人格的特徴，特にどれくらい社交的で親しみやすくて，率直で，勤勉，あるいは執念深い人であるかを測定した。

その研究によると，参加者が英語版のテストを受けた際は，社交性・親しみやすさ・勤勉さにおいてより高いスコアをとることがわかった。この結果は，アメリカのような個人主義の文化では，個人の表現や達成や表面上の親しみやすさを重んじるという事実を反映していると著者は示唆している。一方で，メキシコのような集団主義の文化においては，自画自賛することはさほど重要ではないと述べている。

追加調査として，ラミレス-エスパルザと彼女の共同研究者たちは，実験の参加者に自分の性格について，15 分間で記述をさせた。スペイン語で書いているとき，被験者たちは自分自身を家族や人間関係や趣味と関連づけて描写するとわかった。しかし，英語では自分の成し遂げたこと，大学生活，日々の活動について記述した。ラミレス-エスパルザは性格に現れる変化や，焦点とする価値観の違いを，言語がどのように行動に影響を与えるのかと関連づけて説明している。

「言語はその文化的価値観と切り離すことができない。人は自らが話す言語の文化的価値観を通して自分自身を見るのだ」と彼女は言っている。この影響はバイリンガルの人々と同様，二文化に精通している人々に特に強く感じられるということもうなずける。そういった人々は複数の文化についてのしっかりとした背景知識をもっているからだ。

我々が異なる言語を話すとき，人々がどう反応するかに気がつく。そのため，自分自身の性格のとらえ方も変わるという可能性もある。ケープタウン大学の言語・

言語運用能力研究の教授キャロリン=マッキニーによると，つまるところアイデンティティとはあなたの自己意識のみならず，他人があなたをどう見ていると感じるかについての意識でもあるのだ。ゆえに，群衆の前で彼らがあなたの話す一言一言に細心の注意を払って聞いているのを目にしながら自分の第一言語を話すときは，自分のことを自信に満ちた専門家だと思うかもしれないし，第二言語や第三言語で会議をしているときは自分を愚かに感じることもあるのだ。

「人が誰かに話しかける瞬間，アイデンティティの交渉に携わっている」とブリティッシュコロンビア大学の言語・言語運用能力教育の教授ボニー=ノートンは言っている。この交渉というのは「あなたは誰か」「あなたはどこにいるか」「私はどのようにあなたと関わればよいのか」「あなたはどのように私を見ているのか」といった質問について考えることを含んでいる。ノートンによると，人々は異なる言語を話すと自分の性格が変わるとよく言うが，実際には他人に話しかけると，性格が変わるのだ。

それはまた，第二言語を学ぶ際の背景は，その言語における自己意識にとって非常に重要であるということなのかもしれない。たとえば，あなたが中国に住んでいる間に標準中国語を話そうと勉強しているなら，その期間にあなたが人々や文化についてじかに行っている観察は，あなたの中国標準語話者としてのアイデンティティの感覚に組み入れられるだろう。もしあなたがアメリカの教室でそれを学んでいるならば，その先生の中国文化に対する考えを，あなた自身の考えとともに組み入れる可能性が高い。たとえそれらの考えが固定観念に基づいたものであったとしても。

一方で，もしいかなる種類の背景もなく言語を学ぶならば，それはあなたの性格にほとんど影響を与えないだろう。ニュージーランドにあるユニテック工科大学の言語研究の教授であるジル=ハドフィールドは，「もしあなたが使用する言語が翻訳のためや，文脈から切り離された文の空欄を埋めるためというだけであれば，あなたは第二言語のアイデンティティを形成することはないだろう」と主張している。

これは，どういうことを意味するのだろう。敬愛する文化に関連する言語を学んでいるのなら，その文化にどっぷりと浸かるのがよい。たとえば，海外旅行をしたり，好きな言語の映画を見たり，その国の伝統について学ぶ手助けをしてくれる母語話者を探したりすることによってこれは可能となる。新しい言語を学ぶ際，あなたは単に語彙や文法規則を暗記しているだけではない。あなたは自分のアイデンティティの新しい領域を発見する機会を手にしてもいるのだ。

（英文出典：Feel more fun in French? Your personality can change depending on the language you speak, QUARTZ on March 8, 2017, by Nicola Prentis）

●語句・構文

- □ *l.* 2　as an adult「大人になって」 as は時を表す。
- □ *l.* 3　defenseless「無防備な」
- □ *l.* 9　the way she feels「彼女の感じ方，彼女の気持ち」

□ *l*. 14 sophisticated「洗練された」
□ *l*. 21 obsessive「執念深い」
□ *l*. 25 value「～を評価する」
□ *l*. 29 As a follow-up「補足として，さらに」
□ *l*. 32 in relation to ～「～に関して」
□ *l*. 34 explain *A* as *B*「*A* を *B* として説明する」
□ *l*. 39 It makes sense that ～「～は道理にかなっている」 It は仮主語で that 以下を指す。
□ *l*. 41 multiple「複数の」
□ *l*. 42 It's possible that ～「～という可能性がある，～があり得る」
□ *l*. 46 sense of self「自己意識」
□ *l*. 46 how you feel others see you「他人があなたをどう見ていると感じるか」 you feel は挿入句なので，まずは how others see you と理解するとよい。
□ *l*. 51 the minute ～「～する瞬間，～するやいなや」
□ *l*. 59 the context in which ～「～する際の背景」
□ *l*. 65 along with ～「～と一緒に」
□ *l*. 70 all you use a language for「あなたが言語を使用するすべての目的」 all の後に関係代名詞 that が省略されている。
□ *l*. 73 implication「意味合い，暗示されていること」

解 説

〔1〕内容説明

(A) 正解は (3) 標準

「マルガリータとトニーの経験は新しい言語の学習についてどのようなことを示唆しているか」

(1)「成功するためには文化に関する強い好奇心が必要である」
(2)「言語学習は年をとるにつれてますます困難になりそうだ」
(3)「ある文化の印象は，その言語を話す際の感じ方に影響を与える」
(4)「第二言語でうまくコミュニケーションをとることで，自信が高まる」

マルガリータについては第２段第２文（Today, her experiences …）に「彼女の経験は，今日それぞれの言語を話す際の彼女の感じ方に影響を与えているようである」とあり，トニーについても第２段最終２文（Similarly, Tony, who …）に「フランス語を話すときには，自分が洗練され，優雅で上品であるように感じると話す。これは彼がフランス人とフランス文化に対してもつ意見と符合する」とある。さらに，２人の例を受けて，第３段第１文（Indeed, research suggests …）では「ある特定の言語を話す集団の文化に対する我々のとらえ方は，我々の行動に影響を与えることがあるようだ」とある。ここでの our perceptions of the culture は(3)の Our impressions of a culture に相当する。よって(3)が正解。

(B) 正解は (3) ―――――――――――――――――――――――――――――― 難

「バイリンガルでバイカルチュラルな（二文化に精通している）メキシコ系アメリカ人の研究で，ラミレス-エスパルザは何を示しているか」

(1)「言語は一定程度文化に影響を与えるということ」

(2)「他の文化を経験することは自身の文化を理解するのに役立つということ」

(3)「性格の変化は言語を別の言語に切り替えたときに起こるということ」

(4)「バイリンガルでありバイカルチュラルでもある人々は比較的社交的で勤勉であるということ」

英語とスペイン語のバイリンガルについて行った性格テストの結果が記されている第4段第1文（The study found …）「その研究によると，参加者が英語版のテストを受けた際は，社交性・親しみやすさ・勤勉さにおいてより高いスコアをとることがわかった」より，(3)が適切。

(C) 正解は (2) ―――――――――――――――――――――――――――――― 平易

「キャロリン=マッキニーはアイデンティティに関してどのように述べているか」

(1)「職業によって影響を受ける」

(2)「他人が自分についてどう思っているかという自身の考えを含む」

(3)「どれくらいうまく第二言語を話すことができるかに影響を与える」

(4)「どんな言語を話そうと，変わらぬままである」

キャロリン=マッキニーの発言について書かれているのは，第7段第2文（After all, according …）である。とりわけ重要なのは，not only ～ but also … の表現を含む部分より「アイデンティティとはあなたの自己意識のみならず，他人があなたをどう見ていると感じるかについての意識でもあるのだ」である。よって，(2)が正解。

(D) 正解は (4) ―――――――――――――――――――――――――――――― 難

「筆者によると，学習環境は，人々が学んでいる言語を使う際に自身をどう見るかにどのように影響を与えるか」

(1)「その言語が話されている国に住むことは，意欲を高める」

(2)「教室で言語を獲得することにより，文法を使う際により自信が持てる」

(3)「できる限り多くのネイティブの話者と話すことで，その言語を自分のものにすることができる」

(4)「ネイティブの話者の中で生活をすることは，その言語の学習者が第二言語のアイデンティティを発達させる手助けとなる」

第9段第1文（It may also …）「それはまた，第二言語を学ぶ際の背景は，その言語における自己意識にとって非常に重要であるということなのかもしれない」と，それに続く第2文に書かれている，中国で中国語を習うことで，自らが行った中国文化の観察が中国語話者としてのアイデンティティに組み入れられるという例より，(4)が正解。

〔2〕内容真偽

(1) **正解は 3** ―― 平易

「デイビッド=セダリスの本はフランス語に翻訳されている」

第1段第1文（In his book, …）に「デイビッド=セダリスは彼の本，『*Me Talk Pretty One Day*』の中で，大人になってからフランス語会話を学ぶ話をしている」とあるが，この本がフランス語に翻訳されたかどうかの記述はない。

(2) **正解は 3** ―― 平易

「ラミレス-エスパルザ教授は複数の言語を話すことができる」

第3段第2文（A 2006 study …）より，バイリンガルに関する研究をしたことはわかるが，彼女自身が複数言語を話せたかどうかの記述はない。

(3) **正解は 1** ―― 標準

「ボニー=ノートンは他者と関わりをもつことで性格が変わると信じている」

第8段最終文（According to Norton, …）「ノートンによると，人々は異なる言語を話すと自分の性格が変わるとよく言うが，実際には他人に話しかけると，性格が変わるのだ」より，話す言語にかかわらず誰かに話しかけるだけで性格が変わることがわかる。よって本文の内容と一致する。interact with ～「～と交流する」

(4) **正解は 2** ―― 難

「固定観念が言語学習者の第二言語のアイデンティティに影響を与えることはなさそうである」

第9段最終文（If you're learning …）より，第二言語を学ぶ際には，固定観念がその言語のアイデンティティに影響を与える可能性が高いことがわかる。よって本文の内容と一致しない。

(5) **正解は 1** ―― 標準

「ジル=ハドフィールドによると，第二言語のアイデンティティは翻訳を通じてのみでは形成されない」

第10段第2文（Jill Hadfield, a professor …）に「もしあなたが使用する言語が翻訳のため…だけであれば，あなたは第二言語のアイデンティティを形成することはない」とあり，本文の内容と一致する。

〔3〕主題

正解は (5) ―― 標準

(1) 「バイリンガルであることのメリット」

(2) 「言語と文化の関係」

(3)「なぜ外国語の習得には集中的な訓練が最善なのか」
(4)「大人になって外国語の会話を学ぶことの困難」
(5)「新しい言語を学ぶことでどのように自己認識が変わるか」

導入の第1段最終文（But it's more …）で述べられているように，この文章の前半は「話す言語と性格」に関するものであり，第7段第1文（It's also possible …）より，話す言語は性格だけでなく，アイデンティティにまで影響を与えることがわかる。また，結論が述べられることの多い最終段では，最終文（When you learn …）に「新しい言語を学ぶ際…あなたは自分のアイデンティティの新しい領域を発見する機会を手にしてもいる」とある。よって，identity を the way you see yourself と言い換えた(5)が最も適切。

解法テクニック❻ But の後に主張あり！（逆接のディスコースマーカーを見逃すな）

英語の記事などでは，導入部で一般論「ふつうの人々はこう思うだろう」を提示し，そのあとに，主張「しかし，私の意見はこうである」を置くことがよくある。なので，特に第1段後半の But や Yet, / However, には注意しよう。

長文読解問題において，出題者は受験生の読解力を測りたいわけで，文章の中の重要な部分（主張）を正確に理解できているかは，必ず設問に含めたいものだ。逆接の直後の主張が解答の根拠となることが多いのはそういう理由である。

解答

〔1〕 (A)―(3) (B)―(3) (C)―(2) (D)―(4)
〔2〕 (1)―3 (2)―3 (3)―1 (4)―2 (5)―1
〔3〕 (5)

7

2016年度 2月7日

目標解答時間 22分

次の文を読んで，問いに答えなさい。

"World Music" means different things to different people, making it difficult to define clearly. It is a music term created from a Western perspective, but it does not describe mainstream[1] Western music. World Music can be either traditional, popular, or classical, but it *must* have ethnic, non-Western elements. It is simply not our American music, it is *their* music, music that belongs to someone else. World Music is a relatively recent term which has become widely used.

The cassette tape, invented in the 1960s, quickly became the most common propagator[2] of recorded sound in the world. Cassette tape technology made possible not only the wide dissemination[3] of Western popular music, but also the spread of indigenous[4] music. Locally recorded cassettes were easily copied and sold inexpensively enough to reach a wide audience. Back then, a cassette sold to tourists on the streets of Cairo or Beijing as local music may have been considered what is now known as World Music to many Westerners.

Local music businesses around the world continued to have an impact on the World Music market even after the cassette tape was replaced by compact discs (CDs) and MP3 players. Just as international companies sought to promote forms of Western music abroad, they looked for "exotic"[5] music to sell in the West, which has always been the world's largest music market. This led to the creation of the term World Music, which was invented by the music industry to market the genre.[6] Philip Sweeney described in his book *The Virgin Directory of World Music* how a group of important music business professionals met to come up with a way to promote "ethnic," "indigenous," and "international" music. After much discussion they chose the term World Music, which was soon picked up by newspapers, magazines, and radio stations and became the standard way to describe this music for international music business purposes.

Since May 1990, *Billboard* magazine has published a World Music chart, which lists the top-selling albums in this genre. The fact that *Billboard* created it suggested that World Music had finally become fully recognized. Nowadays, *Billboard*, one of the world's oldest and most respected magazines, also maintains a separate "International" genre that lists the most popular albums and songs in different countries.

Two things signaled the arrival of World Music in the mainstream commercial music market. The first was the success of reggae,[7] a popular style of music originally from Jamaica. The second was the appearance of the *Graceland* music album, a combined effort between American singer and songwriter Paul Simon and South African musicians. The album was a commercial success and it introduced African music to the rest of the world.

As ethnic and foreign music entered the Western commercial mainstream, these genres brought the possibility of greater understanding, or at least some knowledge, of other cultures. Nowhere is this easier to see than in the United States, where many cultures and ethnic groups are thrown together in the same environment. The United States was once called a "melting pot," based on the theory that with the mixing and uniting of people, each following generation would become more American, and eventually form a homogeneous[8] whole. But instead of a melting pot, it would be better to imagine a bowl of salad, with people of different ethnic backgrounds mixing and coexisting.[9] As we slowly abandon the melting pot theory, we begin to value diversity, and even emphasize it. We live in an age when cultural diversity is in fashion. All levels of education, from elementary school through university, encourage mixing and coexisting with people from different backgrounds. In the same way, World Music includes styles from many different backgrounds, reflecting the ethnic diversity of American society.

As we continue to improve systems of communication and increase the connections within our global economy, we will see and hear more music from other parts of the world. The diversity and complexity[10] of our culture and of other cultures around the world will therefore continue to increase. International music companies will also continue to drive Western music into the most remote parts of the planet and, at the same time, will bring local music back into mainstream commercial markets.

In the old days, the consumers of World Music were mainly ethnomusicologists, the researchers of various types of music from different cultures. Now, the general public is also interested in music from other parts of the world.

(Adapted from a work by Carl Rahkonen)

(注)

1. mainstream　主流
2. propagator　情報を広める媒体
3. dissemination　普及
4. indigenous　その地域固有の
5. exotic　異国風の
6. genre　ジャンル
7. reggae　レゲエ
8. homogeneous　同質の
9. coexist　共存する
10. complexity　複雑さ

〔1〕本文の意味，内容にかかわる問い(A)～(D)それぞれの答えとして，本文にしたがってもっとも適当なものを(1)～(4)から一つ選び，その番号を解答欄にマークしなさい。

(A) How did the invention of the cassette tape help spread World Music?

(1) Cassette tapes improved the sound quality of exotic music.

(2) It became possible to reproduce music both easily and cheaply.

(3) People bought cassette tapes and took them to Cairo and Beijing.

(4) Most cassette tapes were made in countries where World Music was created.

(B) According to Philip Sweeney, why was the term World Music created?

(1) He wanted to describe "ethnic," "indigenous," and "international" music.

(2) A group of important people in the music industry wanted to make Western music more popular.

(3) The international music industry wanted to sell music that people in the West were not familiar with.

(4) Newspapers, magazines, and radio stations demanded a standard way to describe exotic music for business purposes.

(C) Why does the author mention *Billboard* magazine?

(1) To show how popular World Music had become.

(2) To give an example of how World Music is sold.

(3) Because it is the world's oldest music magazine.

(4) Because the magazine specializes in World Music.

(D) According to the author, in what way is World Music like a "bowl of salad?"

(1) World Music is considered to be a "melting pot."

(2) Ethnic music has become more similar to Western music, creating a new variety of music.

(3) Various types of music are included in a single category but are still individual and separate.

(4) World Music is popular in the United States because of its ethnically diverse population.

〔2〕次の(1)～(5)の文の中で，本文の内容と一致するものには1の番号を，一致しないものには2の番号を，また本文の内容からだけではどちらとも判断しかねるものには3の番号を解答欄にマークしなさい。

(1) Western classical music without any ethnic elements can be considered World Music.
(2) *The Virgin Directory of World Music* was a book that influenced music professionals to create the term World Music.
(3) Reggae is the most popular type of World Music.
(4) The melting pot theory suggested that different ethnic groups became more similar over time.
(5) The author of the article thinks that World Music will become more commercially successful than Western music.

〔3〕本文の内容をもっともよく表しているものを(1)～(5)から一つ選び，その番号を解答欄にマークしなさい。

(1) The rise and fall of World Music
(2) World Music and its impact on cultures
(3) The naming and spread of World Music
(4) World Music and its competition against Western music
(5) The differences between World Music and local music

全訳

≪ワールドミュージックとそれが文化に及ぼす影響≫

「ワールドミュージック」の意味は，それぞれ人によって違っているから，それを明確に定義するのは難しい。それは西洋の視点から作られた音楽用語であるが，西洋音楽の主流を記述する言葉ではない。ワールドミュージックは伝統的，大衆的，古典的のどれにもなり得るが，民族的，非西洋的な要素をもっていなければならない。それはわがアメリカの音楽では全くない。それは，「あちらの人々」の音楽であり，誰か他の人に属する音楽なのである。ワールドミュージックは，比較的最近広く使われるようになった用語である。

カセットテープは 1960 年代に発明されたが，たちまち世界で最も普通の録音普及媒体となった。カセットテープの技術によって，西洋大衆音楽の広範な普及だけでなく地域固有の音楽の普及もまた可能となった。地方で録音されたカセットは簡単に複製でき，安価で販売されたので幅広い聴衆に届けられた。その当時，カイロや北京の街頭で観光客にローカル音楽として販売されたカセットは多くの西洋人に，現在ワールドミュージックとして知られているものだと考えられたかもしれない。

世界のローカル音楽事業はワールドミュージック市場に，カセットテープがコンパクトディスク（CD）や MP3 プレーヤーに取って代わられた後でさえ，衝撃を与え続けた。国際的な企業が西洋音楽を海外に販売しようと努めていたのとちょうど同じように，西洋で販売する「異国風の」音楽を探し求めていた。というのも，西洋は，常に世界最大の音楽市場だったからである。これによって，ワールドミュージックという用語が生まれることになったのであり，そのジャンルを売り込もうとしていた音楽産業がその語を創作したのだった。フィリップ=スウィーニーはその著書『ヴァージン・ディレクトリ・オブ・ワールドミュージック』の中で，有力な音楽事業のプロ集団がどのように集まり，「民族的」「地域固有の」「国際的」音楽を売り込む手法を生み出したのかを述べた。多くの議論の末に，彼らはワールドミュージックという言葉に決めたのだが，それはすぐに新聞，雑誌，ラジオ局で使われるようになり，この音楽を国際的な音楽事業の目的で表す標準語となった。

1990 年 5 月以来，『ビルボード』誌はワールドミュージックヒットチャートを発表してきた。そこには，このジャンルの売り上げ上位のアルバムがランクされている。『ビルボード』誌がそれを作ったという事実が，ワールドミュージックが完全に認知されるようになったということを示していた。今では，『ビルボード』誌は世界で最も古く，権威ある雑誌の一つであるが，同誌は様々な国々の一番人気のアルバム，楽曲の名前を載せる別の「国際」ジャンルをも，保持している。

主流の商業音楽市場にワールドミュージックの到来を告げた，2 つのことがらがある。1 つ目は，レゲエという，もともとはジャマイカの大衆的な音楽様式だったものの成功であった。2 つ目は，『グレイスランド』という音楽アルバムの出現であった。それは，アメリカ人シンガーソングライター，ポール=サイモンと南アフリカの音楽家の努力の成果である。そのアルバムは商業的成功を収め，アフリカ音楽をそれ以外の世界に紹介することになった。

民族音楽や外国音楽が西洋の商業の主流に入り込むにつれ，こうしたジャンルは他の文化への理解が拡大するか，少なくとも一定程度の知識をもつ可能性をもたらした。このことがアメリカ合衆国よりも目にしやすいところはない。そこでは，多くの文化や民族集団が同じ環境にまとめて投げ込まれているのである。アメリカ合衆国はかつて「るつぼ」と呼ばれた。それは，人々の混合と団結によって，次世代それぞれがよりアメリカ的になっていき，ついには同質の全体を形作ることになるという理論に基礎をおいていたのである。しかし，るつぼの代わりに，サラダボウルを想像する方がいいかもしれない。様々な民族的な背景をもった人々が混じり合って，共存しているのだから。徐々にるつぼ理論を捨て去るにつれて，私たちは多様性を重視し，それを強調しさえするようになっている。私たちは文化的な多様性が流行する時代に暮らしている。あらゆる教育段階で，小学校から大学まで，異なる背景をもつ人々との混合と共存が奨励される。同様に，ワールドミュージックには多くの異なる背景から来た様式が含まれるのであり，アメリカ社会の民族的な多様性が反映されているのである。

伝達システムを改良し，世界経済の連結性を高め続けるにつれ，私たちは世界の他の地域から来る音楽をもっと見たり聴いたりするようになるだろう。それによって，私たちの文化や世界中の他の文化の多様性と複雑さは高まり続けるだろう。国際的音楽企業もまた，西洋音楽を地球の最も遠く離れた場所まで広め続けるだろう。そして同時にローカル音楽を主流の商業市場へと持ち帰るだろう。

昔は，ワールドミュージックの消費者は主に民族音楽学者という，様々な文化に由来する多様な種類の音楽の研究者たちであった。今や，一般大衆もまた世界の様々な地域の音楽に関心をもっている。

（英文出典：World Music in Music Libraries by Carl Rahkonen, Scarecrow Education）

●語句・構文

- □ *l.* 2　a music term「音楽用語」 term は多義語だが，ここでは「用語」の意。
- □ *l.* 3　perspective「視点，観点」
- □ *l.* 5　ethnic「民族的な，民族固有の」
- □ *l.* 5　element「要素」
- □ *l.* 12　inexpensively「安価に」 expensively の対義語。
- □ *l.* 22　market「～を市場に出す，～を売り込む」
- □ *l.* 29　a World Music chart, which lists ～「そのチャートでは，～がランクされている」 which は，関係代名詞の非制限用法で，a World Music chart に関する補足情報を付け加えている。
- □ *l.* 35　signal「～の合図を送る，～を知らせる」
- □ *l.* 47　melting pot「るつぼ（熱で金属を溶かす容器）」
- □ *l.* 48　uniting「統合すること，一つにすること」
- □ *l.* 49　it would be better to imagine ～「～を想像する方がよいだろう」 it は仮主語で，to imagine ～を指している。
- □ *l.* 50　with people ～ mixing and coexisting「～な人々が混じり合って共存しているので」

前置詞 with の目的語は people，さらにこの people の状態を説明する分詞 mixing and coexisting が続いている。

□ *l.* 52 diversity「多様性」

□ *l.* 53 be in fashion「流行している」

□ *l.* 56 reflecting 以下は分詞構文。「～を反映して」

□ *l.* 62 drive *A* into *B*「*A* を *B* へと追いやる」

解 説

〔1〕内容説明

(A) 正解は (2) ―――― 平易

「カセットテープの発明はワールドミュージックが広まるのにどのように役立ったか」

(1)「カセットテープは外国の音楽の音質を向上させた」

(2)「簡単かつ安価に音楽を複製することを可能にした」

(3)「人々はカセットテープを購入し，それらをカイロや北京に持っていった」

(4)「ほとんどのカセットテープはワールドミュージックが生み出された国々で作られた」

設問文の the invention of the cassette tape は第２段第１文の The cassette tape, invented in the 1960s と対応しており，spread World Music の箇所は，同段第２文（Cassette tape technology …）の the spread of indigenous music と対応している。このようなほぼ同内容の言い換えをヒントに，解答の根拠となる箇所を狭めていく。設問文の「どのように役立ったか」の直接の答えとなるのは，同段第３文（Locally recorded cassettes …）「地方で録音されたカセットは簡単に複製でき，安価で販売されたので幅広い聴衆に届けられた」である。(2)の reproduce は「～を複製する」の意で copy の同義語，また同文中の inexpensively は(2)の cheaply の同義語である。よって，正解は(2)。

解法テクニック7 類義語・同義語の言い換えに注意！

多くの選択肢は，本文中の表現を類義語，あるいは同義語で言い換えてある。注目すべきは個々の単語ではなく，該当箇所で述べられている内容である。言い換えに惑わされず，大意を捉えて解答するようにしよう。

(B) 正解は (3) ―――― 難

「フィリップ=スウィーニーによれば，なぜワールドミュージックという言葉が作られたのか」

(1)「彼は『民族的で』『その土地固有の』『国際的な』音楽について述べたいと思っていた」

(2) 「音楽産業の重要人物のグループが西洋音楽の人気をより高めたがっていた」

(3) 「国際的な音楽産業が，西洋の人々にはなじみのない音楽を売りたがっていた」

(4) 「新聞，雑誌，ラジオ局が商業目的で外国音楽を言い表す標準的な方法を求めていた」

設問文の why was the term World Music created と対応するのは，第3段第3文（This led to …）の the creation of the term World Music である。理由を探すうえでのキーワードの主なものに，because「なぜなら～だから」と to *do*「～するため」との2つがある。ここでは第3段第3文後半の to market the genre「そのジャンルを売り込むため（ここでの market は動詞）」に注目する。「誰が売り込むのか」その主体は the music industry である。これらの手がかりより，主語が The (international) music industry で，述部に動詞 sell（market の同義語）を含む(3)が正解。

(C) 正解は (1) —— 難

「なぜ筆者は『ビルボード』誌に言及しているのか」

(1) 「ワールドミュージックがどれほど人気となったかを示すため」

(2) 「ワールドミュージックがどのように売られているかの例を挙げるため」

(3) 「それが世界最古の音楽雑誌だから」

(4) 「その雑誌がワールドミュージックを専門にしているから」

この問題で問われているのは，文章の意味内容のみでなく，論展開と文脈に関する理解である。第3段後半では，ワールドミュージックという呼称が浸透する様子が述べられており，第4段で初めて『ビルボード』誌に関する記述が出てくる。第4段第2文（The fact that …）の「『ビルボード』誌がそれ（＝ワールドミュージックのヒットチャート）を作ったという事実が，ワールドミュージックが完全に認知されるようになったということを示していた」をヒントに考えると，権威ある雑誌にそのヒットチャートが加えられたという事実を挙げることで，ワールドミュージックという呼称の浸透を裏づけていることがわかる。World Music had finally become fully recognized の部分が，(1)の how popular World Music had become と言い換えられており，(1)が正解。

(D) 正解は (3) —— 標準

「筆者によると，ワールドミュージックはどんな点で『サラダボウル』に似ているか」

(1) 「ワールドミュージックは『るつぼ』だと考えられている」

(2) 「民族音楽は西洋音楽により近くなって，新しい種類の音楽を作り出した」

(3) 「様々な種類の音楽が1つの分野に含まれているが，それでもなおそれぞれが独自で分離している」

(4) 「アメリカが民族的に多様な集団であるため，ワールドミュージックはアメリカで人気がある」

設問文の in what way は「どのような点で」という意の疑問詞句である。World Music が a “bowl of salad” に例えられている部分は，第6段第4文（But instead of …）「るつぼの代わりに，サラダボウルを想像する方がいいかもしれない。様々な民族的な背景をもった人々が混じり合って，共存しているのだから」である。特に後半の with people … mixing and coexisting「…な人々が混じり合って，共存しているので」の mixing and coexisting がそれぞれ(3)の individual and separate と対応しており，異種のものが混ざってはいるが，均質にはならずにそれぞれ独立して存在しているという点を，サラダボウルに例えている。よって，(3)が正解。

〔2〕内容真偽

(1)　正解は　2 ―――――――――― 平易

「民族的な要素のない西洋古典音楽は，ワールドミュージックであると考えることができる」

第1段第3文（World Music can …）に「ワールドミュージックは伝統的，大衆的，古典的のどれにもなり得るが，民族的，非西洋的な要素をもっていなければならない」とあるので，不一致。

(2)　正解は　2 ―――――――――― やや難

「『ヴァージン・ディレクトリ・オブ・ワールドミュージック』は，音楽のプロたちに影響を与えて，結果ワールドミュージックという言葉が作られることとなった書籍であった」

第3段第4文（Philip Sweeney described …）に「フィリップ=スウィーニーはその著書の中で，有力な音楽事業のプロのグループがどのように集まり，『民族的』『地域固有の』『国際的』音楽を売り込む手法を生み出したのかを述べた」とあり，ワールドミュージックという語が創作された経緯を記した書籍なので，不一致。

(3)　正解は　3 ―――――――――― 平易

「レゲエは最も人気がある種類のワールドミュージックである」

レゲエについては，第5段第2文（The first was …）に「1つ目は，もともとはジャマイカの大衆的な音楽様式だったレゲエの成功であった」とあるが，「最も人気がある」かどうかに関しては，本文中に記述はない。よって，正誤の判断はしかねる。「最も」などの最上級表現を含む文の真偽については，十分な吟味が必要だ。

(4)　正解は　1 ―――――――――― やや難

「るつぼ理論は，様々な民族集団が，時間がたつうちに似通ってくることを意味していた」

「るつぼ」とはもともと金属を溶かす容器のことで，この中で複数の金属が溶けて混ざる様子から，種々のものが混ざっている状態の例えとして使われることが多い。この文章においても，第６段第３文（The United States …）に「アメリカ合衆国が『るつぼ』だというのは，人々の混合と団結によって，次世代それぞれがよりアメリカ的になっていき，ついには同質の全体を形作ることになるという理論に基礎をおいていたのである」とあるように，様々な人種が混ざり，均質になってゆく様子を例えている。第３文末尾の form a homogeneous whole が選択肢の became more similar と対応している。よって，一致する。

(5) 正解は 3 ——— 標準

「この記事の筆者はワールドミュージックが西洋音楽より，商業的に成功を収めるだろうと考えている」

第７段（As we continue …）の内容から，筆者がワールドミュージックも西洋音楽も世界中に拡散するであろうと考えていることがわかるが，ワールドミュージックと西洋音楽との成功の比較について述べられた部分は本文中にないため，正誤の判断はしかねる。

〔3〕主題

正解は (2) ——— 難

(1)「ワールドミュージックの興亡」
(2)「ワールドミュージックとそれが文化に及ぼす影響」
(3)「ワールドミュージックの命名と普及」
(4)「ワールドミュージックと西洋音楽との競争」
(5)「ワールドミュージックとローカル音楽の違い」

本文は大きく２つの部分に分けられる。ワールドミュージックがどのように普及したかを述べた第１～５段と，その文化面での影響に触れた第６～最終段である。特に後半の３段では，culture が頻出のキーワードである。よって，(2)が正解。

(1)は「興亡」の「亡」が不適切。ワールドミュージックが衰退するといった記述はない。(4)と(5)に関しては本文中に記述が一切ないため，不適切。また，(3)の「普及」については本文前半に書かれている内容と一致するが，「命名」について書かれているのは，第３段の一部のみであり，全体の要旨とは言えないため，(2)と比較すると最適の選択肢とは言えない。

解答

〔1〕 (A)―(2) (B)―(3) (C)―(1) (D)―(3)
〔2〕 (1)―2 (2)―2 (3)―3 (4)―1 (5)―3
〔3〕 (2)

8

2015年度 2月2日

目標解答時間 22分

次の文を読んで，問いに答えなさい。

People who believe that biology determines abilities argue that women may be better at empathizing[1] while men are better at reasoning. Despite years of equal opportunity, some people continue to think men are still so much better at certain kinds of math. This theory that men have innate[2] superiority at math is now often used to explain why fewer women go into careers that require mathematical ability. According to the linguist[3] Steven Pinker, there is a reason why there are more male scientists and math professors. He argues this is because more men than women have excellent innate abilities in math.

This view has been generally accepted by much of the media. As one science journalist put it, male minds are "more comfortable with abstract concepts of space, geometry and number." He argued that sex differences are significant; the brains of men and women handle language and emotion in different ways, and this is due to differences in brain structures. He said this may reflect our evolutionary past since men's brains developed in order to hunt, and women's developed in order to gather. Therefore, he claims that few women would be expected to work in quantum mechanics.[4] In his opinion, although individual women may do very well in this field, women in general are unlikely to do so for biological reasons.

For all the certainty that some writers bring to the discussion of this difference between women and men, many scientists doubt if there are actual differences in aptitude[5] for math or science between men and women. Janet Shibley Hyde, a psychologist who has spent years examining studies that researched sex differences in cognition,[6] has found that the differences for math are small or nonexistent.[7] She said, "The findings were quite surprising, given the long-held belief in a male superiority in mathematics," since the differences found were all small except in a couple of narrow areas. The only area of math that consistently shows a moderate or large difference in favour of men is their ability to mentally rotate[8] 3-D objects, that is, to imagine in their mind what an object looks like from a different viewpoint when it is turned around.

This does not mean that in all tests of 3-D skills men score more highly. In many, women and men perform equally. In fact, the one test that shows a large difference in aptitude only measures a narrow area of intellectual ability, and many scientists doubt if the test is even useful. Melissa Hines, author of *Brain Gender*, which discusses the full range of sex differences in cognition, says, "Most scientific disciplines[9] require numerous skills in addition to (and probably even more than) the ability to rotate a 3-D shape in the mind."

What's more, there is a growing amount of research that shows that differences between men and women on these tests of mentally rotating 3-D objects can be reduced or erased by practice — not practice over years, but practice over just hours. For example, after a short practice, the women no longer did worse than the men. The researchers concluded, "we can only imagine the benefits that might be realized after weeks, months, or even years" of practice.

Now, in the UK, high school girls get higher grades than boys. In the US, research of seven million students found no differences in test results. However, people who would still prefer to believe that sex differences in math are innate continue to rely on a few old test results that were done in the 1980s. Melissa Hines has seen the way boys' and girls' math performance is handled differently in the US and the UK. She said, "In the US, when girls were doing not as well as boys in some tests, the information was interpreted as showing that girls just weren't as good at these things so we couldn't expect them to be mathematicians." However, she pointed out that in the UK today, people are reacting to boys not doing as well as girls in math exams by arguing that the school system needs changing. The two different situations can be interpreted in a way that still supports the view that girls are expected to do worse than boys.

(Adapted from a work by Natasha Walter)

（注）

1. empathize 感情移入する
2. innate 生まれつきの
3. linguist 言語学者
4. quantum mechanics 量子力学
5. aptitude 適性
6. cognition 認知
7. nonexistent 存在しない
8. rotate ～を回転させる
9. discipline 研究分野

〔1〕本文の意味，内容にかかわる問い(A)～(D)それぞれの答えとして，本文にしたがってもっとも適当なものを(1)～(4)から一つ選び，その番号を解答欄にマークしなさい。

(A) What does Steven Pinker argue?

(1) Empathizing may be better than reasoning.
(2) Women are more skilled than men in expressing feelings.
(3) The number of men exceeds that of women in some careers due to biological differences.
(4) Equal opportunity has resulted in women catching up with men in the fields of mathematics and science.

(B) How does much of the media present mathematical ability?

(1) Men's evolutionary past explains why they are better than women in math.

(2) Differences in math skills can be explained through social expectations.

(3) Women's evolutionary past explains why they are generally more developed than men.

(4) Brain structure explains why men are generally better at linguistics than women.

(C) What does Melissa Hines say?

(1) Scientists need to test a narrow area of differences in aptitude.

(2) People in the US and the UK are debating how math performance should be handled.

(3) Being a scientist usually requires many skills besides the mental rotation of 3-D objects.

(4) The ability to rotate a 3-D object in the mind is the most important skill for scientific fields.

(D) What was the effect of practicing for the math tests?

(1) Men's advantages in math were found to increase.

(2) Women's innate problems with math were confirmed.

(3) Sex differences in math test results disappeared after a short practice session.

(4) Years of experience were found to improve women's performance in mentally rotating 3-D objects.

〔2〕次の(1)～(5)の文の中で，本文の内容と一致するものには1の番号を，一致しないものには2の番号を，また本文の内容からだけではどちらとも判断しかねるものには3の番号を解答欄にマークしなさい。

(1) According to one journalist, gaps in math abilities between the sexes result in few women being expected to find jobs in quantum mechanics.

(2) Janet Shibley Hyde was surprised to see that men were generally superior in math.

(3) Tests that examined 3-D mental rotation in the mind found that women are consistently more skilled than men.

(4) Men are generally superior at doing psychology research compared to women.

(5) Research shows that women are generally better at languages than men.

〔3〕本文の内容をもっともよく表しているものを(1)～(5)から一つ選び，その番号を解答欄にマークしなさい。

(1) Student math abilities in two different countries

(2) Differences and similarities between women and men

(3) The differences in educational policies between the US and the UK

(4) Different views on the reasons for gender inequality in careers that require math abilities

(5) The way in which the media explains differences in math and science ability between women and men

全訳

≪女性の数学音痴は偏見である≫

生物学が能力を決定すると信じている人々は，女性は感情移入することに優れているようであり，一方，男性は論理的思考に優れていると論じる。機会均等の時代であるにもかかわらず，男性は依然としてある種の数学にきわめて秀でていると考え続けている人がいる。こうした，男性は数学に生来の優位性があるという考え方は，なぜ数学能力を必要とする職業に就く女性が少なくなるのかを説明するのに今もしばしば使われる。言語学者スティーブン=ピンカーによれば，科学者と数学教授に男性のほうが多いことには理由がある。それは優れた生来の数学的能力があるのは女性より男性のほうが多いからなのだと氏は主張する。

この見解はメディアの多くに広く受け入れられてきた。ある科学ジャーナリストが述べたように，男性の頭のほうが「空間，幾何，数という抽象的な概念に居心地のよさを感じる」。その人は，性差には意味があると主張する。男女の脳は言語と感情を異なる仕方で処理し，それは脳の構造の差異のためであるというのだ。その人が言うには，これは人類の過去の進化を反映しているかもしれない，なぜなら，男の脳は狩りをするために発達し，女の脳は採集のために発達したのだから，ということだ。それゆえに，量子力学関係の仕事をすると思われる女性はほとんどいないと，その人は力説した。その人の考えでは，個別の女性がこの分野で活躍することはあるだろうが，女性一般がそうなるとは生物学的な理由からありそうもないということになる。

一部の著述家が男女のこうした差異をどれだけ確かめたとしても，多くの科学者は男女間で数学や科学の適性に実際に差異があるのかどうか疑わしく思っている。ジャネット=シブリー=ハイドは，認知の性差を調べた研究を長年検証してきた心理学者だが，数学に関する差異は小さいかまったく存在しないことに気がついた。彼女によると，「長く信じられてきた数学の男性優位という観念からすると，結果は実に驚くべきもの」であった。というのも，見つかった差異は，少数の狭い領域を除き，すべてわずかなものだったからである。一貫してそこそこからかなりの差をつけて男性が優位であることを示す唯一の数学分野は，３次元の物体を頭の中で回転させる能力，つまり，物体を回転させたときに異なった視点からはどのように見えるのかを考える能力だけだった。

このことから，すべての３次元の技能検査で男性のほうが得点が高いということにはならない。多くの検査で，男女の成績は対等なのである。事実，適性に大差があることを示すたった１つの検査では，狭い範囲の知的な能力を測定しているだけで，多くの科学者はその検査が有益なのかどうかさえ疑っている。全範囲にわたる認知面での性差を論じている『ブレイン・ジェンダー』の著者，メリッサ=ハインズは，「大半の科学分野は，３次元の物体を頭の中で回転させる能力に加えて（おそらくは，さらにそれを超える）数多くの技能を必要とするのです」と語る。

そのうえ，３次元物体を頭の中で回転させるこうしたテストでの男女差は，練習，それも長年ではなくほんの数時間の練習で，減少あるいは消滅させられることを示す研究が，さらに増えている。たとえば，短時間の練習の後では，女性は男性に劣ることはもはやなくなった。研究者は練習が「数週間，数カ月，さらに数年後どれほどの利益になるかは，想像するほかない」と結論している。

さて，イギリスでは，女子高生は男子より成績がよい。アメリカでは，700万人の学生を対象にした研究で，試験結果に差はでなかった。しかし，数学における性差は，生まれつきだとまだ信じたい人々が，1980年代になされたいくつかの古い試験結果に頼り続けている。メリッサ=ハインズは男子と女子の数学の成績がイギリスとアメリカで異なった扱いを受けることを見てきた。彼女は「アメリカでは，女子がテストで男子ほどは成績がよくないと，その知見を女子はこうしたことには同じだけの力がないことを示していると解釈したのですから，女子が数学者になるよう期待することは無理だったのです」と語った。しかし，イギリスでは今日，男子が数学のテストで女子ほどよい成績をとれないことに対して，教育システムを変える必要があると論じて反応していると，彼女は指摘した。2つの異なる状況は，女子が男子より出来が悪くあってほしいという見解を依然として支持するよう解釈されかねないのである。

（英文出典：*Living Dolls : The Return of Sexism* by Natasha Walter, Little, Brown and Company）

●語句・構文

- □ *l.* 6 according to ～「～によれば」
- □ *l.* 7 a reason why ～「～なのはなぜかという理由」
- □ *l.* 8 this is because ～「（前文を受けて）それには～という理由がある，それはなぜなら～だからだ」
- □ *l.* 10 generally「一般に，概して」
- □ *l.* 10 as S put it「Sも言ったように」 この put は話し言葉で「表現する」という意味。
- □ *l.* 14 due to ～「～による，～のせいで，～のため」
- □ *l.* 16 in order to *do*「～するために，～する手段として」
- □ *l.* 18 in *one's* opinion「～の意見では」
- □ *l.* 19 *A* in general「*A* 一般」
- □ *l.* 19 be unlikely to *do*「～しそうにない」
- □ *l.* 21 for all ～「～にもかかわらず」
- □ *l.* 27 given ～「～を考慮に入れると」
- □ *l.* 30 in favour of ～＝in *one's* favour「～に賛成で，～のほうを選んで，～に味方して」
- □ *l.* 32 turn around「回転する（させる）」
- □ *l.* 36 doubt if ～「～かどうかを疑問に思う」
- □ *l.* 39 in addition to ～「～に加えて」
- □ *l.* 41 what's more＝moreover「おまけに，そのうえに」
- □ *l.* 45 no longer＝not ～ any longer「もはや～しない」
- □ *l.* 51 rely on ～「～に頼る，～を当てにする」
- □ *l.* 55 interpret *A* as *B*「*A* を *B* と解釈する」 ここでは *B* が現在分詞となっている。

□ *l*.55 be good at ～「～が得意である」
□ *l*.57 point out「指摘する」

解 説

〔1〕内容説明

(A) 正解は (3) ―――― 平易

「スティーブン=ピンカーは何と主張しているか」

(1)「感情移入するのは推論することより優れているかもしれない」

(2)「女性は感情を表現するのが男性より巧みだ」

(3)「生物学的な差異のせいで，男性の数が女性の数に勝っている職業がある」

(4)「機会均等によって，数学や科学の分野で女性が男性に追いつくことになった」

Steven Pinker，argue がキーワード。第１段第４文（6 ～ 7 行目）に Steven Pinker が見つかる。また，最終文に argues が見える。読むと，男性の科学者や数学教授のほうが多い理由は，生まれつき数学の能力が優れている人は女性よりも男性に多いからだとあるので，正解は(3)とわかる。

(B) 正解は (1) ―――― 標準

「メディアの多くは数学能力をどのように提示しているか」

(1)「男性が進化してきた過去から，なぜ男性のほうが女性より数学ができるかがわかる」

(2)「数学技能の差異は社会の期待から説明される」

(3)「女性が進化してきた過去から，なぜ女性のほうが男性より概して発達しているのかがわかる」

(4)「脳の構造から，なぜ男性は女性より概して言語学を得意とするかがわかる」

media，present，mathematical ability がキーワード。第２段第１文に media が見える。読むと，「この見解はメディアの多くに広く受け入れられてきた」とある。This view は直前文（第１段最終文）の内容を指す（**解法テクニック⑯**参照）ので，生まれつき数学の能力が優れている人は女性よりも男性に多いという見解だとわかる。選択肢から，男性優位を内容とする文を探せば，正解は(1)と(4)に絞れる。優位なのは言語学ではなく数学なので，正解は(1)とわかる。

(C) 正解は (3) ―――― 平易

「メリッサ=ハインズは何と語っているか」

(1)「科学者たちは，適性における狭い範囲の差異を検査する必要がある」

(2)「アメリカとイギリスの人々は数学の成績がどのように処理されるべきかを議論している」

(3)「科学者であるためには，３次元物体を頭の中で回転させることの他にも，多くの技能を通常必要としている」

(4) 「3次元物体を頭の中で回転させる能力は，科学の分野に必要な最も重要な技能である」

キーワードは Melissa Hines と say で，第4段最終文に見える。読むと，「大半の科学分野は，3次元物体を頭の中で回転させる能力に加えて，数多くの技能を必要とする」とあり，正解は(3)とわかる。

(D) 正解は (3) ―――― 平易

「数学のテストに備えた練習効果はどのようなものだったか」

(1) 「数学における男性の有利さは増していることがわかった」

(2) 「女性の数学に関する生まれつきの問題があることが確かめられた」

(3) 「数学のテスト結果における性差は，短い練習期間を経た後で，なくなった」

(4) 「3次元物体を頭の中で回転させる点での女性の能力を向上させるための，長年の経験が見いだされた」

effect, practicing, math tests がキーワード。第5段第1文に，(these) tests, practice が見える。読むと，「これらのテストでの男女差は，(ほんの数時間の) 練習によって，縮まるか，消滅することもある」とあり，正解は(3)とわかる。

〔2〕内容真偽

(1) 正解は 1 ―――― 平易

「あるジャーナリストによれば，数学能力の男女間格差のせいで，量子力学分野で仕事を見つけることを期待されている女性がごく少ないという結果となる」

journalist, gaps, math abilities, few women, find jobs, quantum mechanics がキーワード。journalist は第2段第1文にあったことは，前問(B)を解答する際にわかっているので，第2段を見ていく。キーワードの中で，一際目立つ難語 quantum mechanics は，(注) (**解法テクニック11**参照) から，第5文 (18行目) にあることがわかる。読むと，量子力学分野で研究するのを期待される女性はごく少ないとあるので，一致することがわかる。

(2) 正解は 2 ―――― 平易

「ジャネット=シブリー=ハイドは，男性のほうが一般に数学に優れているということを知って驚いた」

Janet, surprised, superior in math がキーワード。第3段第2文 (24行目) に Janet が見つかる。読むと，ジャネットは，数学における差異は小さいか存在しないことを知ったとあり，不一致とわかる。

(3) 正解は 2 ―――― 平易

「3次元物体を頭の中で回転させることを調べた検査から，女性のほうが男性よりも一貫して技能が優れていることがわかった」

3-D mental rotation, more skilled がキーワード。（注）の 8（**解法テクニック11** 参照）から，第 3 段最終文に 3-D objects が見つかる。読むと，男性に有利な中程度あるいは大きな差異が一貫して示している唯一の数学分野は，3 次元の物体を頭の中で回転させる能力だったとあり，不一致であるとわかる。

(4) 正解は 3 ——— 標準

「男性は，女性に比べ，一般に心理学を研究するのに優れている」

superior, psychology research がキーワード。psychology research はいくら探しても見つからないので，本文では述べられていないことがわかる。よって，一致・不一致の判断がしかねる。

(5) 正解は 3 ——— 標準

「研究から，一般に，女性のほうが男性より語学が得意であることがわかる」

better at languages がキーワード。（注）の 3（linguist）から，第 1 段第 4 文（6 行目）を探しても，languages は見つからない。さらに探していくと，第 2 段第 3 文（13 行目）に language が見つかる。読むと，男女の脳は言語や感情を異なる方法で処理するとあり，男女どちらが語学が得意かという記述ではない。男女の語学力比較は本文全体の中にも見つからないので，本文では述べられていないことがわかる。よって，一致・不一致の判断がしかねる。やや解答に時間がかかる。

〔3〕主題

正解は (4) ——— 平易

(1) 「異なる 2 国における学生の数学能力」

(2) 「男女の差異と類似」

(3) 「アメリカとイギリスの教育方針の相違」

(4) 「数学能力を要する職業における性的不平等の理由に関するさまざまな見解」

(5) 「男女間の数学能力と科学能力の差異をメディアが説明する方法」

〔1〕及び〔2〕の設問を解答していく過程で得た情報から，数学能力の性差について，さまざまな見解が紹介されていて，その性差がほとんどないということがわかった。そこから，(1)，(3)は不適当だとわかる。(2)は何についての差異と類似かが明示されていなくて，漠然としているので，不適当。正解を(4)と(5)に絞る。(5)は第 2 段で述べられているだけで，全体のテーマにはふさわしくない。男女の数学能力差についてさまざまな学者の見解が述べられていることから，(4)を選ぶ。

解法テクニック8　設問は相互に関連している！

長文問題は，1 つの主題に対して，いろいろな角度から見た問題が設定されているので，設問は主題を通じて相互に関連していることが多い。〔3〕の主題問題は〔1〕及び〔2〕の設問を解答する過程で得た情報から，正解が見つけられることが多い。

解答

〔1〕 (A)—(3) (B)—(1) (C)—(3) (D)—(3)
〔2〕 (1)—1 (2)—2 (3)—2 (4)—3 (5)—3
〔3〕 (4)

9

2014年度　2月8日

目標解答時間　21分

次の文を読んで，問いに答えなさい。

Charles Darwin, it is said, was confused by why humans make tears. Despite his best efforts, he was never able to determine their purpose.

In recent years scientists have offered several accounts of how the ability to produce tears may have given early humans an advantage. Some researchers have said that tears were an adaptation[1] to living near the ocean, while others have said that tears served as a "white flag" to potential attackers — a signal that the person making tears was incapable of harm. It has also been argued that tears evolved[2] in order to keep the eyes wet and free of harmful bacteria.[3] Finally, the most popular theory for why humans make tears is the idea that producing tears is a form of social signaling that evolved from animals' distress[4] calls. Tears are a clear visual signal that someone is in pain or danger and needs help.

In his new book, the social scientist Ad Vingerhoets argues that none of these explanations is sufficient. Although young monkeys and elephants are known to scream when in distress, only in humans does this behavior persist into adulthood. Furthermore, while other mammals[5] produce tears, it appears that only humans shed[6] emotional tears. The challenge is to explain why humans have these differences from other animals.

Vingerhoets has an original explanation of why only humans make emotional tears. He believes humans have evolved to use tears as a soundless way to communicate. This was safer than screaming because it did not risk informing an enemy of one's location and weakness.

To support his theory, Vingerhoets notes that humans have highly developed brains which can detect small changes in other peoples' faces. He says having the ability to communicate using facial signals would be particularly useful to humans since they live in close contact with one another. He further notes that having the ability to communicate their emotions through tears would have helped early humans build strong relationships and communities.

However, tears are not only associated with the human need for attachment. Tears can also be moral, showing our sympathy with an injustice. Moreover, as the cultural historian Thomas Dixon points out, tears are sometimes associated with both joy and happiness as well as grief and sorrow. For example, strong emotional displays can often be seen at major sporting events like the Olympics.

The trouble with human tears is that they can mean different things. "Tears are intellectual things," argues Dixon. "They are produced both by thoughts and the lachrymal glands.[7]" Tears are also subject to shifting cultural and historical readings, representing devotion and sensitivity in one age and confusion and weakness in another. Dixon adds, "In each era, different contexts work together with different people to produce tears with different meanings."

To be fair, Vingerhoets is very much aware that tears can be a product of both unconscious neurophysiological[8] processes and thought. Sometimes, as when we produce tears while chopping an onion, tears may mean nothing at all; at other times they may be an expression of deep grief or sadness.

The trouble is that quite often — as when people cry when driving alone, a common phenomenon according to Vingerhoets — our tears catch us suddenly, prompting us to become upset when there is no reason to be upset. In such cases, it seems, tears cause the emotion rather than the other way around.

Whatever the cause, however, there is a widespread belief that producing tears is one step in a healing process. Interestingly, even this may be dependent on the situation, says Vingerhoets. Although people frequently report feeling better after watching a sad movie with a friend, when asked to watch a similar movie alone in a laboratory setting they usually report no improvement in mood at all. For Vingerhoets this is further evidence of the social function of crying. "Tears are less important when you are alone because there is no one to witness them," he says. But while we may prefer to make tears in the presence of friends and family, this need not be the case. What counts, it seems, is the feeling that our helplessness and sadness is being acknowledged.

(Adapted from a work by Mark Honigsbaum)

(注)

1．adaptation　適応
2．evolve　進化する
3．bacteria　ばい菌
4．distress　苦痛
5．mammal　哺(ほ)乳動物
6．shed　（涙などを）流す
7．lachrymal gland　涙腺
8．neurophysiological　神経生理学的な

〔1〕本文の意味，内容にかかわる問い(A)～(D)それぞれの答えとして，本文にしたがってもっとも適当なものを(1)～(4)から一つ選び，その番号を解答欄にマークしなさい。

(A) What is currently the most popular theory for the purpose of tears in humans?

(1) Tears remove excess salt from the body.
(2) Tears help keep eyes clean and healthy.
(3) Tears show other people that you are unable to harm them.
(4) Tears indicate that someone is in trouble and needs assistance.

(B) What is NOT true of Vingerhoets' theory about tears?

(1) Tears help human communities bond.

(2) Animals can communicate their emotions through tears.

(3) Young monkeys and elephants scream when they are in distress.

(4) Humans have highly developed brains that can detect changes in the face.

(C) In humans, in what way can tears mean different things?

(1) Men produce tears for different reasons from women.

(2) The reasons for crying vary from situation to situation.

(3) Crying is a private matter, so people try to hide their tears from others.

(4) The amount of tears produced by people varies from person to person.

(D) Why might crying with people be more satisfying than crying alone?

(1) Because you will produce fewer tears.

(2) Because it is less embarrassing if you all cry together.

(3) Because it seems to make you feel better if people see your tears.

(4) Because you can construct reasons why you are sad and become a stronger person.

〔2〕次の(1)～(5)の文の中で，本文の内容と一致するものには1の番号を，一致しないものには2の番号を，また本文の内容からだけではどちらとも判断しかねるものには3の番号を解答欄にマークしなさい。

(1) Charles Darwin came up with the most popular theory about crying.

(2) Tears might help prevent someone from being attacked.

(3) More people cry due to joy and happiness than grief and sorrow at major sporting events.

(4) It is rare for people to cry when they are driving.

(5) Women cry more than men while watching a sad movie.

〔3〕本文の内容をもっともよく表しているものを(1)～(5)から一つ選び，その番号を解答欄にマークしなさい。

(1) The science of crying in animals
(2) Different theories for why we cry
(3) Why crying is a selfish human behavior
(4) Why people cry more when with other people
(5) The differences between crying and shedding tears

全訳

≪人はなぜ泣くのか≫

チャールズ=ダーウィンは，人間が涙を流す理由に戸惑ったと言われている。最善の努力をしたにもかかわらず，彼はそれらの理由を特定することができなかった。

近年，科学者たちが，涙を流す能力が古代人にどのようにして利点をもたらしたかもしれないかに関していくつかの説明を提示している。研究者の中には，涙は海洋の近くに住むことへの適応であったと言っている者もいれば，涙は攻撃者になるかもしれない者に「白旗」——涙を流している人は危害を加えることはないという印——として役立ったと言っている者もいる。また，涙が目を湿らせて有害なばい菌に悩まされないようにするために進化したという主張もされている。結局，人間が涙を流す理由についての最も一般的な理論は，涙を流すことは社会的合図の一形態であり，動物が苦痛で叫ぶことから進化したものだという考え方である。涙は人が痛みを感じたり危険に陥っていて助けを必要としているということを伝える，はっきりと目に見える合図なのである。

社会科学者アド=フィンガーホーツは新しい著作の中で，これらの説明のいずれもが十分ではないと主張している。幼い猿と象は苦しんでいるときに金切り声を出すことが知られているが，人間の場合だけこうした行動が成人になっても残っている。そのうえ，他の哺乳動物も涙を流すのだが，人間だけが感情的な涙を流すように思われる。課題は，人間はなぜ他の動物とこのような相違点をもっているかを説明することである。

フィンガーホーツは，人間だけが感情的な涙を流す理由に関して独自の説明をしている。人間は進化をし，声を出さないコミュニケーションの方法として涙を使うようになったと，彼は考えている。この方法は人の位置と弱点を敵に知らせる危険を冒すことがなかったので，金切り声を出すより安全であった。

フィンガーホーツは自分の理論を裏付けるために，人間は脳を高度に発達させ，他人の顔に表れる小さな変化を看取できるようになったと述べている。彼は，人間はお互いに緊密に連絡を取り合いながら生活をするので，顔に表れる合図を使ってコミュニケーションをする能力をもつことは人間にとって特に役に立つであろうと言う。涙を通して自分の感情を伝える能力をもてば，古代人が強い関係性と共同体を築き上げるのに役立っただろうと，彼はさらに述べている。

しかしながら，涙は人間の絆をつくる必要性だけに関係しているのではない。涙は道徳的である場合もあり，不当な扱いへの共感を示すことがある。そのうえ，文化歴史学者トーマス=ディクソンが指摘しているように，涙は悲嘆や悲しみばかりでなく，喜びと幸福との両方に関連していることもある。例えば，オリンピックのような大きなスポーツ競技では強い感情的な表出が見られることが多い。

人間の涙について問題なのは，涙がさまざまなことを意味しうることである。「涙は知的なものである。涙は思考と涙腺の両方が原因で流される」と，ディクソンは主張する。また，涙は文化的かつ歴史的な流動的解釈の影響を受けやすく，ある時代では献身と感受性を表し，別の時代では当惑と気弱さを表す。「各時代で，種々の背景がさまざまな人々と作用し合い，さまざまな意味をもった涙をつくり出すのである」と，ディクソンは付け加える。

公正を期するために言うが，涙は無意識な神経生理学的な作用と思考との両方の産物である可能性があることは，フィンガーホーツも十分に認識している。玉ねぎを刻んでいるときに涙を流すように涙に何の意味もないときもあり，涙が深い悲嘆や悲しみを表すときもあるだろう。

困ったことに――フィンガーホーツによるとありふれた現象なのだが，一人で運転をしているときに人々が泣き出す場合のように――涙は突然心をとらえ，動揺する理由がないのに動揺するように促すことがよくある。このような場合，感情が涙の原因になるというよりむしろ涙が感情の原因になっているように思われる。

しかしながら，理由が何であれ，涙を流すことは癒しの過程の一歩であるということが広く信じられている。興味深いことに，フィンガーホーツによると，これでさえ状況次第かもしれないというのである。人々は友人と悲しい映画を見た後で気分が良くなるとしばしば報告しているが，同じような映画を一人で実験室のような環境で見るように求められると，たいてい彼らは気分が良くなることは全くないと報告している。フィンガーホーツにとって，これは泣くことに社会的な機能があることを示すさらなる証拠となる。「涙を目撃する人が誰もいないので，自分一人だけでいる場合は，涙はそれほど重要ではなくなるのです」と，彼は言う。しかし，私たちは友人や家族の前で涙を流すのが好きかもしれないのだが，このことが事実である必要はない。大切なことは，無力感や悲しみが認識されているという感覚のようである。

●語句・構文

- □ *l.* 3 accounts of ～「～に関する説明」
- □ *l.* 4 give *A* an advantage (over *B*)「*A* を（*B* より）優位に立たせる」
- □ *l.* 4 some ～, while others …「～する者がいる一方，…する者もいる」
- □ *l.* 6 serve as ～「～として役に立つ」
- □ *l.* 7 potential「潜在的な，ありうる」
- □ *l.* 7 be incapable of ～「～をする能力を欠いている」
- □ *l.* 9 free of ～「～を免れて」
- □ *l.* 16 persist「持続する，残存する」
- □ *l.* 16 furthermore「おまけに，さらに」
- □ *l.* 16 it appears that ～「どうも～らしい，きっと～だ」
- □ *l.* 17 challenge「課題」
- □ *l.* 22 risk *doing*「～の危険を冒す」
- □ *l.* 22 inform *A* of *B*「*A* に *B* を知らせる」
- □ *l.* 24 detect *A* in *B*「*A* を *B* に見つける，見抜く」
- □ *l.* 26 in close contact with ～「～と親密に接触して」
- □ *l.* 30 be associated with ～「～と関連づけられる」
- □ *l.* 33 *A* as well as *B*「*B* と同様に *A* も」

□ *l*. 34 display「発揮，露呈」
□ *l*. 38 be subject to ～「～を受けやすい，～に左右される」
□ *l*. 43 to be fair「公正を期するために言えば」
□ *l*. 50 prompt *A* to *do*「*A* に～するように促す」
□ *l*. 51 the other way around「逆に，反対に」
□ *l*. 61 in the presence of ～「～の面前で」
□ *l*. 62 be the case「事実である，そのとおりである，実情である」

解 説

〔1〕内容説明

(A) 正解は (4) ―――― 標準

「人間が涙を流す意図を説明する最も一般的な理論は現在のところ何か」

(1)「涙は身体から余分な塩分を取り除く」
(2)「涙は目を清潔で健康にしておくのに役立つ」
(3)「他の人々に自分が害を及ぼせないということを涙で知らせる」
(4)「困っていて，助けを必要としていることを涙で知らせる」

most popular theory，tears がキーワード。第２段第４文（９行目）に，most popular theory が見つかる。読むと，涙は社会的合図の一形態とある。ここから，正解は(3)と(4)に絞られる。さらに，第５文を読むと，「痛みを感じたり危険に陥っていたりして助けを必要としている明確な合図」とあるので，(4)が正解とわかる。

(B) 正解は (2) ―――― 難

「涙に関するフィンガーホーツの理論に当てはまらないのは何か」

(1)「涙は人間社会が親密な絆を結ぶのに役立つ」
(2)「動物は涙を通して感情を伝えることができる」
(3)「若い猿と象は苦しんでいるときに金切り声を出す」
(4)「人間には顔の表情変化を見抜ける高度に発達した脳がある」

Vingerhoets' theory がキーワード。(1)は**解法テクニック8**（設問は相互に関連している！）を考慮し，(A)を解答する際に得た情報から，一致する文だと推測できる。〔２〕を解答する際にも採用している方法は，各選択肢のキーワードから，関連文を探すという方法である。真偽判定は，関連文が本文に広く散らばっている場合，やたら時間がかかることになる。受験生には根気が必要とされる。しかし，一定時間内での得点競争が入試なのだから，時間がかかると判断した場合，**解法テクニック5**（解ける問題から解いていこう！）に従って，後回しにするのが正しい方法かもしれない。

さて，正攻法で解いていこう。第３段第１文に Vingerhoets が見つかる。(1)は

human communities, bond が，(2) は Animals, emotions が，(3) は monkeys, elephants が，(4)は highly developed brains, detect changes がそれぞれのキーワード。第３段を見ていくと，第２文に monkeys と elephants が見つかる。読むと，「苦しんでいるとき金切り声を上げる」とあり，(3)は一致することがわかる。続いて，第３段第３文を見ていくと，mammals（animals の代わりかもしれないと考える），emotional（emotion の形容詞形）が見える。読むと，人間だけが感情を表す涙を流すとあり，(2)は不一致とわかる。早い段階で正解が見つかり，やれやれである。ここまでで(2)が正解と判断できたかもしれないが，(1)と(4)もチェックしてみる。探すキーワードは human communities, bond, highly developed brains, detect changes である。第３・４段には見当たらない。第５段に進む。第１文に highly developed brains, detect small changes が見つかる。読むと(4)は一致することがわかる。さらに，human communities, bond を探していく。第５段最終文に，humans, build strong relationships, communities が見える。読むと，(1)は一致することがわかる。本当に根気が要る問題であった。

(C) 正解は (2) ―――― 標準

「人間において，涙がどんなふうにしてさまざまな事柄を意味しうるのか」

(1)「男性は女性とは異なる理由で涙を流す」

(2)「泣く理由は状況によって異なる」

(3)「泣くことは個人的なことなので，人々は自分の涙を人目から隠そうとする」

(4)「人々が流す涙の量は人によって異なる」

tears mean, different things がキーワード。(B)の解答過程で第５段まで目を通したので，キーワードを第６段から探していく。第６段には見つからない。第７段に進む。第７段第１文に，mean different things が見える。読んでいくと，最終文で，それぞれの時代で，さまざまな背景がさまざまな意味合いの涙を生むとあるので，(2)を選ぶ。

(D) 正解は (3) ―――― 難

「人々と一緒に泣くことのほうが，一人で泣くよりも，なぜ満足のいくものになることもあるのだろうか」

(1)「流す涙が少なくなるから」

(2)「皆で一緒に泣けば恥ずかしくなくなるから」

(3)「人々に涙を見られれば，気持ち良くなるように思えるから」

(4)「自分が悲しくなる理由を創り出して，もっと強い人間になれるから」

crying with people, more satisfying, crying alone がキーワード。第８段から探していく。第８段を見ていくと，涙の原因が述べられている。(C)に関連する段落である。第９段に進む。キーワードは見当たらない。最終段へ進む。第３文（57 行目）に alone が見える。読むと，友人と悲しい映画を見た後では気分が良くなる

（(3)に feel better が見える）が，同じ映画を一人で見ても気分は良くならないとある。(3)が正解らしい。念のため，さらにキーワードを探す。第5・6文（60〜61行目）に，you are alone，in the presence of friends and family が見える。読むと，一人でいるとき，涙はそれほど重要ではなく，友人や家族といるときに涙を流すほうを好むとある。これで，(3)が正解だと確信できる。

〔2〕内容真偽

(1) **正解は 2** 平易

「チャールズ=ダーウィンは泣くことについて最も一般的な理論を思いついた」

Charles Darwin，most popular theory がキーワード。Charles Darwin は第1段第1文に見える。読むと，涙を流す理由に戸惑い，その理由を解明できなかったとあるので，不一致とわかる。

(2) **正解は 1** 平易

「涙は攻撃されるのを防いでくれるのに役立つこともあろう」

help，prevent，being attacked がキーワード。第2段第2文に，served as（help と関連），attackers（being attacked と関連）が見える。読むと，攻撃してくる可能性のある人たちに対する「(降伏を示す）白旗」として役立つとあるので，一致していることがわかる。

(3) **正解は 3** 標準

「大きなスポーツ大会では，悲嘆や悲しさよりも，喜びと幸福が原因で泣く人のほうが多い」

joy and happiness，grief and sorrow，major sporting events がキーワード。第6段第3文に joy and happiness（33行目），grief and sorrow（34行目）が，第6段最終文に major sporting events が見つかる。読むと，涙は悲嘆や悲しみと同様に，喜びと幸福にも関連して，強い感情的な表出が大きなスポーツ大会で見られるとあるが，悲嘆や悲しさよりも，喜びと幸福が原因で泣く人のほうが多いという比較表現文は見当たらない。したがって，正解は3の「判断しかねる」となる。うっかり不一致の2と答えてしまいそうになるので，注意。

(4) **正解は 2** 平易

「人々が運転中に泣くことはまれである」

rare，when，driving がキーワード。第9段第1文に，when，driving が見つかる。読むと，運転中に泣くことは quite often とあるので，不一致とわかる。

(5) **正解は 3** 標準

「悲しい映画を見ている最中，女性のほうが男性よりも泣く」

sad movie がキーワード。このキーワードは前問〔1〕の(D)を解答する際に出てきていたので，場所を特定しやすい。最終段第3文を読むと，悲しい映画を見るときに泣く場合の男女差については記述がないので，判断ができかねる。正解は3となる。

〔3〕主題

正解は (2) 平易

(1) 「動物が泣くことに関する科学」
(2) 「なぜ私たちが泣くのかに対するさまざまな理論」
(3) 「泣くことはなぜ利己的な人間行動なのか」
(4) 「なぜ人は他人と一緒にいるときのほうがよく泣くのか」
(5) 「泣くことと涙を流すこととの相違」

第1段で，なぜ人間が涙を流すかをダーウィンは解明できなかったとあり，人間が泣く理由がテーマとなっていることがわかる。

解法テクニック9 Topic Sentence（テーマ文・主題文）は第1段第1文にあり！

競技大会の選手宣誓が何の大会であるかを知らせるのと同じく，英文記述の目的・意図を早い段階で読者に知らせる必要があるので，第1段第1文が主題文である場合が多い。主題問題では，まず第1段第1文を読んでみよう。また，第1段第1文が疑問文で，たとえば，「人生とは何か」という文の場合は，最終段にその答えになる文が提示される場合が多い。

第2段ではさまざまな理論が紹介され，第3～5段ではフィンガーホーツの理論が紹介されているので，正解は(2)と決められる。

解答

〔1〕 (A)―(4) (B)―(2) (C)―(2) (D)―(3)
〔2〕 (1)―2 (2)―1 (3)―3 (4)―2 (5)―3
〔3〕 (2)

10

2013年度 2月2日

目標解答時間 21分

次の文を読んで，問いに答えなさい。

Freedom-based schools put students in charge of their education, allowing them to select the activities they will do in class each day. These schools are often criticized for not providing students with the self-discipline they need to succeed in society. As the early conservative educator William Bagley believed, if education appeals only to students' interests, "they would learn to respond only to pleasure and self-gratification,[1] never learning self-discipline and the value of effort." In comments such as these, conservative educators make it clear that they do not trust young people to be able to guide their own education, believing that students can develop self-discipline only when teachers control the learning environment.

In a sense, their general view does have merit. If everyone followed their immediate interests and whims[2] at every given moment, people would rarely follow through on what they began, and society wouldn't function very well. However, this view mistakes how young people actually behave when given free choice. The criticism is based on the limited understanding of the word "interest" as pursuing whatever whims occur at a given time. This interpretation fails to realize that people regularly choose to do things that they do not enjoy, but which may be in their future "interest" in order to achieve a further goal.

It is a serious mistake to assume that when given freedom, young people will choose to do only those things that are immediately interesting to them. This assumption sounds reasonable because most people, like myself, did not have much freedom in our own education. We think that if we had had such freedom, we would have only run around, played games, or talked to friends all day. But what if we had experienced this kind of freedom from the beginning of our education?

From my experiences as a staff member at freedom-based schools, I have seen that when young people have the opportunity to be in charge of their lives, they come to realize that merely following desires and whims will not lead to achieving their goals or to living well with others. Young people in freedom-based schools can decide what they do at school each day, and this experience teaches them that their goals will not be reached without regular effort.

Time after time I have seen young people absorbed in goal-directed work stemming from their own initiative. When I was working at Albany Free School, a group of 10- to 12-year-old students wanted to travel and take an overnight trip. They gathered together, signed up a few staff members to go on the trip with them, researched the possibilities, and eventually decided on Montreal as the destination. For many weeks, the students were hard at work determining the budget for the trip, deciding their daily schedule, connecting with a First Nations[3] community that ended up hosting them in their longhouse,[4] and raising all the money needed for the trip. When one of the students was not helping the rest of the group, it was several of the students, not one of the teachers, who reminded their friend to get back to work.

On another occasion at the same school, a group of several girls worked tirelessly,[5] day after day, to create an elaborate tree house.[6] Even though it was hard work and it was not always fun, they persisted over the course of several weeks to gain the carpentry[7] skills they needed to build a fine tree house.

Examples of self-discipline are common in freedom-based schools. One can see students persisting with their efforts, whether they are building settings[8] for their fantasy play, studying computer languages, or organizing a class to improve mathematics skills and gain the skills needed for a career goal. In all of these instances, young people are taking control of their learning, realizing that their lives are in their own hands and that they must take the initiative to achieve their own goals.

In freedom-based schools, democratic school meetings and conflict resolution processes[9] further support young people's development of self-discipline. Such activities ensure that all school members are involved in the creation of school rules and that all will accept responsibility for following those rules. The freedom-based school is not an environment in which young people only follow their interests and whims. Rather, it is a community based on mutual responsibility in which all school members support one another to achieve their individual goals, respect the needs of others, and develop self-discipline.

(Adapted from a work by Dana Bennis)

(注)

1. self-gratification　自己満足
2. whim　気まぐれな思いつき
3. First Nations　カナダの先住民
4. longhouse　細長い共同家屋
5. tirelessly　根気よく
6. tree house　子供が遊ぶための樹上の家
7. carpentry　大工仕事
8. setting　舞台
9. conflict resolution process　意見の食い違いなどを解決するための手順

〔1〕本文の意味，内容にかかわる問い(A)～(D)それぞれの答えとして，もっとも適当なものを(1)～(4)から一つ選び，その番号を解答欄にマークしなさい。

(A) According to the author, what do conservative educators believe?

(1) Freedom is the main goal of education.
(2) Students should not control their own education.
(3) Students will work hard if they enjoy their studies.
(4) Teaching discipline is not the school's responsibility.

(B) According to the author, why do most people assume that students will use freedom only to have fun?

(1) Most people had few choices in school.
(2) Most people are interested in future goals.
(3) Most people disagree with William Bagley.
(4) Most people agree with the goals of freedom-based schools.

(C) What happened when one student stopped helping the group prepare for the trip?

(1) The group abandoned their plan.
(2) The student did not go on the trip.
(3) The group members asked the student to return to work.
(4) The teacher scolded the student until the student started helping.

(D) What is the outcome of meetings and conflict resolution processes in freedom-based schools?

(1) Students are too busy to have fun.
(2) Students become less hard-working.
(3) Students help make the rules they must follow.
(4) Students become free from mutual responsibility.

〔2〕次の(1)～(5)の文の中で，本文の内容と一致するものには1の番号を，一致しないものには2の番号を，また本文の内容からだけではどちらとも判断しかねるものには3の番号を解答欄にマークしなさい。

(1) William Bagley attended a freedom-based school.
(2) In the author's opinion, conservative educators view "interest" too narrowly.
(3) Students in Albany Free School could organize an overnight trip.
(4) At Albany Free School, the group of girls found that building a tree house was surprisingly easy.

(5) Students in freedom-based schools are creative but are not career-oriented.

〔3〕本文の内容をもっともよく表しているものを(1)～(5)から一つ選び，その番号を解答欄にマークしなさい。

(1) Self-discipline, the surest path to success in life
(2) Learning self-discipline in freedom-based schools
(3) Some student projects involving travel and carpentry
(4) The best and worst sides of freedom-based education
(5) The wide variety of education systems around the world

全訳

≪自由を基本とする学校≫

自由を基本とする学校は，生徒たちに自分たちの教育を担当させ，彼らに毎日授業で行う活動を選択することを認めている。こうした学校は，生徒たちに社会で成功するのに必要な自己修養の力をつけていないといって，しばしば批判される。初期の保守的教育者，ウィリアム=バグリーが信じていたように，もしも教育が生徒の利益にだけ訴えかけるものになれば，「彼らは快楽と自己満足にだけ反応するようになり，自己修養や努力の価値を学ぶことは決してないだろう」。こうした発言の中で，保守的な教育者が自ら明らかにしていることがある。彼らは，若者が自分自身の教育を手引きできるとは信じておらず，教師が学習環境を管理して初めて生徒は自己規律を身につけられると信じ込んでいる，ということだ。

ある意味で，彼らの一般的な見方には確かに一利ある。もしも誰もがその時々の自分の直接的な利益や気まぐれな思いつきの追求に走れば，人々は自分の始めたことをやり遂げることが稀になり，社会はまともに機能しなくなるであろう。しかし，この見解は，若者が選択の自由を与えられると実際にどのように振る舞うかを誤解している。この批判が基礎にしているのは，「利益」という言葉は，所定の時期に抱く気まぐれな思いつきを何であれ追求することを意味する，という限定的な解釈だ。このような解釈は人々が，楽しくもないけれど，さらに先にある目標を達成するためには，将来「利益」になるかもしれないことをごくふつうにしようとするということを見落としている。

自由を与えられると，若者は自分の直接的な興味を惹くことだけをしようとすると考えるのは，重大な誤りである。このような想定が筋が通っているように聞こえるのは，私自身を含めて大半の人々が，自分の学校時代にあまり自由がなかったためだろう。私たちはもしもそんな自由をもっていたら，一日中ただ遊び回ったり，ゲームをしたり，友達とおしゃべりをしたりして過ごしただろうと考える。だが，教育を受ける最初から，こうした自由を経験していたとしたら，どうなっていただろうか。

自由を基本とする学校の職員として働く中で私が知ったのは，自分の生活に責任をもつ機会を得た若者は，ただ欲望や気まぐれな思いつきに従っているだけでは，自分の目標を達成することにも，他の人たちとうまくやっていくことにもつながらないということがわかるようになる，ということだった。自由を基本とする学校の若者たちは，毎日学校で何をするのかを自分で決めることができるのであり，この経験から彼らは不断の努力をしなければ，自分の目標は達成できないことを学ぶのである。

何度も何度も，若者が自ら主導権を取って，目標を決めた活動に没頭するのを私は見てきた。私がオールバニ・フリースクールに勤めているとき，10 歳から 12 歳の学童たちの集団が旅に出て一泊したいという思いをもった。彼らは集合して，数人の職員と同行してもらう約束を結び，さまざまな可能性を探り，ついに目的地をモントリオールに決めた。何週間も，生徒たちは懸命に作業して旅行の予算を決め，日ごとの予定を決め，先住民のコミュニティと連絡を取り，ついにはその共同家屋に泊めてもらうことになり，旅行に必要なお金を全額集めたのだった。生徒の１人が他の仲間たちの手伝いをしなくなったとき，その友に作業に戻るよう思い直させたのは，生徒たちの何人かだったのであり，教師の１人ではなかった。

同校の別の事例では，数人の女子生徒のグループが根気よく，来る日も来る日も，手の込んだ樹上の家造りに励んだ。重労働だったし，必ずしも楽しいことばかりではなかったけれども，女子生徒たちは数週間にわたって頑張り，見事な樹上の家を造るのに必要な大工仕事の技能を身につけたのだった。

自己修練の実例は，自由を基本とする学校ではありふれている。生徒たちがファンタジー・プレイの舞台を作ったり，コンピュータ言語を学んだり，クラス全体を組織して数学の能力を伸ばし，目標とする職業に必要とされる技能を身につけたり，そのどれであれ，努力を続けるのを目にすることができる。こうした事例のどれを見ても，若者は自分たちで学習を管理しており，自分たちの人生が自分自身の手中にあることや，目標を達成するためには自分自身が率先して動かなければならないことに気がついていくのである。

自由を基本にする学校では，民主的な学校集会や意見の食い違いなどを解決するための手順によって，いっそう若者の自己修練の発達が支援される。そうした活動によって，すべての学校の仲間たちが校則の策定に携わり，全員がその規則に従う責任を受け入れることが確実に可能になる。自由を基本にする学校は，若者がただ自分の利益と気まぐれな思いつきだけに従う場所ではない。そうではなくて，そこは相互の責任を基礎とする社会であって，そこでは学校の仲間全員がお互いに助け合って，自分たちそれぞれの目的を達成しようとし，他者の要求を認めあい，自己規律を深めるのである。

（英文出典：Do Freedom-Based Schools Fail to Produce Self-Discipline?, Encounter Summer 2008, Vol. 21 Issue 2 by Dana Bennis, Great Ideas in Education）

●語句・構文

- □ *l.* 1　put *A* in charge of *B*「*A* に *B* の責任を取らせる」
- □ *l.* 1　～, allowing＝～, and allow
- □ *l.* 3　provide *A* with *B*「*A* に *B* を提供する」
- □ *l.* 3　self-discipline「自己規律，自己修養，自己訓練」
- □ *l.* 5　appeal to ～「～に訴える」
- □ *l.* 7　*A* such as *B*＝*A* like *B*「*B* のような *A*」
- □ *l.* 8　make it clear that ～ は形式目的語構文。
- □ *l.* 11　in a sense「ある意味で」
- □ *l.* 12　given「特定の」
- □ *l.* 13　follow through on ～「～を最後までやり抜く」
- □ *l.* 15　when given＝when they are given
- □ *l.* 15　be based on ～「～に基づく」
- □ *l.* 17　fail to *do*「～できない」

□ *l.* 21 those things that are … to them「若者にとって直接興味がある物事」 those を「それらの」と訳さないように。
□ *l.* 25 what if ～?「もし～したら，どうなっただろうか」
□ *l.* 34 time after time「何度も」
□ *l.* 34 absorbed in ～「～に熱中している」
□ *l.* 35 stem from ～「～から生じる」 stemming は直前の名詞 work を修飾する現在分詞。
□ *l.* 37 overnight「一泊の」
□ *l.* 40 determining, deciding, connecting, raising は分詞構文。
□ *l.* 42 end up *doing*「結局～することになる」
□ *l.* 47 day after day「来る日も来る日も」
□ *l.* 47 even though ～「～するけれども」
□ *l.* 54 the skills needed = the skills which are needed
□ *l.* 55 take control of ～「～を管理する」
□ *l.* 60 be involved in ～「～に関わっている」
□ *l.* 65 one another「お互い」

解説

〔1〕内容説明

(A) 正解は (2) 平易

「筆者によれば，保守的教育者は何を信じているか」
(1)「自由は教育の主目的である」
(2)「生徒は自身の教育を管理するべきではない」
(3)「生徒は勉強を楽しんでいれば，一生懸命に勉強するだろう」
(4)「規律を教えることは学校の責任ではない」

conservative educators, believe がキーワード。第1段第3文に conservative educator, believed, 続く最終文に conservative educators, believing が見つかる。「彼らは，若者が自らの教育を導けるとは信じていないし，教師が学習環境を管理する場合に初めて，生徒は自己規律を身につけることができると信じている」とあるので，(2)を選ぶ。

解法テクニック10 問題英文の流れと設問の順番は一致することが多い！

キーワードを見つける場合，問題英文全部に目を通す必要はない。問題英文の流れと設問の順番は一致することが多い。本設問(A)ならば最初の設問なので，問題英文第1段から探してみよう。内容真偽の場合も同じで，キーワードの潜む箇所はだいたい見当がつけられる。長文読解問題全般に当てはまる大原則といえる。もちろん例外もあるが，その可能性は極めて低いので，安心して取り組んでもらいたい。

(B) 正解は (1) ――― 平易

「筆者によれば，たいていの人が，生徒は楽しむためだけに自由を行使すると思うのはなぜか」

(1) 「たいていの人には学校において選択の機会がほとんどなかった」

(2) 「たいていの人は将来の目標に関心がある」

(3) 「たいていの人はウィリアム=バグリーと意見を異にしている」

(4) 「たいていの人は自由に基づく学校の目標に賛同している」

most people, assume, freedom, have fun がキーワード。第３段第１文に assume, 続く第２文に assumption（assume の名詞形），most people, freedom が見つかる。読むと，「たいていの人は自身の学校時代には自由があまりなかった」とあるので，正解は(1)となる。

(C) 正解は (3) ――― 標準

「旅行の準備で，そのグループの手助けを１人の生徒がやめた時，何が起こったか」

(1) 「そのグループは計画を放棄した」

(2) 「その生徒は旅行に行かなかった」

(3) 「そのグループ員はその生徒に仕事に戻るよう頼んだ」

(4) 「その生徒が手助けを始めるまで，教師はその生徒を叱った」

one student, stopped helping, the group, prepare for the trip がキーワード。第５段第２文に group, trip が見つかるが，one student, stopped helping は見つからない。同段最終文に one of the students, not helping が見つかる。読むと，「友人に仕事に戻るよう思い直させたのは数人の生徒だった」とあるので，(3)が正解とわかる。

(D) 正解は (3) ――― 標準

「自由に基づく学校における会議と，意見の食い違いなどを解決するための手段の結果は何か」

(1) 「生徒は多忙すぎて楽しめない」

(2) 「生徒はそれほど勤勉でなくなる」

(3) 「生徒は従わなければならない規則を作る手助けをする」

(4) 「生徒は相互の責任を免れる」

meetings, conflict resolution processes, freedom-based schools がキーワード。第７段第１文に freedom-based schools はあるが，その他のキーワードは第７段に見当たらない。最終段を見ていくと，第１文に freedom-based schools, meetings, conflict resolution processes とあり，正解が見つかる箇所だとわかる。キーワードを求めて問題英文を見てきたが，実は，その時間をもっと節約できるのである。問題英文や設問に取りかかる前に脚注を見て，脚注９に conflict resolution process があることがわかっていれば，問題英文から脚注番号９の付いた単語を探せばいいことになる。最終段第1文にあるので，最終段からキーワードを見つければよいことになって，時間を短縮できる。読むと，第1文には「若者の自己規律を支援する」とある。選択肢と関係がないようなので，第2文に進む。「生徒全員が校則作りに関わる」とあるので，(3)を選ぶ。脚注を見ないで読んでいった場合は時間がかかる。脚注の利用によって，時間短縮ができることを肝に銘じてほしい。

解法テクニック⓫ 脚注から情報を得よ！

立命館大学の長文問題の英文には，教科書レベルを超えると思われる語句が出されることが多いので，ほとんどの長文に脚注がついている。英文を読む前にある程度の情報が得られるので，まず脚注に目を通そう。

〔2〕内容真偽

(1) **正解は 3** ——— 標準

「ウィリアム=バグリーは自由に基づく学校に通った」

William Bagley，attended，freedom-based school がキーワードであるが，何よりも目立つキーワードは William Bagley で，第1段第3文に見える。読むと，「ウィリアム=バグリーが信じていたように」とあるだけで，どういう学校に通ったかということは書かれていない。したがって，判断しかねる。

(2) **正解は 1** ——— 平易

「筆者の意見では，保守的教育者は『利益』をあまりにも狭義に見ている」

キーワードは conservative educators，“interest”，narrowly であるが，一番のキーワードは引用符付きの “interest” であり，第2段第4文に見える。読むと，「『利益』は…を意味するという限定的な解釈である」とあるので，一致。

(3) **正解は 1** ——— 標準

「オールバニ・フリースクールの生徒は一泊旅行を計画できた」

固有名詞 Albany Free School がキーワード。〔1〕の設問(C)と関連していることがわかり，キーワードは第5段第2文に見える。読むと，「さまざまな可能性を探り，目的地，予算や予定を決めたりした」とあるので，一致。

(4) **正解は 2** ——— 平易

「オールバニ・フリースクールで，女子集団は樹上の家造りが驚くほどたやすいことだとわかった」

Albany Free School，group of girls，a tree house，easy がキーワード。前問(3)との関連から，第5段か第6段に判定箇所があると予想できる。第6段第1文に tree house が見えるが，これも脚注を先に読んでいれば，すぐに見つけられる（**解法テクニック⓫**参照）。第2文に「それはきつい仕事であった」とあるので，easy ではなく，不一致。

⑸ **正解は 2** 標準

「自由に基づく学校の生徒は創造的ではあったが，職業志向ではなかった」

freedom-based schools，creative，career-oriented がキーワード。第７段第１・２文に，freedom-based schools，career が見える。読むと，「生徒たちが努力を続けていて，目指す職業に必要な技能を修得する」とあり，職業を意識しているので，不一致。

〔3〕主題

正解は ⑵ 平易

⑴「自己規律，人生における成功への最も確実な道」
⑵「自由に基づく学校において自己規律を学ぶこと」
⑶「旅行や大工仕事に関わる生徒企画」
⑷「自由に基づく教育の最良の面と最悪の面」
⑸「世界の広範な種類の教育制度」

第１段第１文が主題文であるのが原則である。「自由に基づく学校は生徒たちに自身の教育の責任を取らし，毎日の授業でする活動を選ばせる」とあるので，⑵を選ぶ。また，〔１〕，〔２〕の解答過程で，本文が freedom-based schools に関する文章だとわかり，正解を⑵と⑷に絞る。〔２〕の設問⑶～⑸から，生徒たちが自分で次々と決定し，実現していったことがわかるので，⑵を選ぶという方法もある。⑷の「最悪の面」は述べられていない。

解答

〔1〕 (A)—⑵ (B)—⑴ (C)—⑶ (D)—⑶
〔2〕 ⑴—3 ⑵—1 ⑶—1 ⑷—2 ⑸—2
〔3〕 ⑵

第2章
長文読解②

出題傾向と解法のコツ

出題傾向 大問Ⅱ 800語程度の英文
内容理解と指示語などの正確な理解が求められる問題

設問番号	設問形式	内　容	難易度
〔1〕	空所補充	本文の空所に入れるのに最も適当な語句を4つまたは5つの選択肢から選ぶ。(8問)	標準～難
〔2〕	内容説明	本文中の代名詞や語句の意味または内容として最も適当なものを4つの選択肢（英語）から選ぶ。(5問)	平易～標準

解法のコツ ヒントは前後に！　全文を読まずに解答できる！

本問は，第1章の「長文読解①」とは違って内容真偽に関する設問が出題されていないので，必ずしも本文全体に目を通す必要はない。設問の前後だけを読んで正解することも可能である（方法は以下で詳しく見ていくので参照してほしい）。それで解けなければ，読む箇所を少し拡げてその近辺に目を通せばよい。**「目標解答時間」**を参考に，その時間内で解くことを目指そう。

入学試験は時間が制約された中で得点を競わなければいけないので，設問は自分にとって易しい問題・解きやすい問題から着手するのが肝要である。以下で，実際に出題された問題を使って，解き方を詳しく見てみよう。

〔1〕を解く

実際の問題の中から，設問に関係する部分を抜き出した。適語を選んでみよう。

Zwebner suggests that people might be subconsciously using their facial muscles to match their appearance to their name. [(C)], imagine someone with the name "Joy", Zwebner says "The moment she's born, her parents and society treat her in a way that suits that name. They say, 'You really are so joyful, smiling just like your name.' She develops a certain look, maybe because she is smiling more thanks to all the positive feedback she gets when she smiles."

(1) As a result　(2) For instance　(3) In summary　(4) Nevertheless

(2018年度　2月7日実施分)

ディスコースマーカーを入れる問いは，特に空所の前後関係に注目すればよい。この設問では，空所の直前の第１文で「人間は無意識に表情筋を使って，自分の外見が名前にふさわしくなるようにしているのかもしれない」と述べている。空所以降では「『ジョイ』という名前の人を考えてみましょう」という一文から，周囲の人間の関わりによって，その子が自分の名前のように笑顔あふれる子どもになる様子が書かれている。よって，空所以降は，空所直前の内容を「ジョイ」という特定の子どもの例を挙げて検証していることがわかるので，例示を表す(2) For instance「たとえば」が正解となる。

〔2〕を解く

必ず問われる指示語については，**「指示内容は直前にある」が原則**である。英語は日本語よりも，名詞の単複に関して厳密なので，たとえばthisの指すものであれば直前にある単数名詞を，thoseとあれば複数名詞を探していくのが最も簡単な手順である。もともと筆者は自分の文章をより多くの人に理解してもらいたいと考えて書いているので，あえて読者を困らせるような書き方はしない。基本的には近くにある語を受けていると考えてよい。実例を見てみよう。

Another suggestion is to create an app for tourists to teach them the rules of cycling, because most of ㋓them really don't know.

㋓ them

(1) the children　(2) the developers of apps

(3) the visitors of the city　(4) the members of the judging panel

（2020年度　2月1日実施分）

原則通り，最も近くにある複数名詞を探すと，the rules of cyclingとなる。しかし，これをあてはめてみると，the rulesがknowの主語となるのは不自然である。さらに遡ると，themという代名詞があり，これは直前のtouristsのことを指している。「touristsの知らないルールをtouristsに教える」と文意も通ることから，touristsを言い換えた(3)が正解となる。

もちろん，この類いのシンプルな問いばかりというわけではなく，指示語がそれ以前に述べられた（もしくは示唆された）文や節の内容を指すこともある。しかし，正解への鍵はほとんどの場合は直前部分にあると考えてよい。

11

2022年度 2月4日

目標解答時間 22分

次の文を読んで，問いに答えなさい。

I am a lifelong scorekeeper. I can go back decades and find lists of goals I set for myself to measure "success" by certain milestone[1] birthdays. (A) , in my 20s, I had a to-do list for the decade. It included quitting smoking, going to the dentist, mastering my piano scales, and finishing college. I reached them all, although the last one mere days before my 30th birthday.

There is nothing unusual about this tendency to keep score. Search online for "30 things to do before you turn 30" and you will get more than 15,000 results. Researchers writing in the journal *Psychological Science* a few years ago observed that people are naturally motivated toward performance goals related to round numbers[2], and such goals can often act as milestones to motivate self-improvement. We therefore seek (B) sources of evidence of our progress and effectiveness — and, thus, our happiness.

Making a "30 by 30" list, however, is a poor approach to happiness. It would be difficult to blame anyone in our materialistic[3] and achievement-focused society for thinking <u>otherwise</u>(あ), of course. Every cultural message we get is that happiness can be read off a scorecard of money, education, experiences, relationships, and reputation. Want the happiest life? Check the boxes[4] of success and adventure, and do it as early as possible! Then move on to the next set of boxes. Whoever ends up with the most checked boxes wins, right?

(C) I don't mean that accomplishment[5] and ambition are bad, but that they are simply not the source of our happiness. By the time many people realize <u>this</u>(い), they have spent a lifetime checking things off lists, yet are unhappy and don't know why. The economist Joseph Schumpeter once wrote that business owners love to earn fortunes "as a measure of success and as a symptom of victory." That is, every million or billion is another box checked to provide them with a feeling of self-worth and success. Given our finances, most of us don't have this exact problem. However, we ⑤do the same thing in our own way, whether it's taking a certain job for what it says about us to others, or selecting friends for the social advantage they'll bring us.

We have every evolutionary reason to want to keep score in life — passing on genes is competitive after all — but there is no evidence that Mother Nature cares whether we are happy or not. And, in fact, this kind of scorekeeping is a happiness error for two reasons: It makes us (D) the impact of external rewards, and it sets us up for dissatisfaction.

You can be motivated to do something intrinsically[6] (what you do gives you satisfaction and enjoyment) or extrinsically[7] (you are given something, such as money or recognition). Most people know that intrinsic rewards are more meaningful. (え)That is basically what speakers at graduation ceremonies mean when they say, "Find a job you love, and you will never work a day in your life."

(E) Psychologists have found that extrinsic rewards can actually cancel out intrinsic rewards, leading us to enjoy our activities less. In a classic 1973 study, researchers at both Stanford University and the University of Michigan showed this in an experiment with preschoolers. The researchers allowed a group of kids to choose their preferred play activities — for example, drawing with colored pencils — which they happily did. The kids were later rewarded for that activity with a gold sticker and a ribbon. The researchers found that after they had been given the reward, the children (F) when they weren't offered one. Over the following decades, many studies have shown the same pattern for a wide variety of activities, across many demographic groups[8].

The scorecard approach to life also leads to ㋔a known human tendency that pushes us away from happiness: People often have trouble finding lasting satisfaction from material rewards, because as soon as we acquire something, our desire resets and we are looking for the next reward. Check one box, and another one immediately appears. And, of course, it's always [(G)]. No one regards life's boxes in terms of downward movement: "By 40, I aim to make less money and no longer own my home!" Our goals are always aspirational[9]. We will have more, perform better, get richer.

Again, there's nothing wrong with aspiration. But if your happiness depends on an expanding list of achievements, you might soon find that your fear of failure outweighs your ambition. Instead of checking items off a list, some philosophies suggest we should find satisfaction in our greatest virtues[10]. In other words, happiness comes from displaying your greatest qualities, and in that way helping others, while at the same time discovering your true purpose. This timeless wisdom is a near-perfect [(H)] what the research says will bring us true well-being as we make our way through life.

(Adapted from a work by Arthur C. Brooks)

（注）

1．milestone 節目
2．round number きりのいい数字
3．materialistic 実利主義の
4．check the boxes 項目に印をつける
5．accomplishment 達成
6．intrinsically 内発的に
7．extrinsically 外発的に
8．demographic group 一定の特性を持つ人口集団
9．aspirational 上昇志向の
10．virtue 美徳

英文出典：Stop Keeping Score, The Atlantic on January 21, 2021 by Arthur C. Brooks

〔1〕本文の (A) ～ (H) それぞれに入れるのにもっとも適当なものを(1)～(4)から一つ選び，その番号を解答欄にマークしなさい。

(A) (1) For example (2) However
(3) Recently (4) Similarly

(B) (1) abstract (2) health-related
(3) outside (4) spiritual

(C) (1) But what actually makes us unhappy?
(2) Exactly.
(3) We have to accept this.
(4) Wrong.

(D) (1) give up on (2) misunderstand
(3) reject (4) want to delay

(E) (1) And they are right.
(2) But it's more complicated than that.
(3) So you decide not to work.
(4) So you get a job you love.

(F) (1) became only half as likely to draw
(2) didn't ask for a reward
(3) wanted to be paid
(4) were much more likely to draw

(G) (1) a bigger box (2) an intrinsic reward
(3) easy to get (4) more time-consuming

(H) (1) criticism of (2) motivation for
(3) reward for (4) summary of

〔2〕下線部ⓐ～ⓞそれぞれの意味または内容として，もっとも適当なものを(1)～(4)から一つ選び，その番号を解答欄にマークしなさい。

ⓐ otherwise
(1) that our consumer society is damaged
(2) that list making is to blame for poor thinking
(3) that making lists is not the way to become happy
(4) that keeping score of our achievements brings us happiness

ⓘ this
(1) that ambition alone is not exciting
(2) that we can never really be truly content
(3) that happiness does not depend on being successful
(4) that checking things off lists is what leads to dissatisfaction

ⓤ do the same thing
(1) want to make a fortune
(2) try to start our own business
(3) try not to have financial problems
(4) measure our self-importance based on material considerations

ⓔ That
(1) The idea that a good job will bring you lots of money
(2) The idea that if you are motivated you will never have to go to work
(3) The idea that if you graduate from university you will easily find employment

(4) The idea that having fun and being content are preferable to wealth and fame

㋔ a known human tendency

(1) always wanting more

(2) putting duty before happiness

(3) keeping scorecards to record our achievements

(4) risking getting into trouble in order to obtain material rewards

全訳

≪スコア記録をやめて，もっと幸福になろう≫

私は生涯を通じてスコア記録員である。数十年さかのぼっても，いくつかの節目となる誕生日によって「成功」を評価するため，自分で設定した目標リストを見つけることができる。たとえば20代のときには，その10年間でやるべきことのリストを作っていた。その中には，タバコをやめること，歯医者に行くこと，ピアノのスケールを弾けるようになること，そして大学を卒業することが含まれていた。私はそれらすべてを達成した。もっとも，最後のひとつは30歳の誕生日のほんの数日前ではあったが。

スコア記録をつけるというこの傾向は何ら変わったことではない。「30歳になる前にすべき30のこと」とネットで検索すれば，15,000件以上の結果がヒットするだろう。専門誌『サイコロジカル・サイエンス』に寄稿する研究者たちは数年前，人はきりのいい数字に関連する達成目標に対して自然とモチベーションが上がること，さらにそうした目標はしばしば自己研鑽を動機づける節目となりうることに気づいた。それゆえ，私たちは自分が進歩している，そして役に立っている，したがって幸福であることを示す，自分の外側にある証拠を探し求めるのだ。

しかしながら，「30歳までに30個」のリストを作ることは，幸福への取り組みとしてはうまいものではない。もちろん，私たちの暮らす実利主義で達成に重きを置いた社会では，そうではないという考えを持つからといって人を責めるのは難しいだろう。私たちが得る文化的メッセージはすべて，幸福とは金，教育，経験，人間関係，評判からなるスコアボードによって読み取れるというものである。最も幸福な人生をお望みですか？　成功と冒険の項目にチェックを入れてください，しかも，できるだけ早いうちに！　それから，次の一連の項目へと移行してください。最終的に最も多くの項目にチェックがついた人の勝ちです，そうですね？

間違っている。私は，達成や野心が悪いと言っているわけではなく，それらは単に幸福の源ではないと言っているのだ。多くの人が，これに気づくときには，リストの項目にチェックをつけることに人生を費やしたが不幸せで，その理由がわからないでいる。経済学者ヨーゼフ=シュンペーターはかつて，事業主は「成功の基準として，また勝利の印として」財産を得るのが好きであると書いた。つまりは，100万，あるいは10億ごとにまたひとつの項目にチェックがつき，彼らに自尊心と成功感を与えるということである。私たちの財政状況を鑑みると，大半はこれと同じ問題は抱えていない。しかしながら，それが他人にどんな印象を与えるかを考えて何らかの仕事を引き受ける形であろうが，もたらしてくれる社会的利点を考えて友人を選ぶ形であろうが，私たちは自分なりの形で同じことをしているのである。

私たちには，人生においてスコア記録をつけたくなるもっともな進化上の理由がある。結局のところ，遺伝子を受け継いでいくことは競争なのだ。しかし，私たちが幸福かどうかを母なる自然が気にかけてくれている証拠はない。さらに，実は，この種のスコア記録づけは2つの理由で幸福に関する勘違いである。すなわち，それは私たちに外部からの報酬が与える影響を誤解させるし，またそれは私たちを不満へと方向づけるからである。

人は内発的に何かを行うよう動機づけられる（自分のすることが満足や楽しみを与えてくれる）こともあれば，外発的にそうなる（金や承認といったものを与えられる）こともある。内発的報酬の方がより意義深いと，大半の人は知っている。それこそがつまり，卒業式のスピーチで「愛せる仕事を見つけなさい。そうすれば，人生において一日たりとて労働することはないでしょう」と言う人の意味するところである。

しかし，実情はそれ以上に複雑である。外発的報酬は実際のところ内発的報酬を無効化し，私たちに自分がしていることを楽しめなくさせかねないと，心理学者は発見している。1973年の古典的研究で，スタンフォード大学とミシガン大学両校の研究者たちは，これを未就学児が参加した実験で示した。この研究者たちは，あるグループの子どもに，たとえば色鉛筆で絵を描くといった彼らが楽しそうに行う，自分が好む遊びの活動を選ばせた。子どもたちはあとで，その活動を行ったことに対して，金色のステッカーとリボンの報酬を与えられた。その子どもたちは，報酬を与えられた後は，報酬を示されないと，絵を描く可能性が半分だけになってしまうことを研究者は発見した。その後の数十年にわたって多くの研究が，幅広い活動に関して，多くの人口統計上の集団において同じパターンを示している。

人生にスコア表をつける取り組みはまた，私たちを幸福から遠ざける，よく知られた人間の傾向へとつながる。人はしばしば物質的な報酬に永続的満足感を見いだすことに苦労するが，それは，何かを手に入れるとすぐに，欲望がリセットされ，次の報酬を求めるからである。ひとつの項目にチェックをつけると，別の項目がすぐに現れる。そしてもちろん，それはいつでもより大きな項目なのだ。誰も人生の目的となる項目を下降運動だとみなしはしない。たとえば，「40歳になるまでには，今より少ないお金を稼ぐこと，もはや家を所有していないことを目指します！」なんて。私たちの目標はいつでも上昇志向である。より多くを所有し，より上手に立ち回り，より豊かになろうとするのだ。

そしてまた，上昇志向に何ら悪いところはない。しかし，もしあなたの幸福がますます拡大していく達成リストに依拠しているならば，失敗する恐怖の方が野心にまさってしまうことにすぐに気づくだろう。リストの項目にチェックをつける代わりに，私たちが持つ最大の美徳に満足を見いだすように勧めている哲学もある。言い換えると，あなたが持つ最も素晴らしい資質を示すこと，またそうすることで他者を助け，同時にあなたの真の目的を発見することから幸福は生じるというのだ。この永遠の叡智は，私たちが人生を生きていく中で私たちに真の幸福をもたらすと研究が示すものを表す完璧に近い概要なのである。

●語句・構文

□ *l.* 5　although (I reached) the last one mere days before my 30th birthday「私が最後のひとつを達成したのは私の30歳の誕生日のたった数日前であったのだが」

□ *l.* 18　read off「(数値などを) 読み取る」

□ *l.* 21　Whoever ends up with the most checked boxes wins「最終的に最も多くの項目に

チェックのついた人が勝つ」 Whoever … boxes までが主語である。

□ *l*. 25 checking things off lists「リストの項目にチェックをつけること」

□ *l*. 30 Given our finances,「私たちの財政状況を考慮に入れると」 元来は分詞構文「〜を与えられると」だが，慣用的に「〜を考慮に入れると，鑑みると」の意で使われる。

□ *l*. 31 whether it's taking …, or selecting …「それが…を引き受ける形であろうと，…を選ぶ形であろうと」 whether it is *A* or *B*「それが *A* であろうと *B* であろうと」

□ *l*. 36 Mother Nature cares whether we are happy or not「母なる自然が私たちが幸せかどうかを気にかける」 whether 〜 or not「〜かどうか」

□ *l*. 46 leading us to enjoy our activities less「（結果的に）私たちが自身の活動をより楽しめなくなる」 分詞構文。lead *A* to *do*「*A* を〜するようにさせる」

□ *l*. 48 preschoolers「未就学児」

□ *l*. 51 rewarded for that activity with a gold sticker and a ribbon「その活動を行ったことに対して，金色のステッカーとリボンを報酬として与えられた」 reward for *A* with *B*「*A* のことで *B* を（褒美として）与える」

□ *l*. 61 in terms of downward movement「下降運動をしているという観点で」

□ *l*. 67 outweighs「〜にまさる」

解 説

〔1〕空所補充

(A) 正解は (1) ―――― 平易

(1)「たとえば」　(2)「しかしながら」

(3)「最近」　(4)「同様に」

直前の文で「いくつか」の節目となる誕生日について語っている。また直後で「20 代」という特定の 10 年について言及しているので，空所に(1)「たとえば」を入れると前後が「抽象→具体」という関係になる。

(B) 正解は (3) ―――― やや難

(1)「抽象的な」　(2)「健康に関する」

(3)「外側にある」　(4)「精神的な」

直前の文で「人はきりのいい数字に関連する目標を好む」と述べられている。また，「人は進歩を示す［(B)］証拠を求める」を意味する空所を含む文には，「それゆえ」という結論を示す語が含まれている。「きりのいい数字に関連する目標を好む人」が必然的に求めるのはどのような「証拠」かを考え，空所には(3)「（自分の）外側にある」が入ると判断する。

(C) 正解は (4) ―――― 標準

(1)「しかし，実際のところ何が私たちを不幸にするのか」

(2)「そのとおり」

⑶ 「私たちはこれを受け入れなければならない」
⑷ 「間違っている」

直前の第3段第4～最終文（Want the happiest … boxes wins, right?）で幸福な人生とはできるだけ多くの「成功と冒険の項目にチェックをつける」ことではないかと問いかけている。空所の直後の文には「達成や野心は幸福の源ではない」と反対の主張が続いているので，空所に⑷「間違っている」を入れれば，筆者が自問自答したことになり，文意が通じる。

(D) 正解は ⑵ ――― 難

⑴ 「～を見限る」　⑵ 「～を誤解する」
⑶ 「～を拒絶する」　⑷ 「～を遅らせたくなる」

空所を含む文と直前の文「スコア記録づけは2つの理由で幸福に関する勘違いである」はコロンで結ばれているので，〈抽象→具体〉の関係であると判断できる。よって，空所を含む文は「スコア記録づけが幸福に関する勘違いである理由の1つ目」にあたる内容になる。第7段第2文（Psychologists have found …）に「外発的報酬は実際のところ内発的報酬を無効化し，私たちに自分がしていることを楽しめなくさせかねない」とあるが，スコア記録は外発的報酬を幸せの指標とするものなので，「（外発的報酬の影響）を誤解させる」となる⑵が正解。

(E) 正解は ⑵ ――― 難

⑴ 「そして，彼らは正しい」
⑵ 「しかし，実情はそれ以上に複雑である」
⑶ 「よって，あなたは働かないことに決める」
⑷ 「よって，あなたは自分が大好きな仕事を得る」

直前の段落で「内発的報酬の方がより意義深いと，大半の人はわかってはいる」と述べられ，空所の直後の文で「外発的報酬は内発的報酬を無効化しかねない」と述べられている。この2文を自然につなぐことができるのは，選択肢の中では⑵「しかし，実情はそれ以上に複雑である」だけである。

(F) 正解は ⑴ ――― やや難

⑴ 「たった半分しか絵を描く可能性がなくなった」
⑵ 「報酬を求めなかった」
⑶ 「支払いを受けたがった」
⑷ 「絵を描く可能性がはるかに高かった」

空所の前で「外発的報酬は私たちに自分がしていることを楽しめなくさせる」ということを立証する古典的な実験の様子・結果が述べられている。空所は，その実験の中で，子どもが自分が楽しんでしていることに報酬を与えられるとどうなるかを示す結果の部分なので，⑴「（楽しんでやっていたことなのに，）たった半分しか絵を描く可能性がなくなった（＝自分がしていることを楽しめなくなった）」が正解。

Ⓖ 正解は (1) ——— 難

(1)「より大きな箱」　(2)「内発的報酬」
(3)「簡単に得ることができる」　(4)「より時間のかかる」

空所の前で「人の欲望は果てのないものである」ということが述べられ，空所の直後で「人生の目標を下向きに設定する者はいない」とも述べられているので，空所に(1)を入れ，空所を含む文全体を「そしてもちろん，それはいつでもより大きな項目である」とすれば，前後と論理的につながる。

Ⓗ 正解は (4) ——— やや難

(1)「～への批判」　(2)「～への動機づけ」
(3)「～への報酬」　(4)「～の概要」

直前の文で「幸福の本当の源がどこにあるのか」が提示されている。空所を含む文の主語 This timeless wisdom とはこの「幸福の本当の源」のことだが，それは本文で紹介されるさまざまな研究が示すものに「限りなく近いもの」だと判断できる。よって，(4)「～の概要」が正解。

〔2〕内容説明

ⓐ 正解は (4) ——— やや難

(1)「私たちの消費社会は害されていること」
(2)「リストを作ることは貧弱な思考に対し責任があること」
(3)「リストを作ることは幸福になる方法ではないこと」
(4)「達成のスコア記録をつけることは私たちに幸福をもたらすこと」

下線部 otherwise は「別のやり方で，そうではなく」という意味の副詞である。ここでの「そうではない」の「そう」とは直前の文で述べられている「『30歳までに30個』のリストを作ることは，幸福への取り組みとしてはうまいものではない（＝リストを作っても幸福にはなれない)」ことだと考えるのが自然なので，「そうではない」とはその逆の内容である，(4)「達成のスコア記録をつけることは私たちに幸福をもたらすこと」である。

ⓘ 正解は (3) ——— やや難

(1)「野心だけではワクワクしないということ」
(2)「私たちは，本当の意味で真に満足することは決してないということ」
(3)「幸福は成功していることには依拠しないということ」
(4)「リストの物事にチェックをつけることは不満につながるということ」

下線部は指示語の this なので，その指示内容は直前の文で述べられている「達成や野心は幸福の源ではないということ」のはずである。よって，(3)「幸福は成功していることには依拠しないということ」が正解。

㋒ 正解は (4)　平易

(1)「ひと財産稼ぎたいと思っている」

(2)「起業しようとする」

(3)「経済的問題を持たないようにする」

(4)「物質的報酬をもとに，自尊心を測る」

下線部 do the same thing は「同じことをする」という意味である。ここでの「同じ」は直前で述べられていることと「同じ」と考えるのが自然なので，直前の内容（100 万，10 億稼ぐごとに自尊心と成功感を得る）と「同じ」と言える(4)「物質的報酬をもとに，自尊心を測る」が正解。

㋓ 正解は (4)　やや難

(1)「よい仕事はたくさんのお金をもたらすという考え」

(2)「もし動機づけられれば，決して仕事に行く必要はないという考え」

(3)「大学を卒業すれば，簡単に仕事が見つかるという考え」

(4)「楽しむことと満足することの方が富や名声より好ましいという考え」

下線部は指示語の That なので，その指示内容は直前の文で述べられている「内発的報酬の方が意義深い」のはずである。よって，(4)「楽しむことと満足することの方が富や名声より好ましいという考え」が正解。

㋔ 正解は (1)　難

(1)「いつも，より多くを求めること」

(2)「幸福より義務を優先すること」

(3)「私たちの達成を記録するためスコア表をつけること」

(4)「物質的報酬を得るために面倒に巻き込まれる危険を冒すこと」

下線部 a known human tendency は「よく知られた人間の傾向」という意味だが，その具体的内容は直後の文以降で述べられる「人間の欲には終わりがないということ」だと考えるのが自然。よって，(1)「いつも，より多くを求めること」が正解。

解答

〔1〕 Ⓐ—(1)　Ⓑ—(3)　Ⓒ—(4)　Ⓓ—(2)　Ⓔ—(2)　Ⓕ—(1)　Ⓖ—(1)　Ⓗ—(4)

〔2〕 ㋐—(4)　㋑—(3)　㋒—(4)　㋓—(4)　㋔—(1)

12

2020年度 2月9日

目標解答時間 21分

次の文を読んで，問いに答えなさい。

Sarah Pope drives to work every day. It takes the scientist 10 minutes to get to work, and 10 minutes to get back home. She thought it was the fastest route, until one day a traffic jam forced her to take a back road, which cut her commute time in half. Why didn't she try (A) earlier? She says it's an example of a tendency to stick to the familiar way of solving a problem. Psychologists who are interested in the opposite kind of thinking — flexible[1] thinking — have confirmed this bias[2] toward the familiar in experiment after experiment.

But a study published in the *Journal of Cross-Cultural Psychology* earlier this year (B) this belief by testing the flexible thinking of non-Western cultures — in this case, the semi-nomadic[3] Himba people of Namibia in Southern Africa. The researchers found that when you assign a simple problem to the Himba and to a group of Westerners, the Himba have more cognitive[4] flexibility. "These are exciting results," says Thea Ionescu, a psychologist who was not involved in the study. "There has been this assumption that if we study Westerners, we study humankind," says Ionescu. "This study suggests that(あ) is not necessarily the case."

Flexible thinking is a vague concept for psychologists to describe and measure. But they generally think of it as our ability to combine past knowledge and the present context and add a bit of instant magic to solve problems well and quickly. You don't always need to be (C) , however. Let's say your daily life is very much the same every day. "If you're in an environment that is very predictable, the best solution is often the one that's always worked," says Pope.

In a more dynamic environment, where circumstances can change easily, there can be a benefit to changing direction and trying something new. But our bias toward the familiar can make it difficult to [(D)] our comfort zone. Psychologists have designed experiments that train participants to solve a problem one way, and then offer the option of switching to a much faster method. Overwhelmingly, according to Pope, people tend not to take the shortcut. "They continue with the learned approach, despite its inefficiency." Pope says that various versions of these tests have reached a similar conclusion, suggesting to the psychological community that this inflexible thinking is an innate[5] part of being human.

But Pope and Ionescu argue that this conclusion is premature[6], because (い)these studies have only considered WEIRD (Western, Educated, Industrialized, Rich and Democratic) humans. To investigate cognitive flexibility in a non-WEIRD population, Pope traveled to Namibia to meet the Himba people.

"They are one of the few remaining remote cultures that actively resist Western influence," says Pope. Traditional Himba have virtually no formal education, and "live in a much less predictable environment than Westerners," says Pope. To compare cognitive flexibility across [(E)], Pope devised a simple test that didn't require language or math. A participant looks at a touchscreen. A series of squares appear. The goal is to make them disappear. With on-screen instructions, the participant learns that touching the squares in the order in which they appeared will make (う)them disappear. Then a new batch[7] of squares pops up, and the test starts over again.

But after a while, a triangle appears as well. You could stick to the strategy that worked before — touching the squares in a certain sequence to make them go away. But if you try something different — just touching the triangle — you'll achieve the goal faster: All the squares will disappear. Pope found that fewer than 10 percent of Westerners realized they could change strategies. Most continued with the method they'd been taught, even though it's far less efficient.

[(F)], Himba participants chose the direct strategy approximately 40 percent of the time. In essence, they saw something new and thought, "Hey! Why not try touching ㋓that?" According to Pope, these results suggest that Himba were more cognitively flexible. They were better able to switch away from a learned rule and use a shortcut when the opportunity presented itself.

"I think Westerners are very [(G)] in how they approach problems," says Pope. "Obviously this is just one task and has to be replicated[8] with other measures, but I think this does lay a foundation for understanding why Westerners are more focused on the familiar — something that is sufficient but not efficient. Westerners would later say things like 'Oh, I didn't think I could do that,' whereas the Himba seemed much more open to trying other solutions."

According to Pope, this study suggests inflexible thinking may be less ingrained[9] in some cultures than previously thought. She has research plans to figure out ㋔why. "One explanation may lie in education," says Pope. Formal education can train the mind to view problems in a certain kind of way. Without formal education, Himba may be [(H)] different approaches.

(From Why The Semi-Nomadic Himba Are So Good At Thinking Outside The Box, NPR on April 7, 2019, by Jonathan Lambert)

(注)

1. flexible 柔軟な
2. bias 先入観
3. semi-nomadic 半遊牧的な，半遊牧民の
4. cognitive 認識の
5. innate 先天的な
6. premature 時期尚早な，早まった
7. batch 一群
8. replicate 再現する，検証する
9. ingrained 染み付いた，根付いた

〔1〕本文の (A) ～ (H) それぞれに入れるのに最も適当なものを(1)～(4)から一つ選び，その番号を解答欄にマークしなさい。

(A) (1) a different way (2) a familiar way
(3) the main road (4) the ten-minute way

(B) (1) challenges (2) confirms
(3) echoes (4) highlights

(C) (1) alert (2) flexible
(3) knowledgeable (4) predictable

(D) (1) continue with (2) get used to
(3) step out of (4) take advantage of

(E) (1) a number of recent studies (2) educated Western participants
(3) matching environments (4) such different cultures

(F) (1) By contrast (2) Furthermore
(3) In the same way (4) Indeed

(G) (1) efficient (2) limited
(3) negative (4) unusual

(H) (1) freer to try (2) happier to avoid
(3) less likely to find (4) unwilling to pursue

〔2〕下線部 ㋐ ～ ㋔ それぞれの意味または内容として，最も適当なものを(1)～(4)から一つ選び，その番号を解答欄にマークしなさい。

㋐ that

(1) Westerners representing all of humankind

(2) Westerners tending to stick to more familiar ways

(3) researchers finding differences between the two groups

(4) Himba being more cognitively flexible than Westerners

㋑ these studies

(1) studies of African communities

(2) studies of different environments

(3) studies of how people solve problems

(4) studies carried out by Pope and Ionescu

㋒ them

(1) the participants' biases

(2) the shapes on the screen

(3) the on-screen instructions

(4) the cultural differences among the Himba

㋓ that

(1) a square

(2) a triangle

(3) a certain sequence of squares

(4) a certain sequence of triangles

㋔ why

(1) why cognitive research is expanding

(2) why replicating experiments is necessary

(3) why education is so important to flexible thinking

(4) why some cultures are more cognitively flexible than others

全訳

≪柔軟な思考ができる文化，できない文化≫

サラ=ポープは毎日車で仕事に向かう。その科学者が職場に着くまで10分かかり，家に帰るのにも10分かかる。彼女はそれが最も速いルートだと思っていた。ある日渋滞のせいで彼女は裏道を通らなければならなくなったが，その道を通ると彼女の通勤時間は半分になった。どうして彼女は別の道をもっと早く試さなかったのだろう。それは問題の解決に関しては慣れた方法を続ける傾向があるという1つの例だと彼女は言う。それとは逆の種類の思考，すなわち柔軟な思考に関心をもつ心理学者らは実験に実験を重ね，慣れたものを好むこうした傾向を裏づけた。

しかし，今年初めに『ジャーナル・オブ・クロスカルチュラル・サイコロジー』に発表されたある研究は，非ヨーロッパ文化（この場合は南アフリカのナミビアにいる半遊牧民のヒンバ族）の柔軟な思考を調査することで，この考え方に異議を唱えている。研究者たちはヒンバ族と西洋人のグループとに簡単な問題を課し，ヒンバ族の方が認知の柔軟さをもっていると気づいた。「これらは面白い結果だ」と，この研究には関わっていなかった心理学者テア=イオネスクは言う。「これまで，西洋人を研究すれば人類を研究したことになるという思い込みがあった。この研究はこれが必ずしも正しくはないということを示唆するものだ」とイオネスクは言っている。

柔軟な思考は心理学者が言い表したり，計測したりするには曖昧な概念である。しかし彼らは概してそれを，過去の知識と現在の状況を結び付けて，そこに問題をうまくそして素早く解決するための瞬間的な魔法を少し加える能力とみなしている。しかしながら，必ずしもいつも柔軟である必要はない。仮に日々の生活が毎日ほとんど同じだったとしよう。「もしあなたが非常に予測のしやすい環境にいるのであれば，いつもうまくいっているやり方が最善の解決策であることが多い」とポープは言う。

状況が簡単に変わってしまうような，より動的な環境においては，方向を変えて新しいことを試すメリットがあることもある。しかし，慣れたものを好む傾向は，私たちが快適な場所から出ていくことを難しくすることもある。心理学者は，被験者らにある方法で問題を解決するように訓練し，次にずっと速い方法に変えるという選択肢を与えるような実験を作った。ポープによると，圧倒的に人々はショートカットをとらない傾向にあるらしい。「非効率的であるにもかかわらず，彼らはすでに知っているやり方を続けるのだ」と言う。ポープは，さまざまな形でこれらのテストを行って同じような結論にたどり着いたと言っており，心理学の世界の人間に対して，こうした柔軟でない思考は人間であることの先天的部分であると示唆している。

しかしポープとイオネスクは，これは早まった結論であると主張する。なぜなら，これらの研究はWEIRDな（西洋の，教育を受けた，産業化された，裕福で，民主主義的な）人間しか考察していないからだ。WEIRD以外の人間の認識の柔軟さを調査するために，ポープはナミビアへ行き，ヒンバ族と会った。

「彼らは，周囲から孤絶した文化をもち，西洋の影響を自ら拒否する現在残っている数少ない民族の1つだ」とポープは言う。伝統的なヒンバ族は実質的に正式な教育は受けておらず，「西洋人よりもはるかに予測のしにくい環境で生活をしている」とポープは言う。そのような異なる文化間での認識の柔軟性を比較するために，ポープは言語も数学力も必要としない単純なテストを考案した。被験者はタッチスクリーンを見る。そこに一連の四角形が現れる。それらを消すことがゴールである。画面上の指示によって，被験者は現れた順番に四角形にタッチすることでそれらが消えるということを学ぶ。そうするとまた新しい四角形の一群が画面上に現れ，テストがもう一度始まる。

ところがしばらくすると，画面上に三角形も現れる。以前うまくいったやり方，すなわち決まった順番に四角形にタッチしそれらを消すというやり方を続けてもよい。しかしもし，ただ三角形にタッチするという別のことを試してみると，より早くゴールに到達することになる。すなわち，すべての四角形が消えるのだ。やり方を変えることができると気がついた西洋人が10パーセントに満たないことをポープは発見した。はるかに非効率的であるにもかかわらず，大半が最初に教えられた方法を続けた。

対照的に，ヒンバ族の被験者はおよそ10回のうち4回は，直接ゴールに到達する方法を選んだ。要するに，彼らは新しいものを見て「おや！　それをタッチしてみようじゃないか」と考えたのだ。ポープ曰く，これらの結果はヒンバ族の方が認知的に柔軟であるということを示唆している。彼らは機会があれば既知のルールを変更して，ショートカットを使う能力がより高かったのだ。

ポープは「西洋人は問題への取り組み方が非常に限定されているのだと思う」と言う。「もちろんこれは1つの実験をしただけであり，別の方法で再検証する必要がある。しかしこのことがまさに，なぜ西洋人の方が慣れたもの（十分ではあるが効率的ではないもの）を重要視するのかを理解する土台を作っているのだと思う。西洋人はあとで『ああ，そんなことすることができるなんて思わなかった』とか言うだろうが，その一方でヒンバ族は他の解決策を試してみることに対してはるかに抵抗が少ないようだった」

ポープによると，この研究は，いくつかの文化においては，柔軟でない思考がこれまで考えられていたより根づいていないのかもしれないということを示している。彼女には，その理由を解明するための調査プランがある。「説明の1つは教育に求められるかもしれない」とポープは言っている。正式な教育は，特定の方法で問題を見るように頭を訓練することがある。ヒンバ族は正式な教育を受けていないので，より自由に別の方法を試せるのかもしれない。

●語句・構文

- □ *l.* 4　cut *A* in half「*A* を半分に短縮する」
- □ *l.* 5　stick to ～「～にこだわる，～に固執する」
- □ *l.* 7　the familiar「なじみのあるもの」
- □ *l.* 8　experiment after experiment「実験につぐ実験」

□ *l*. 12 assign *A* to ～「*A* を～に割り当てる」
□ *l*. 16 this assumption that ～「～という思い込み」 that 以下は this assumption の具体的内容。
□ *l*. 19 think of *A* as *B*「*A* を *B* だと考える」
□ *l*. 32 despite「～にもかかわらず」
□ *l*. 33 suggesting to the psychological community that ～「心理学の世界の人間に対して～と示唆している」 suggesting 以下は分詞構文。
□ *l*. 41 virtually no「実質的にまったくない」
□ *l*. 58 in essence「要するに」
□ *l*. 62 present itself「(物事が) 起こる，到来する」
□ *l*. 65 does lay a foundation「土台を（確かに）作っている」

解 説

〔1〕空所補充

(A) 正解は (1) ―― 標準

(1)「違った道」 (2)「なじみのある道」
(3)「主要道路」 (4)「10 分かかる道」

半分の時間で通勤できるルートを偶然に見つけた女性に対する疑問である。「どうして彼女は［(A)］をもっと早く試さなかったのだろう」の空所には，普段とは違う，より速い通勤路のことを指す(1)が最も適切。

(B) 正解は (1) ―― やや難

(1)「～に異議を唱える」 (2)「～を確かめる」
(3)「～に共鳴する」 (4)「～を強調する」

空所直後の this belief は，第 1 段で述べられている「問題の解決に関しては慣れた方法を続ける傾向がある」という説のことである。第 2 段で新たに行われた実験では，ヒンバ族はなじみのある方法を続けず，「認知の柔軟さをもっている」ことが判明した。これは第 1 段の説と相容れないものである。よって，(1) challenges「～に異議を唱える」が正解。

(C) 正解は (2) ―― 標準

(1)「警戒している」 (2)「柔軟である」
(3)「知力がある」 (4)「予測可能な」

第 3 段では空所を含む文の直前まで柔軟な思考について述べられている。一方，逆接の副詞 however を含む第 3 文（You don't always …）以降では一転して，「日々の生活が毎日ほとんど同じだったとしよう。…いつもうまくいっているやり方が最善の解決策である」とあり，柔軟な思考は不要であるとの主旨である。よって，(2)が正解。

(D) 正解は (3) 難

(1)「～を続ける」 (2)「～に慣れる」
(3)「～から出ていく」 (4)「～を活用する」

第4段第1文（In a more …）では，「より動的な環境においては，方向を変えて新しいことを試すメリットがある」と言っている。一方，同段第2文（But our bias …）では，逆接の接続詞 But に続けて，「慣れたものを好む傾向は，私たちが快適な場所 (D) ことを難しくする」とある。よって，メリットはあるが，慣れたもの（快適なもの）に固執してしまい，新しいやり方に移行できないという意味だと考え，(3) step out of (our comfort zone)「(快適な場所) から出ていき」にくくなるとするのが適切。

(E) 正解は (4) やや易

(1)「数多くの最近の研究」 (2)「教育を受けた西洋の被験者」
(3)「釣り合うような環境」 (4)「そのような異なる文化」

空所を含む文は「 (E) 間での認識の柔軟性を比較するために」となっている。直前で「伝統的なヒンバ族は…西洋人よりもはるかに予測のしにくい環境で生活をしている」と，ヒンバ族と西洋人との生活スタイルの違いについて言及されていることから，ここでは(4)「そのような異なる文化」間での比較対照実験が行われたと考えるのが適切。

(F) 正解は (1) やや易

(1)「対照的に」 (2)「さらに」
(3)「同様に」 (4)「それどころか」

第7段最終文（Most continued with …）では，西洋人の大半が「はるかに非効率的であるにもかかわらず，最初に教えられた方法を続けた」と，西洋人は新しく効率的な方法に移行しにくい傾向が強く見られたことが書かれている。しかし，次の第8段ではヒンバ族は「およそ10回のうち4回は，直接ゴールに到達する方法を選んだ」と，西洋人とは逆に新しく効率的な方法をとり入れた旨が記されている。よって，(1) By contrast「対照的に」が正解。

解法テクニック⑫ 段落どうしの関係に注意！（段落冒頭のディスコースマーカー）

論展開の流れを明示する役割をもつのがディスコースマーカーであり，文と文，段落と段落をつなぐ際に使われる。近年出題されている主なものを以下に挙げておく。

①対比を表す

by contrast / in contrast「一方で」 on the other hand「その一方で」
in the meantime「その一方で」

②逆接を表す

however「しかしながら」 yet「しかし」

③追加を表す
furthermore「さらに」 moreover「さらに」 besides「加えて」
in addition「加えて」
④言い換えを表す
in other words「つまり」

(G) 正解は (2) 標準

(1)「効率的な」 (2)「限定されている」
(3)「否定的な」 (4)「普通ではない」

第9段第2文（"Obviously this is …）でポープは「このことがまさに，なぜ西洋人の方が慣れたものを重要視するのかを理解する土台を作っている」と述べており，西洋人は慣れたものに固執するという傾向があることを示している。よって，空所には西洋人の問題解決法が(2) limited「限定されている」と入れるのが適切である。

(H) 正解は (1) やや易

(1)「より自由に～を試す」 (2)「～を避けた方がうれしい」
(3)「～をより見つけそうにない」 (4)「～を追求したくない」

最終段第4文（Formal education can …）では，「正式な教育は，特定の方法で問題を見るように頭を訓練する」と述べられている。空所を含む次の文は，対照的にそのような正式な教育のないヒンバ族のことについてである。よって，(1)を空所に入れて「より自由に別の方法を試せる」という反対の意味にするのが最も適切である。

〔2〕内容説明

(あ) 正解は (1) やや難

(1)「西洋人が人類すべてを代表しているということ」
(2)「西洋人は，よりなじみのあるやり方にこだわる傾向があるということ」
(3)「研究者らが2つのグループの違いを発見すること」
(4)「ヒンバ族の方が西洋人より認知の面で柔軟であるということ」

下線部 that は前文の this assumption の内容を指しており，具体的には that if we study Westerners, we study humankind「西洋人を研究すれば人類を研究したことになる」という思い込みのことである。よって，(1)「西洋人が人類すべてを代表しているということ」が正解。

(い) 正解は (3) 標準

(1)「アフリカの社会に関する研究」
(2)「異なる環境に関する研究」
(3)「人々がどのように問題解決をするかに関する実験」

(4)「ポープとイオネスクによって行われた研究」

下線部 these studies の指す内容は，前段の第4段第3文（Psychologists have designed …）に書かれている実験のことである。この実験は「被験者らにある方法で問題を解決するように訓練し，次にずっと速い方法に変えるという選択肢を与えるような」ものであり，人々がすでに教わった方法で問題を解決するか，新しく学んだ方法で問題を解決するかに焦点を当てたものである。よって，(3)「人々がどのように問題解決をするかに関する実験」が正解。

ⓤ 正解は (2) ―――― やや易

(1)「被験者の偏見」　(2)「スクリーン上の図形」
(3)「画面上の指示」　(4)「ヒンバ族の中での文化の違い」

下線部 them は直前の複数名詞 the squares を指しており，スクリーン上の四角形を消すことがその実験のゴールであるとされている。よって，正解は(2)「スクリーン上の図形」となる。

ⓔ 正解は (2) ―――― 標準

(1)「四角形」　(2)「三角形」
(3)「一連の四角形」　(4)「一連の三角形」

下線部 that は前の something new を指しており，これはスクリーン上に新たに現れた図形のことである。第7段にある実験の説明より，途中から新たに現れる図形は(2) a triangle「三角形」であることがわかる。

ⓞ 正解は (4) ―――― やや難

(1)「なぜ認知の調査が広がっているのか」
(2)「なぜ繰り返しの実験が必要なのか」
(3)「なぜ柔軟な思考には教育が重要なのか」
(4)「なぜいくつかの文化においては他の文化よりも認知の面で柔軟であるのか」

下線部 why を含む文の意は「彼女には，その理由を解明するための調査プランがある」であるが，ここで言われている「その理由」とは前文の「いくつかの文化においては，柔軟でない思考がこれまで考えられていたより根づいていないのかもしれない」理由のことである。これは文化によって柔軟な思考をするかどうかに差異があるということであり，(4)「なぜいくつかの文化においては他の文化よりも認知の面で柔軟であるのか」が正解である。

解答

〔1〕 Ⓐ―(1) Ⓑ―(1) Ⓒ―(2) Ⓓ―(3) Ⓔ―(4) Ⓕ―(1) Ⓖ―(2) Ⓗ―(1)
〔2〕 ⓐ―(1) ⓘ―(3) ⓤ―(2) ⓔ―(2) ⓞ―(4)

13

2019年度　2月7日

目標解答時間　22分

次の文を読んで，問いに答えなさい。

Although recent storms have dumped heavy snow across the Sierra Nevada mountains in the Western United States, Monday's snowpack measurement will almost certainly show that it is still well below average. Last week, the Sierra-wide measurement put the total snowpack at 15.8 inches, or 43% below normal. But there is an even more <u>serious issue</u>(あ). According to our new research, even spring snow measurements as low as this will be considered far above average in the decades to come. We have just completed detailed projections of the Sierra Nevada's future climate. Our findings tell the story of a snowpack on life support. If greenhouse gas emissions continue unchecked, by the end of this century, the Sierra snowpack in a typical April will be 64% smaller than it was at the end of the 20th century. In simple terms: We're going to lose a lot of snow to climate change. Equally troubling, California's water infrastructure[1] is not resilient[2] enough to [(A)].

Although the Sierra Nevada mountains represent just a quarter of California's land mass, they provide nearly two-thirds of the state's fresh water in the average year. About half of that water comes in the form of rain, the other half as snow. Our models show that there will be the same amount of overall precipitation[3] in the future, possibly more. [(B)], global warming will cause a greater proportion of it to arrive as rain instead of snow. It will also cause the snow that does fall to melt more quickly. Whereas rain runs off into rivers and reservoirs[4] immediately, snow conveniently remains frozen until spring, when it melts and flows downstream well into summer. [(C)], this is how California has dealt with the fact that our wet season — from November to March — is not when our state uses the most water. We use the most water during the summer, when our land and crops are (D) .

But springtime snow loss is just part of the story. We also examined what the changes in runoff[5] from rain and snowmelt will be throughout the year. By the end of this century, runoff will come in earlier, sudden bursts rather than the expected spring and summer supply that water managers are used to. Storms that once resulted in big snow dumps will instead become heavy rain events. ㋑<u>This</u> will contribute to a significant shift in the timing of water flow into our dams and reservoirs. The midpoint of the annual runoff — when half the water that leaves the Sierra has actually left — will be brought forward by 50 days on average, from May to March.

We won't have to wait until the end of the century to see ㋒<u>these effects</u>. If there were no human-caused climate change, the snowpack during the recent drought would have been about one-third larger than it was. Under a business-as-usual scenario[6] in which the world (E) climate change, the average April snowpack in the Sierra will be 30% smaller by mid-century. The worst effects aren't inevitable. Although significantly cutting global emissions wouldn't make much of a difference by mid-century, they could reduce end-of-century changes by half.

In either situation, California's water managers will face ㋓<u>tough questions</u> relatively soon. Among them: How can earlier, sudden water flows be captured so that wintertime floods are prevented? And given the limited space in our reservoirs, how can this water be stored so that it lasts through the dry season?

From our position in climate science, we can only relay the message that the research delivers to us. We can't offer easy answers on the best policies or technological solutions. But we do have some suggestions for how they might be identified. A sensible (F) would be for California to undertake a comprehensive assessment of our current water infrastructure's weaknesses to climate change. The state should also do cost-benefit[7] and environmental-impact analyses for all possible options for replacing the storage capacity of the Sierra snowpack. We are doubtful that building new dams or raising the height of existing ones would make sense, for instance. Dams are expensive and cause environmental damage. It's [(G)] that the storage gained would be worth the cost.

Increasing groundwater storage may be a better option. One idea is to change Sierra storm waterways to open fields, where it can seep into[8] groundwater aquifers.[9] <u>This</u>(お) would present many challenges, including potential issues around water rights, but underground storage could ultimately hold more water than new surface reservoirs.

Coastal communities could [(H)]. In Los Angeles, most rainfall washes out to the ocean unused. Efficient rainwater capture, recycling of water and conservation would lessen dependence on Sierra water and thus increase the city's resilience to snowpack changes. There are at least 23 million stakeholders[10] in the Sierra Nevada's water resources, and many of them don't even realize where their water comes from. State leaders, city governments, water managers, agriculture, communities in the Sierra and residents of Los Angeles — we all need to participate in the critical discussion about how climate change will affect our water supply.

(From The Sierra Nevada snowpack will be 64% smaller by the end of this century. We need to prepare now, Los Angeles Times on April 2, 2018, by Alex Hall and Katharine Davis Reich)

（注）

1. water infrastructure	水道や治水の社会基盤
2. resilient	強い，耐性力のある
3. precipitation	降水量
4. reservoir	貯水池
5. runoff	地表を流れる水や雨水
6. business-as-usual scenario	変わり映えのないシナリオ
7. cost-benefit	費用対効果の
8. seep into～	～に染み込む
9. aquifer	帯水層（地下水を含む砂岩などの岩からなる層）
10. stakeholder	（納税者を含む）利害関係者

〔1〕本文の (A) ～ (H) それぞれに入れるのに最も適当なものを(1)～(4)から一つ選び，その番号を解答欄にマークしなさい。

(A) (1) expand the area　(2) limit the use of water
(3) make up for the loss　(4) save time

(B) (1) Again　(2) However
(3) Similarly　(4) Therefore

(C) (1) Additionally　(2) Eventually
(3) Historically　(4) Temporarily

(D) (1) messiest　(2) most flooded
(3) most frozen　(4) thirstiest

(E) (1) discovers technological solutions for
(2) fails to act on
(3) finds out the cause of
(4) takes urgent action on

(F) (1) clear amount　(2) first step
(3) identity　(4) obstacle

(G) (1) obvious　(2) optional
(3) possible　(4) unlikely

(H) (1) buy water resources from other countries
(2) construct new dams
(3) freeze the spring snow
(4) make better usage of local water resources

〔2〕下線部㋐～㋔それぞれの意味または内容として，最も適当なものを(1)～(4)から一つ選び，その番号を解答欄にマークしなさい。

㋐ serious issue

(1) the issue that the snowpack loss will be greater in the next decades

(2) the issue that the average snow measurement is far above what it used to be

(3) the issue that the spring season is coming sooner in the Sierra Nevada mountains

(4) the issue that the amount of snow in the Sierra Nevada mountains is increasing considerably in the winter

㋑ This

(1) Rainfalls coming sooner

(2) Average annual water flows

(3) Storms producing lots of snow

(4) Standard spring and summer supply

㋒ these effects

(1) the effects including the change of the timing when water is most needed by residents

(2) the effects including the change of the timing when half of the annual water has left the Sierra

(3) the effects including the change of the timing when one third of the annual water is used by residents

(4) the effects including the change of the timing when dams and reservoirs store the greatest amount of water

㋓ tough questions

(1) how to stop flooding and efficiently store water

(2) how to construct large reservoirs and more efficient dams

(3) how to reduce global warming and change the flooding of waterways

(4) how to reduce the demand for water and keep it in reservoirs with limited space

㋔ This

(1) Raising the height of dams

(2) Expanding the coastal area

(3) Storing more groundwater than now

(4) Providing water rights to local residents

全訳

≪シエラネバダ山脈から雪が消えるのに備えよ≫

直近の嵐が合衆国西部のシエラネバダ山脈に大雪を降らせたとはいえ，月曜日の積雪測定ではほぼ確実に，依然として平年をはるかに下回っていることが示されるであろう。先週，シエラ全体の測定では，全積雪量が 15.8 インチ，平年より 43％低値となった。しかし，より一層深刻な問題がある。私たちの新たな研究では，これほどに低い春期の積雪測定値でさえ，今後の数十年間の平均をはるかに上回ると考えられることになるのである。シエラネバダの将来の気候の詳細な予測が今ちょうど完了したところだ。私たちの研究成果から，積雪のもつ生命保持の筋書きが見えてくる。もしも温室効果ガスの排出が抑制されないままに継続すれば，今世紀末頃には，典型的な 4 月のシエラの積雪は 20 世紀末より 64％減少するだろう。簡潔に言えば，気候変動で大量の雪を失うことになる。同じだけやっかいなことに，カリフォルニア州の水道・治水の社会基盤は，その喪失を補えるほど十分な耐性力はない。

シエラネバダ山脈はカリフォルニア州の陸地面積の 4 分の 1 を占めているだけであるが，そこから州の淡水の平年分のほぼ 3 分の 2 が得られる。その水のほぼ半分は雨として，残り半分は雪としてもたらされる。私たちのモデルでは，将来の降水量全体は同じか，場合によっては増えるだろう。しかし，地球温暖化によって，雪ではなく雨として降る割合が大きくなるだろう。また温暖化で，雪が実際に降っても，これまでよりすぐに溶けてしまうだろう。雨が河川や貯水池にすぐに流れ込んでくる一方で，雪は都合のいいことに，春まで凍ったままで，それから溶けて流れ下るのに，たっぷり夏までかかる。歴史的には，このようにしてカリフォルニア州は，11 月から 3 月にかけての湿潤期が最も水を使う時期ではないという事態に対処してきたのだ。水が最も使われるのは，夏期，つまり土地と作物が最も水に飢えている時期である。

しかし，春期の雪の喪失はあくまで話の一部である。私たちは降雨と融雪の流水量の変化が年間を通じてどうなるかについても調べた。今世紀末頃には，地表を流れる水は，水利管理者におなじみの，望まれる春期夏期の供給ではなく，早い時期の突発的な噴流となるだろう。かつては大量の降雪を引き起こした吹雪は，代わりに大雨現象となるだろう。これによって，ダムと貯水池に水が流れ込む時期に重大な変化が生じるだろう。年間流水量の中間点，すなわちシエラから出ていく水の半分が実際に出ていってしまう時点は，平均で 50 日早まり，5 月から 3 月になるであろう。

世紀の終わりまで待たずとも，この結果を目にすることになるだろう。もし人間に起因する気候変動がなければ，近年の旱魃の間の積雪量は実際よりも約 3 分の 1 多かっただろう。世界が気候変動に働きかけをしないという変わり映えのしないシナリオの元では，シエラの 4 月の平均積雪量は，世紀半ばには 30％減少するだろう。最悪の結果は避けられないわけではない。地球全体の排出量を相当削減しても，世紀半ば頃では大差はないとはいえ，それによって世紀末頃の変化を半分にすることができるだろう。

いずれの場合であれ，カリフォルニア州の水利管理者は，比較的短期間で厳しい問題に直面することになるだろう。その一つは，冬期の洪水を防止するため，どうすれば時期の早まる突発水流を押しとどめられるのかである。そして，貯水池のスペースに限りがあることを考慮すれば，どうすればこの水を乾燥期が過ぎるまでもつよう貯蔵しておけるのか。

気候科学の立場からは，私たちは研究からわかるメッセージを伝えることしかできない。最善の施策や技術的な解決策について安易な解答を提供することはできない。しかし，どうすればそれが見つかるかということでは，いくつかの提案を行うことにする。賢明な第一歩は，現在の水資源社会基盤の，気候変動に対する弱点の包括的な査定をカリフォルニア州が実施することだろう。州はシエラの積雪の貯蔵能力に取って代わるあらゆる可能な選択肢に対する費用対効果と環境的影響の分析もまた行わなければならない。たとえば私たちは，新しいダム建設や既存ダムのかさ上げの意味がないのではないかと考えている。ダムは高くつくし，環境破壊を招く。得られる貯蔵分が費用に見合うかは怪しい。

地下貯水を増やすことは，ましな選択かもしれない。シエラの暴風用水路を広い平原へと変更するというのも一法である。そこであれば，地下帯水層に染み込むことができる。こうしたことは，水利権を巡る潜在的な問題を含めて多くの難題を提起するが，しかし地下貯水は新たな地表の貯水池よりも多くの水を最終的に蓄えておくことができる。

沿岸地域の社会は地元の水資源をもっとうまく使えるだろう。ロサンジェルスでは，ほとんどの降雨は使われないまま海に流出する。効果的な雨水確保や水の再利用と保全により，シエラの水への依存度は下がり，それにより積雪量の変化に対する市の耐性は高まるであろう。シエラネバダの水資源には少なくとも2300万の利害関係者がいて，その多くは自分たちの水がどこから来ているのかさえ知らない。州の指導者や市政府，水利管理者，農業，シエラの地域社会，ロサンジェルスの住民は，そのすべてが，気候変動によって水利にどんな影響が出るのかを巡る重要な議論に参加する必要がある。

●語句・構文

- □ *l.* 1　dump「～を放出する」
- □ *l.* 3　well below average「平均をはるかに下回る」 well は「かなり」の意。
- □ *l.* 7　in the decades to come「今後の数十年間の」
- □ *l.* 12　in simple terms「簡潔に言えば」
- □ *l.* 13　equally troubling「同じだけやっかいなことに」 分詞構文。この場合の分詞の主語は一般の人で，慣用的な分詞構文とされる。
- □ *l.* 15　represent「～に相当する」
- □ *l.* 21　the snow that does fall「（近年は少なくなっているが，仮に降ったとして）その実際に降った雪」
- □ *l.* 30　in earlier, sudden bursts「より早い時期の突発的な噴流（の形で）」

□ *l*. 34　midpoint「中間点」
□ *l*. 36　be brought forward by 50 days「50 日早まり（もたらされる）」
□ *l*. 47　given the limited space ～「～のスペースに限りがあることを考慮すれば」 given で始まる分詞構文は「～を考慮に入れると」の意。
□ *l*. 50　relay「伝える」
□ *l*. 53　sensible「賢明な」
□ *l*. 67　wash out「流出する」
□ *l*. 68　lessen「～を減らす」

解 説

〔1〕空所補充

(A)　正解は (3) ―――― 標準

(1)「地域を拡大する」　(2)「水の使用を制限する」
(3)「喪失を補う」　(4)「時間を節約する」

空所を含む部分は「カリフォルニア州の水道・治水の社会基盤は，［ (A) ］するほど十分な耐性力はない」の意。直前部分ではシエラの雪が大量に失われるという内容が書かれている。これと同様に troubling「やっかいな」ことが続くはずで，水道・治水の社会基盤ではこの水の喪失に対してどのように十分でないのかを考えるとよい。「水がなくなった分を補えない」という文意にする，(3)が正解。

(B)　正解は (2) ―――― やや難

(1)「再び」　(2)「しかし」
(3)「同様に」　(4)「それゆえ」

第 2 段第 6 文（Whereas rain runs …）に，雨はすぐに流れてしまうが，その一方，雪は夏まで水源となるという記述がある。空所を含む部分は「私たちのモデルでは，将来の降水量全体は同じか，場合によっては増えるだろう。［ (B) ］，地球温暖化によって，雪ではなく雨として降る割合が大きくなるだろう」の意で，前半は得られる水の量がこれまで以上となるという情報であるのに対し，後半はその水量がすぐに流れ去ってしまう雨という形態でもたらされるという情報である。よって，シエラの水資源という観点からは逆接の(2)を入れるのが適切。

(C)　正解は (3) ―――― 難

(1)「加えて」　(2)「最終的に」
(3)「歴史的に」　(4)「一時的に」

空所を含む文，およびその直前部分は「雪は都合のいいことに，春まで凍ったままで，それから溶けて流れ下るのに，たっぷり夏までかかる。［ (C) ］，このようにして，カリフォルニア州は 11 月から 3 月にかけての湿潤期が水を最も使う時期ではないという事態に対処してきたのだ」の意。空所以前が，this の内容，すなわちカリフォルニア州の水利用の在り方を指している。空所以降の文で has dealt の現在完了形が使われていることからも，この水利用は，これまでずっと行われてきたものだったことがわかる。よって，(3)が正解。

(D) 正解は (4) ―― やや易

(1)「最も乱雑な」　(2)「最も氾濫した」
(3)「最も氷結した」　(4)「最も水に飢えている」

空所を含む部分は「水が最も使われるのは，夏期，つまり土地と作物が［(D)］である時期である」の意なので，空所には「水を必要とする」といった語が入るとわかる。正解は(4)に決まる。

(E) 正解は (2) ―― 標準

(1)「～の技術的な解決法を発見する」　(2)「～に働きかけをしない」
(3)「～の原因を見出す」　(4)「～に緊急の行動を起こす」

空所を含む部分は「世界が気候変動に［(E)］という変わり映えのしないシナリオの元では，シエラの4月の平均積雪量は，世紀半ばには30％減少するだろう」の意。シエラの積雪量がどんどん減ってしまうのは世界がどのようなことをした場合かを考えるとよい。(2)以外は気候変動に対して積極的に動いており，問題に対処できる可能性があるのに対し，(2)では状況は悪化すると考えられる。よって，正解は(2)。

(F) 正解は (2) ―― やや難

(1)「明確な量」　(2)「第一歩」
(3)「同一性」　(4)「障害物」

空所を含む部分は「賢明な［(F)］は，カリフォルニア州が現在の水資源社会基盤の気候変動に対する弱点の包括的な査定を実施することだろう」の意。直前では「どうすれば解決策が見つかるかの提案がある」と書かれており，この文ではその解決策の1つが提示されていると考えるのが自然。よって，「手順の第一段階」の意味の(2)が正解。

(G) 正解は (4) ―― 標準

(1)「明白な」　(2)「任意の」
(3)「可能な」　(4)「ありそうにない」

空所を含む部分は「得られる貯蔵分が費用に見合うことは，［(G)］である」の意。直前で「ダムは高くついたり，環境破壊になったりする」とダムに否定的な見解が述べられている。よって，筆者は「(ダムによって) 得られる貯蔵分が費用に見合うこと」に否定的であると考えられ，空所には「ありそうにない」の意味の(4)が入る。

(H) 正解は (4) —— やや難

(1)「外国から水利資源を買う」 (2)「新しいダムを建設する」
(3)「春雪を凍結させる」 (4)「地域の水資源をうまく使う」

第6段第4文（A sensible …）以降は，筆者からシエラの水資源の利用に関する複数の提言が続いている。最終段も同様に沿岸地域の町がどのようにして水資源を確保するのがよいかについて述べられており，その導入となる第1文では当然，水資源の確保についての記述があるのが自然である。よって，(4)が正解。

〔2〕内容説明

(あ) 正解は (1) —— やや易

(1)「積雪の喪失は次の数十年間にはもっと大きくなるだろうという問題」
(2)「平均積雪測定値は過去よりもはるかに大きいという問題」
(3)「春がシエラネバダ山脈ではより早く巡ってくるという問題」
(4)「シエラネバダ山脈の雪の量が冬期に相当増えつつあるという問題」

「積雪量が例年よりずいぶん少なかった」という記述に続き，下線部 serious issue を含む「より一層深刻な問題がある」がある。その問題の具体的内容は続く箇所「私たちの新たな研究では，これほどに低い春期の積雪測定値でさえ，今後の数十年間の平均をはるかに上回ると考えられることになるのである」に記されている。よって，正解は(1)である。

(い) 正解は (1) —— 平易

(1)「早期に生じる降雨」 (2)「平均の年間流水量」
(3)「大量の雪を降らせる吹雪」 (4)「標準の春期と夏期の供給量」

下線部 This の指示対象は，原則として直前部分である。ここでは「かつては大量の降雪を引き起こした吹雪は，代わりに大雨現象となるだろう」の箇所，つまり，大雪の代わりに大雨になるということである。よって，(1)が正解。

(う) 正解は (2) —— やや難

(1)「水が住民によって最も必要とされる時期の変化が含まれる結果」
(2)「年間水量の半分がシエラから流出してしまう時期の変化が含まれる結果」
(3)「年間水量の3分の1が住民によって使われる時期の変化が含まれる結果」
(4)「ダムや貯水池が最大量の水を蓄えている時期の変化が含まれる結果」

下線部 these effects の指示対象も，やはり直前の「年間流水量の中間点，すなわちシエラから出ていく水の半分が実際に出ていってしまう時点は，平均で50日早まり，5月から3月となる」である。よって，正解は(2)である。

解法テクニック⓭ 段冒頭の指示語は前段に指示内容あり

多くの指示語は，それ以前に述べられたことを指す。つまり，段冒頭に指示語があれば，それは前段の内容を引き継いで展開しているというサインである。本問であれば，these effects とあるので，前段でそのような effects の記述があるかに絞って指示内容をつきとめるのが近道。

㋓ 正解は (1) やや難

(1)「洪水を防止し，効率的に水を貯蔵する方法」

(2)「大きな貯水池や，より効率的なダムを建造する方法」

(3)「地球温暖化を軽減し，水路の氾濫を変更する方法」

(4)「水の需要を削減し，限られたスペースの貯水池に保管する方法」

下線部 tough questions は「難題」の意。その具体的な内容は，Among them：のコロン（：）以降に具体的に記述されている。「冬期の洪水を防止するため，どうすれば時期の早まる突発水流を押しとどめられるのか」と「どうすれば，この水を乾燥期が過ぎるまでもつよう貯蔵しておけるのか」の2文が該当箇所である。この2つを簡潔にまとめた選択肢は(1)である。

㋔ 正解は (3) やや易

(1)「ダムのかさ上げ」　(2)「沿岸地域の拡大」

(3)「現状以上の地下水貯蔵」　(4)「地元住民への水利権賦与」

下線部 This の指示対象は，やはり直前部分の「シエラの暴風用水路を広い平原へと変更するなどし，地下貯水を増やすこと」である。よって，正解は(3)。

解答

〔1〕 Ⓐ―(3) Ⓑ―(2) Ⓒ―(3) Ⓓ―(4) Ⓔ―(2) Ⓕ―(2) Ⓖ―(4) Ⓗ―(4)

〔2〕 ㋐―(1) ㋑―(1) ㋒―(2) ㋓―(1) ㋔―(3)

14

2018年度 2月8日

目標解答時間 23分

次の文を読んで，問いに答えなさい。

It's the long weekend. You get a few friends together, have some drinks, watch a video. And build a house. Indeed, that's all it takes to make one of the world's first DIY[1] flat-packed homes, according to Sydney-based architect Alexander Symes. First day, you put panels together. Second day, you install them. Third day, you plug in and try out all the appliances,[2] says the home company's founder. You don't need experts but you do need enthusiasm — if you're someone who likes putting together furniture, then ㋐that's perfect.

Advertised as one answer to the affordable housing crisis, the 13.75 m² modular mobile home[3] costs just $65,000. (A) children's toy blocks, you can add on modules to create a bigger house over the years. Crucially, the house is off the grid,[4] with power generated by solar panels and water from an internal rainwater tank. By removing labour expenses, the Australian company which produces these homes claims to cut up to 80% of the typical costs of constructing a traditional home. Get it built and it's ready to go, with not a cable in sight.

Tiny homes have become (B) in big cities such as Hong Kong, London and New York. But can they also boom in Australia, a country which has an ongoing love affair with space and expanding suburbs? Most importantly, could they be a solution to the affordable housing crisis, as some supporters claim?

Australia's homes are among the largest globally, averaging 231 m² in 2015. Big size is matched with big prices. Average house prices in Sydney (C) 10% to a new record of $1,123,991 by the end of 2016. And this year, Sydney won the unwanted award of second most overpriced city globally after Hong Kong, according to a think tank.[5]

Certainly, tiny houses have their [(D)]. Prefabrication[6] means they are often cheaper to build. Those on wheels are easily transported; others can be erected in a friend's or family member's backyard. Another benefit is sustainability: Tiny homes have fewer heating and cooling costs, plus the potential to squeeze them into downtown plots means residents can use public transportation more and cars less.

Yet Symes, the architect, is the first to admit the tiny house movement is only a small part of the solution. There are many ways to utilize unused land and think about living arrangements of a more compact nature. He says that at the moment the real estate market is broken, and that diverse, affordable housing options are key because there's no simple solution.

The issue is <u>this</u>(い): While an off-grid tiny home might work in rural Australia, where land is abundant and cheap, it is in downtown locations where they are most needed, but this is where land is at its most expensive and hard to find. As such, tiny homes only solve the problem of the [(E)] of the house itself. They don't consider the land situation, says Brisbane-based founder of a home company Lara Noble, who is writing a tiny house resource guide. An additional obstacle is the fact that the city planning rules are so varied.

Debra Rodrigues, head of an organization which addresses housing affordability and ecological living in urban centres, agrees land is the largest issue. A way to avoid <u>this problem</u>(う), she says, is to rezone[7] unused public land and then lease it out to tiny homeowners. The home company is already proposing a set of affordable "communities" located on unused land in urban centres for off-grid homes. Viewing them as "transitional" housing, the company sees residents living there for up to five years, after which they can sell their home back to their community and, with the money they've saved, invest in a deposit elsewhere.

Buying into alternative community housing, however, goes against traditional social values. The Great Australian Dream of [(F)] land prevails. Houses are still seen as a marker of security and success, major possessions that increase in value over time. Tiny houses, [(G)] , are viewed in the same way by banks as cars, losing in value, points out Heather Shearer, researcher at the Cities Research Institute at Griffith University. That makes financing problematic for <u>those</u>(え) who don't have a spare sixty thousand in cash — those most in need of help.

Tiny homes may attract couples or singles with enough extra income to eat, drink and entertain, at least partly, outside their home. But the basic causes of the housing affordability problem are much deeper, notes Shearer. <u>Those</u>(お) include tax incentives[8], high demand in the inner city, and lack of infrastructure[9] and employment in outer urban areas.

In May, the home company will launch an information campaign about its first ten tiny houses available for purchase. It's worth noting that a weekend spent following an instruction manual might be a DIY lover's fantasy, but it certainly isn't for [(H)] . You need to find friends that can do more than put in a lightbulb[10], admits Symes.

(Adapted from a work by Clarissa Sebag-Montefiore)

(注)

1. DIY　Do It Yourself, 自分で組み立てる
2. appliances　電気器具，設備
3. modular mobile home　規格化された可動家屋
4. off the grid　電気や水道が供給されていない
5. think tank　シンクタンク，調査研究開発機関
6. prefabrication　組み立て式であること，プレハブ
7. rezone　（土地を）再区分する
8. tax incentives　税優遇措置
9. infrastructure　インフラ，公共設備
10. lightbulb　電球

〔1〕本文の (A) ～ (H) それぞれに入れるのに最も適当なものを(1)～(4)から一つ選び，その番号を解答欄にマークしなさい。

(A) (1) Alongside (2) In addition to
(3) Like (4) Unlike

(B) (1) a problem (2) a target
(3) a trend (4) an exception

(C) (1) climbed (2) declined
(3) regained (4) retreated

(D) (1) advantages (2) limitations
(3) similarities (4) uncertainties

(E) (1) appearance (2) cost
(3) location (4) planning

(F) (1) cultivating (2) owning
(3) selling (4) sharing

(G) (1) by contrast (2) for example
(3) in addition (4) similarly

(H) (1) everyone (2) residents
(3) teachers (4) them

〔2〕下線部㋐～㋔それぞれの意味または内容として，最も適当なものを(1)～(4)から一つ選び，その番号を解答欄にマークしなさい。

㋐ that

(1) hiring an expert

(2) having appliances

(3) enjoying physical work

(4) owning a home company

㋑ this

(1) that land is off the grid

(2) that cities are underdeveloped

(3) that tiny houses are hard to find

(4) that cities face an extra challenge

㋒ this problem

(1) urban land prices

(2) ecological concerns

(3) strict planning rules

(4) high construction costs

㋓ those

(1) money lenders

(2) city developers

(3) successful architects

(4) potential homeowners

㋔ Those

(1) The results

(2) The figures

(3) The reasons

(4) The attractions

全訳

≪DIY で作る狭小住宅≫

長い週末だ。何人かの友達と集まり，飲み物を飲み，ビデオを見る。そして，家を建てる。シドニーを拠点とする建築家アレクサンダー=サイムズによると，それこそが世界で最初の DIY のフラットパック住宅を作る方法なのだ。住宅会社の設立者である彼は，以下のように言う。最初の日はパネルを組み合わせて，２日目にはそれらを設置する。３日目にはコンセントをつないですべての電気器具を試動させる。専門家は必要ないが，熱意が必要となる。もしあなたが家具を組み立てることが好きな人間であればそれで完璧だ。

手ごろな値段の住宅危機への一つの答えとして宣伝されているその 13.75 平米のモジュール式組み立て移動住宅は，たった 65,000 ドルだ。まるで子どものおもちゃのブロックのようにモジュールを付け足して，数年でより大きな家を作ることができる。大事なことは，その家には電気や水道が供給されておらず，ソーラーパネルによって発電された電力と，内部の雨水タンクからの水を用いるということだ。それらの家を提供するオーストラリアの会社は，労働力に対する支出をなくすことによって，従来の家を作るのにかかる典型的なコストを最大で 80％削減することができると主張している。組み立ててみよう，そうすれば，もう用意はできている。電気や水道のケーブルを一切使わずに。

狭小住宅は香港やロンドン，ニューヨークのような大きな都市で流行となってきている。しかし，それらはオーストラリアのような，広さと拡大していく郊外地区への関心が今なお非常に高い国でも流行するのだろうか。そして最も重要なことには，それらは一部の支持者が主張するように，手ごろな値段の住宅危機の解決策となり得るだろうか。

オーストラリアの住宅は，2015 年時点で，平均して 231 平米と世界的に見ても最も大きな部類に入る。サイズの大きさは大きな額と合致する。シドニーでの平均的な住宅価格は 2016 年の終わりまでに 10％上がり，過去最高の 1,123,991 ドルとなった。そしてあるシンクタンクによると，シドニーは今年，香港に次いで世界で２番目に過剰な高値の都市という不名誉な賞を勝ちとった。

確かに狭小住宅には利点がある。組み立て式であるということはしばしばより安く建てることができるということを意味する。車輪の付いたものは運びやすいし，友達や家族の家の裏庭に建てられるものだってある。さらなる利点は持続可能性である。狭小住宅は冷暖房費が比較的かからず，さらに街中の小さな区画に押し込むことができるので，住人は車をあまり使わず，公共交通機関をより多く使うことができるということになる。

しかし，建築家サイムズは，狭小住宅の広まりは解決策の小さな一部にしかすぎないことを認めるのにやぶさかではない。使われていない土地を活用し，もっとコンパクトな性質をもつ住居形態を考える方法はたくさんある。現時点で不動産市場は破綻しているし，単純な解決策などないので，手ごろな住宅の多様な選択肢が解決の鍵となっていると彼は述べている。

問題は以下のようなことだ。電気や水道が供給されていない狭小住宅は，土地が十分にあり安価であるオーストラリアの田舎ではうまく機能するかもしれない。しかしその一方でそれらが最も必要とされているのは市街地においてである。しかし市街地では地価は最も高く，土地を探すのが難しい。そういった事情で，狭小住宅は住宅自体の費用の問題しか解決することができない。ブリスベンに拠点を置くある住宅会社の設立者で，狭小住宅のガイドブックを書いているララ=ノーブルは，それらは土地の問題を考慮に入れていないと言っている。さらなる問題は都市計画のルールがあまりにも多岐にわたっているという事実である。

住宅の手に入れやすさと都市中心部での環境に優しい生活に関しての取り組みをしている組織の代表デブラ=ロドリゲスは，土地が最も大きな問題だということに同意している。彼女はこの問題を回避する一つの方法は，使われていない公共の土地を再区分し，それを狭小住宅の所有者に対して賃貸することだと述べている。その住宅会社はすでに，都心の使われていない土地に，電気や水道が供給されていない住宅のための手ごろな値段の「コミュニティ」を作ることを提案している。その会社は，それらのコミュニティを「過渡的な」住まいと見なし，住人たちがそこに最長5年間暮らすだろうとみている。その後，彼らはその住宅をコミュニティに再び売って，彼らが貯めたお金をどこか別の住宅の保証金にすることができる。

しかしながら，新しいコミュニティ住宅を購入して入居することは伝統的な社会的価値観と相容れない。土地を所有するというグレート・オーストラリアン・ドリームは広まっている。住宅は今もなお安定や成功の指標と考えられており，時間がたつにつれ価値の高まる大きな資産だと考えられている。その一方で，狭小住宅は銀行によって車と同じように，時間とともに価値を失うと見なされているとグリフィス大学の都市研究所の研究員ヘザー=シアラーは指摘する。このことにより現金で余分に60,000ドルを持っていない人々，すなわち最も援助が必要な人々がローンを組むことが困難になっている。

狭小住宅は，少なくとも時々は，家の外で食べたり飲んだり娯楽に使ったりする余分な収入が十分にある夫婦や独身者にとっては魅力的かもしれない。しかし住宅購入の手ごろさの問題の根本的な原因は，はるかに深いところにあるとシアラーは言う。それらの原因とは税優遇措置，都心近接地域での高い需要や，さらには都市圏周辺部におけるインフラや雇用の欠如といったものを含んでいる。

5月には，その住宅会社は最初の10棟の狭小住宅が購入可能になったことに関する情報キャンペーンを始めるだろう。取扱説明書に従って過ごす週末はDIY愛好者の夢になるかもしれないというのは特筆すべきことだ。ただしそれは皆に当てはまることではない。電球の取り付け以上のことができる友達を見つける必要があるとサイムズは認めている。

●語句・構文

□ *l.* 2 all it takes to *do*「～するのに必要なすべて」 allの後ろに関係代名詞thatが省略されている。

□ *l.* 7 enthusiasm「熱意」

□ *l*. 9 Advertised as ～「～として宣伝されていて」 過去分詞で始まる受動態の分詞構文。
□ *l*. 9 affordable housing「手ごろな値段の住宅」
□ *l*. 11 module「モジュール（組み立て用部品）」
□ *l*. 11 crucially「重要なことに」
□ *l*. 14 up to 80％「最大 80 パーセント」
□ *l*. 19 ongoing「継続中の」
□ *l*. 20 as some supporters claim「一部の支持者が主張するように」 as は関係代名詞。
□ *l*. 30 sustainability「持続可能性」
□ *l*. 31 squeeze *A* into *B*「*A* を *B* に無理やり入れる」 squeeze は「絞る」の意。
□ *l*. 36 at the moment「現在のところ」
□ *l*. 36 real estate「不動産」
□ *l*. 37 diverse「様々な」
□ *l*. 40 it is in downtown locations where ～「～なのは市街地においてである」 強調構文で in downtown locations が強調されている。
□ *l*. 42 as such「そういうわけで」
□ *l*. 50 lease *A* out「*A* を賃貸しする」
□ *l*. 52 transitional「過渡的な」
□ *l*. 55 deposit「保証金」
□ *l*. 58 prevail「広まる」
□ *l*. 62 That makes financing problematic「そのことでローンを組むことが困難になっている」 使役動詞 make を使った第 5 文型の文。
□ *l*. 70 It's worth noting that ～「～は注目に値する」

解 説

〔1〕空所補充

Ⓐ 正解は (3) ―――― 平易

(1)「～と一緒に」　(2)「～に加えて」
(3)「～のように」　(4)「～とは違って」

空所に続く部分の「モジュールを付け足して…より大きな家を作ることができる」という記述は，「子どものおもちゃのブロック」と似た特徴をもつものである。よって，(3)が正解。

Ⓑ 正解は (3) ―――― 平易

(1)「問題」　(2)「目的」
(3)「流行」　(4)「例外」

第 3 段第 2 文（But can they …）「しかし，それらはオーストラリアのような…国でも流行するのだろうか」より，同段第 1 文に挙げられている香港やロンドンなどでも流行していることが推測できる。also が追加を表すディスコースマーカーであることに気が付けば，boom の類義語が空所に入るとわかるだろう。よって，(3)が正解。

(C) 正解は (1) ―――――――――――――――――――――――――――― 標準

(1)「上昇した」　(2)「減少した」
(3)「～を取り戻した」　(4)「後退した」

第 4 段最終文（And this year, …）「そして…シドニーは今年，香港に次いで世界で 2 番目に過剰な高値の都市という不名誉な賞を勝ちとった」より，シドニーの住宅価格の高騰がテーマとなっている。空所直後の to a new record「新記録に」もヒントとなる。よって，(1)が正解。

(D) 正解は (1) ―――――――――――――――――――――――――――― 平易

(1)「利点」　(2)「限界」
(3)「類似点」　(4)「不確定要素」

第 5 段第 2 文（Prefabrication means they …）以降では，価格の低さ，移動の簡単さなど狭小住宅の利点が述べられており，同段第 3 文は Another benefit「もう一つの利点は」で始まっている。よって，(1)が正解。

(E) 正解は (2) ―――――――――――――――――――――――――――― 標準

(1)「見かけ」　(2)「費用」
(3)「立地」　(4)「計画」

空所の前文では都市部の地価が高いという問題が挙げられている。よって，「そういった（土地が高いという）事情で，狭小住宅は住宅それ自体の（　　　）の問題を解決することしかできない」の空所に当てはまるのは(2)となる。

(F) 正解は (2) ―――――――――――――――――――――――――――― 難

(1)「耕すこと」　(2)「所有すること」
(3)「売ること」　(4)「共有すること」

第 9 段第 3 文（Houses are still …）「住宅は今もなお安定や成功の指標と考えられており，時間がたつにつれ価値の高まる大きな資産だと考えられている」より，グレート・オーストラリアン・ドリームとは土地を所有することであるとわかる。よって，(2)が正解。

(G) 正解は (1) ―――――――――――――――――――――――――――― 標準

(1)「その一方で」　(2)「たとえば」
(3)「さらに」　(4)「同様に」

空所の前文では，increase in value over time「(住宅は）時間がたつにつれ価値の高まる」と書かれており，空所の後には losing in value「(狭小住宅は）価値を失う」とある。よって，対比を示す(1)が正解。文脈把握に欠かせないディスコースマーカーに関する問いなので正解したい。

(H) 正解は (1) ——— 標準

最終段最終文（You need to …）に，狭小住宅の組み立てには最低限の大工仕事ができる友人が必要だという条件が述べられていることより，誰でも組み立てを楽しむことができるわけではないと考えられる。よって，正解は(1)。

〔2〕内容説明

ⓐ 正解は (3) ——— 平易

(1)「専門家を雇うこと」　(2)「電気器具を持つこと」
(3)「肉体的仕事を楽しむこと」　(4)「住宅会社を所有すること」

下線部の指示対象は，直前の you're someone who likes putting together furniture なので，「家具の組み立て」を physical work と言い換えている(3)が正解。

ⓘ 正解は (4) ——— 難

(1)「土地に電気や水道が供給されていないこと」
(2)「都市が未開発であること」
(3)「狭小住宅を見つけるのが難しいこと」
(4)「都市がさらなる課題に直面していること」

下線部の指示対象は，コロン（：）以下に続く狭小住宅の問題点である。直接的には「それらが最も必要とされているのは市街地」だが「市街地では地価は最も高く，土地を探すのが難しい」という箇所を指す。これに相当する選択肢は，都市部での土地問題という課題を指している(4)である。

ⓤ 正解は (1) ——— 標準

(1)「都市部の地価」　(2)「生態系への懸念」
(3)「厳しい計画のルール」　(4)「高い建設費」

下線部の指示対象は，前文の land is the largest issue であり，土地の問題を指している。これは，前段から引き続き述べられている「市街地の地価高騰」のことである。また，下線部を含む文では，この問題の解決策として，「使われていない公共の土地を再区分し，それを狭小住宅の所有者に対して賃貸する」ことが述べられており，この策により解決され得る問題である(1)が正解となる。

ⓔ 正解は (4) ——— 標準

(1)「貸金業者」　(2)「都市開発者」
(3)「成功した建築家」　(4)「住宅を買おうと考えている者」

第9段第4文（Tiny houses, …）に，狭小住宅の資産価値は時がたつにつれ減っていくという内容が述べられている。また，下線部を含む文は「このことによりこれらの人々がローンを組むことが困難になっている」となる。購入後の住宅価値の減少により，ローンを組みにくくなるのはどんな人かを考える。(4)が正解。

㊔　正解は (3)　平易

(1) 「その結果」　(2) 「その数値」

(3) 「その理由」　(4) 「その魅力」

下線部を含む文は「それらは税優遇措置，都心近接地域での高い需要や，さらには都市圏周辺部におけるインフラや雇用の欠如といったものを含んでいる」の意。これらは，手ごろな値段の住宅がないという問題の原因のいくつかであると考えられる。よって，下線部の指示対象は前文の the basic causes「根本的な原因」である。(3)が正解。

解答

〔1〕 (A)―(3)　(B)―(3)　(C)―(1)　(D)―(1)　(E)―(2)　(F)―(2)　(G)―(1)　(H)―(1)

〔2〕 ㋐―(3)　㋑―(4)　㋒―(1)　㋓―(4)　㋔―(3)

15

2017年度 2月2日

目標解答時間 22分

次の文を読んで，問いに答えなさい。

When I was 22 and on a family holiday in the Caribbean, my dad and I sailed a boat to an uninhabited island.[1] As we walked along the beach, I saw a piece of blue glass on the shoreline. I (A) that it was a wine bottle — and that there was something inside it.

I'd always dreamed of finding a message in a bottle, and my hands were shaking as I opened it. It turned out the bottle had been dropped into the water eight months previously by a couple on board a cruise from the Portuguese island of Madeira. It wasn't a treasure map or a cry for help but to me, it was a (B) . The bottle had survived its journey across the Atlantic and I'd found it.

I emailed the senders as soon as I got back to the hotel. They were happy to know someone had got their message, but perhaps were disappointed because it had been found so soon after they'd dropped it overboard. For me, however, it was a profound[2] experience. It sparked[3] a sort of obsession, and I started spending every extra cent and every free moment looking for more bottles. My family and I had always gone to beaches searching for shells on vacation, and when you figure out the knack[4] of looking, you start finding more. I figured — crazy as it sounds — that I could (C) with messages in bottles.

And since that holiday, eight years ago, I've found more than 80 messages in bottles, mostly on the islands of Turks and Caicos, which oceanographer[5] Curtis Ebbesmeyer calls a "flotsam magnet."[6] Bottles have been washing up on the islands since at least the 1800s. (D) , the Turks and Caicos National Museum features a large collection that belonged to its late founder. I've picked up bottles from senders in nine different countries. It's not just messages either. I've found artwork, business cards, dollar bills, and even a crumbling piece of wedding cake.

I try to make contact with the senders if I can. The Internet has made that easier than it(あ) would have been in the past, and I often get help through my blog and social media. I travelled to Düsseldorf last summer to meet Sabine Roy, a German travel agent whose message I found back in 2011, and Thorston Falke, the man who put the two of us in touch. All that was left of Sabine's message was a cruise ship name, her name and the city name "Düsseldorf." I tried tracing her for four years before I thought of asking for help on social media. Within a day, Thorston had tracked her down.

It's almost like going on a blind date when I [(E)] a sender. We've been brought together entirely by chance and there are no guarantees we'll have anything in common. I guess it could be awkward but that(い) hasn't been my experience so far. People who send messages in bottles tend to be adventurous types and are often as excited to meet up as I am.

British folks are especially [(F)], for example. When I told one British sender, Kevin Euridge, I was heading to Europe, he invited me to spend a couple of nights at his place in Kent. We hiked from his back garden all the way to Canterbury Cathedral. To walk through land I'd only read about when studying English literature was incredible to me. Meeting people this way allows me to see and engage with places in ways I'd never experience under other circumstances.

A lot of people do not [(G)] having sent these messages, so when you present them with these pieces of their past, it's almost like time travel. Sometimes it(う) is funny, like when I found a note from a guy who claimed he had been taken prisoner "by a grumpy[7] old man" and gave his GPS position and his mother's address in Baltimore. When I called her, she told me her son had sent the bottle while on a boat trip with his dad in the 1990s, a memory she had all but forgotten.

I can't see myself giving up (え)<u>my hunt</u> anytime soon — I'm hooked on[8] the pure adventure of it all. Although I now know more about oceanography and ocean currents[9] than when I started, nobody knows where bottles will wash up, so every find is still a treasure. On a deeper level, I guess it's about finding [(H)]. There's such a business in fear these days, but when someone tosses a bottle into the sea it's in the hope that someone they've never met, in a place they may never have visited, might one day find it and say "Hi." (お)<u>That</u> is beautiful to me.

(Adapted from a work by Nione Meakin)

(注)

1. uninhabited island　無人島
2. profound　深遠な
3. spark　引き起こす
4. knack　こつ（物事をうまく行う要領）
5. oceanographer　海洋学者
6. flotsam magnet　漂流物を引き寄せる磁石
7. grumpy　気難しい
8. hooked on　夢中になって
9. ocean currents　海流

〔1〕本文の [(A)] ～ [(H)] それぞれに入れるのに最も適当なものを(1)～(5)から一つ選び，その番号を解答欄にマークしなさい。

(A) (1) argued　(2) joked　(3) misunderstood
(4) pretended　(5) realised

(B) (1) disappointment　(2) disaster　(3) miracle
(4) nuisance　(5) solution

(C) (1) accomplish nothing (2) do the same (3) look for shells
(4) meet an oceanographer (5) please my family

(D) (1) Generally (2) In contrast (3) Indeed
(4) In other words (5) Nevertheless

(E) (1) admire (2) ignore (3) meet
(4) reject (5) suspect

(F) (1) dangerous (2) formal (3) talented
(4) unfriendly (5) welcoming

(G) (1) deny (2) insist on (3) mind
(4) regret (5) remember

(H) (1) connection (2) employment (3) family members
(4) objects (5) transportation

〔2〕下線部㋐〜㋔それぞれの意味または内容として，最も適当なものを(1)〜(4)から一つ選び，その番号を解答欄にマークしなさい。

㋐ it

(1) locating the senders
(2) searching for bottles
(3) trying to access the blog
(4) reading about the messages

㋑ that

(1) a sender hurting the author's feelings
(2) a sender and the author becoming friends with each other
(3) the author having an uncomfortable meeting with a sender

(4) the author having a wonderful vacation by meeting a sender

ⓤ it

(1) meeting a prisoner

(2) presenting a message from the past

(3) meeting the author's great-grandfather

(4) finding a note from a person who had been a prisoner

ⓔ my hunt

(1) fishing in the ocean

(2) sailing to new places

(3) looking for unspoiled beaches

(4) searching for more messages in bottles

ⓞ That

(1) Doing business overseas

(2) Reaching out to a stranger

(3) Searching for treasure on islands

(4) Studying the currents in the ocean

全訳

≪瓶の中の手紙≫

私が22歳で，カリブ海で家族休暇をとっているとき，父と私とで無人島に船で行った。砂浜を歩いていると，波打ち際に青いガラスがあるのが見えた。私はそれがワインの瓶で，中に何かが入っていると気がついた。

私は昔から瓶の中に手紙が入っているのを見つけるのが夢だったので，開けるときには手が震えていた。瓶はポルトガルのマデイラ島からの船旅をしていたカップルによって8カ月前に水中に投げ入れられたと判明した。宝の地図でも助けを求めるメッセージでもなかったが，私にとってそれは奇跡だった。瓶は大西洋横断の旅を耐え抜き，それを私が見つけたのだった。

私はホテルに戻るやいなや，送り主にメールを送った。彼らはメッセージを誰かが受け取ってくれたのを喜んだけれど，ことによるとがっかりしたかもしれなかった。船から投げ入れてからそんなすぐに見つかってしまったのだから。でも，私にとっては，深遠な経験だった。それがある種の執着を引き起こしたので，私はありとあらゆる余分なお金と時間をさらなる瓶を探すのに費やし始めた。家族と私は，休みにはいつも浜辺に行き貝殻を探していたのだが，探すコツがわかるともっと見つかり出すのである。私は，どうかしているように聞こえるかもしれないけれど，瓶に入った手紙でも同じことができると考えたのだ。

そして8年前のその休日以来，私は80以上の，大半はタークス=カイコス諸島の海岸で，瓶に入った手紙を見つけた。そこのことを，海洋学者のカーティス=エベスメイアー氏は「漂流物を引き寄せる磁石」と名づけている。瓶は少なくとも1800年代以降その島々に打ち寄せられてきた。事実，タークス=カイコス国立博物館は，その今は亡き創設者の有していた大コレクションを目玉としている。私は9つの異なる国の送り主の瓶を拾った。ただ手紙だけではない。絵や名刺，ドル札，粉々になったウェディングケーキさえも見つけたのだった。

私はできるなら，送り主と連絡をとってみようとする。インターネットのおかげで，それが昔より楽になっているし，自分のブログやソーシャルメディアから助けを得ることがよくある。昨夏，デュッセルドルフまで旅して，ザビーネ=ロイに会った。彼女はドイツの旅行代理業者で，去る2011年にその人の手紙を私が見つけたのだ。また，トルストン=ファルケにも。その人が私たち2人を連絡がとれるようにしてくれたのだ。ザビーネの手紙で残っていたのは，大型客船の名前と，本人の名前，「デュッセルドルフ」という都市名だけだった。4年間彼女を突き止めようとしてみた後で，ソーシャルメディアで助力を求めるのを思いついたのだった。一日も経たないうちに，トルストンが彼女を探し出してくれた。

送り主に会うときは，ブラインドデートに出かけるようなものだといってよい。私たちは全くの偶然によって出会うことになったのであり，共通点がある保証はないのである。気まずくなるかもしれないと思いはするけれど，これまでそんなことになった経験はない。瓶に手紙を入れて送る人々は，どちらかというと冒険好きなタイプで，私と同じく顔を合わせるのにわくわくしていることが多い。

たとえばイギリス人はとりわけ歓迎してくれる。あるイギリス人の送り主，ケビン=ユーリッジに私がヨーロッパに向かうと告げると，彼は私を招いてケント州の彼の家に2晩泊めてくれた。私たちは彼の家の裏庭からカンタベリー大聖堂までずっと歩いて行ったのである。英文学を学んだときに本で読んだだけの土地を歩いているなんて，私には信じがたかった。こんなふうに人々と出会うことで，私はほかの境遇では決して経験しそうもない仕方でその土地を目にし，関わり合うことができた。

多くの人々がこうした手紙を送ったことを覚えていない。だからこうした過去の品々を彼らに示すと，ほとんどタイムトラベルみたいになる。おかしなことになることもある。たとえば，「気難しい老人によって」捕虜にされたと言い張り，自分のGPSによる位置とボルチモア市の母親の住所を教えてくれた男からの手紙を見つけたときのように。私が母親に電話したとき，その人は，息子は1990年代に父親と船旅をしている間に瓶を投げたと私に語ってくれたが，それは彼女にとってほとんど忘れかけていた記憶だった。

私は自分自身がこの狩りを近いうちにやめるとは思えない。私はその純粋な冒険に夢中なのである。私は今や海洋学と海流について，始めた頃よりも多くを知っているけれども，瓶がどこに流れ着くかを知っている人はいない。だから，拾い物すべてがやはり宝物なのだ。より深いレベルでは，私は縁を結ぶことがその核心にあると思っている。近頃，そんなことは危なっかしいことになっているが，でも誰かが瓶を海に投げ込むときは，一度も会ったことのない誰かが，一度も行ったことがないかもしれない場所で，ある日それを見つけて，「やあ」と言ってくれるかもしれないと願っている。それは私にとってすばらしいことだ。

●語句・構文

- □ *l.* 7 eight months previously「8カ月前に」
- □ *l.* 7 on board a cruise「クルーズ船に乗船している」
- □ *l.* 14 overboard「船外へ」
- □ *l.* 15 obsession「強い執着」
- □ *l.* 18 crazy as it sounds「まともじゃないように聞こえるかもしれないが」 asは譲歩を表し，though it sounds crazy と同義の倒置表現。
- □ *l.* 25 its late founder「今は亡きその創設者」 late は故人につける形容詞。
- □ *l.* 28 make contact with ～「～と連絡をとる」
- □ *l.* 32 put *A* in touch「*A* に連絡をとらせる」
- □ *l.* 36 track *A* down「*A* を見つけ出す」
- □ *l.* 37 a blind date「ブラインドデート」 紹介を通じて，会ったことのない相手とデートをすること。
- □ *l.* 40 so far「今までのところ」
- □ *l.* 41 adventurous「冒険心のある，大胆な」
- □ *l.* 42 folks「人々」
- □ *l.* 50 present *A* with *B*「*A* に *B* を提示する」

□ *l*.52 be taken prisoner「捕虜にされる」
□ *l*.55 all but「ほとんど」 後ろに形容詞・動詞・分詞をとる場合 almost と同義である。
□ *l*.61 in the hope that ～「～を願って」

解 説

〔1〕空所補充

(A) 正解は (5) 標準

(1)「論じた」 (2)「冗談を言った」
(3)「誤解した」 (4)「見せかけた」
(5)「わかった」

空所を含む部分は「私はそれがワインの瓶で，中に何か入っていると（　　　）」の意。第２段を見ると，「瓶の中に手紙が入っていた」のは事実である。よって，(5)が正解。

(B) 正解は (3) 平易

(1)「失望」 (2)「災害」
(3)「奇跡」 (4)「迷惑」
(5)「解決」

空所を含む部分は「私にとってそれは（　　　）だった」の意。第２段第３文（It wasn't a …）の前半より「宝の地図でも助けを求めるメッセージでもなかった」ことがわかるが，続く箇所（but to me）の逆接表現より，私にとっては，まるで宝の地図などのような意味をもっていたと推測できる。よって，(3)が正解。

(C) 正解は (2) 難

(1)「何も達成しない」 (2)「同じことをする」
(3)「貝殻を探す」 (4)「海洋学者に会う」
(5)「家族を喜ばせる」

空所を含む部分は「瓶に入った手紙でも（　　　）ことができると考えた」の意。第３段第４文（It sparked a …）では，自分が海岸での瓶探しに熱中するようになったと述べられており，続く第５文（My family and …）では，かつてコツをつかむことで貝殻をたくさん見つけられるようになったと述べられている。空所では，「幼少期の貝殻探し」と「瓶探し」とをつなぐような表現である(2)が正解。

(D) 正解は (3) 難

(1)「一般的に」 (2)「対照的に」
(3)「事実」 (4)「言い換えれば」
(5)「にもかかわらず」

空所の前後の文の関係を考える。空所以前では，筆者は「『漂流物を引き寄せる磁石』と呼ばれるタークス=カイコス諸島の海岸で1800年代以降に打ち寄せられた手紙を見つけた」とあり，この筆者の体験を裏づける事実として空所直後に「タークス=カイコス国立博物館は，その今は亡き創設者の有していた（漂流物の）大コレクションを目玉としている」とある。選択肢の5つのうち，前文を裏づける事実を後に続けるディスコースマーカーは(3)のみである。

(E) 正解は (3) 標準

(1)「称賛する」 (2)「無視する」
(3)「会う」 (4)「却下する」
(5)「疑う」

解法テクニック14 段落1文目の空所（設問）の解答の根拠はその段落の主旨である！

(E)，(F)さらに(G)の問いはいずれも段落の最初の文に空所がある。このような箇所で問われているのはいずれも，その段落の概要把握である。英文ではほとんどの場合，段落ごとにそれぞれ異なる主旨があり，その主旨は，1つの段落の中で一貫している。また段落の1文目（Topic Sentence：主題文）はその主旨を端的に述べている場合が多い。なので，段落の最初の文に空所（設問）がある場合は，すぐに解答にかかるのではなく，段落の最後まで読んでから，その内容と矛盾しない内容の主題文を完成するのが賢明である。

たとえば，この問題であれば，空所を含む部分は「送り主に（　　　）ときはブラインドデートに出かけるようなものだ」の意。会ったことのない相手とのデートに例えられているのはいったいどのような場合か。第6段第2文（We've been brought …）には「全くの偶然によって出会う」とあり，さらに同段最終文（People who send …）では「顔を合わせるのにわくわくしている」とあることより，メッセージの送り手と実際に会うという意味の(3)が正解。

(F) 正解は (5) 標準

(1)「危険な」 (2)「堅苦しい」
(3)「能力がある」 (4)「友好的でない」
(5)「歓迎してくれる」

空所を含む部分は「イギリス人は，とりわけ（　　　）」の意。(E)と同様，段の内容を手がかりに考える。最もヒントとなる語は空所直後のfor exampleである。すなわちこの後に，「イギリス人が（　　　）」の例が挙げられている。「家に2晩泊めてくれた」「(一緒に）彼の家の裏庭からカンタベリー大聖堂まで歩いて行った」などから歓待の様子がうかがえる。よって，(5)が正解。

(G) 正解は (5) 標準

(1)「否定する」 (2)「主張する」
(3)「気にする」 (4)「後悔する」
(5)「覚えている」

空所を含む部分は「多くの人々がこうした手紙を送ったことを（　　　）していない」の意。前問と同様，段の内容を手がかりに考える。第8段第2文（Sometimes it is …）から始まる，父親と船旅中の息子が海に投げ入れたメッセージの例の最終文の a memory she had all but forgotten「彼女がほとんど忘れかけていた記憶」という表現から，(5)が入ることがわかる。

(H) 正解は (1) ―――――― 難

(1)「つながり」　(2)「雇用」
(3)「家族の人々」　(4)「物体」
(5)「輸送」

空所を含む部分は「(　　　) を見つけることが核心にある」の意。空所の次の文（There's such a …）の but 以降に，「会ったことのない誰かが，行ったことがないかもしれない場所で…『やあ』と言ってくれるかもしれないと願っている」とあることから，瓶を拾うという行動は「(人との) つながり」を見つける目的だと考えられる。よって，(1)が正解。

〔2〕内容説明

(あ) 正解は (1) ―――――― 難

(1)「送り主を突き止めること」　(2)「瓶を探すこと」
(3)「ブログにアクセスしようとすること」　(4)「手紙に関して文を読むこと」

該当部分は「インターネットのおかげで，それが昔より楽になった」という意味。it は同文内の that を指しており，この that はさらに1文遡った前文の to make contact with the senders「送り主と連絡をとること」である。(1)の locate は「～の場所を探し出す」の意であり，(1)が正解となる。

(い) 正解は (3) ―――――― 標準

(1)「送り主が筆者の感情を傷つけること」
(2)「送り主と筆者が互いに友だちになること」
(3)「筆者が送り主と会って不快になること」
(4)「筆者が送り主と会ってすばらしい休日を過ごすこと」

該当部分は「これまでそんなことになった経験はない」という意味で，下線部の指示対象は，直前の it could be awkward「(送り主と会って) 気まずくなるかもしれない」である。これを言い換えたのが，(3)の having an uncomfortable meeting である。よって，(3)が正解。

(う) 正解は (2) ―――――― 難

(1)「囚人に面会すること」
(2)「過去からの手紙を提示すること」
(3)「筆者の曾祖父に会うこと」

(4)「囚われの身であった人からの手紙を見つけること」

該当部分は「それがおかしなことになることもある」という意味で，その直後には，おかしなことになった筆者の実体験が続いている。下線部の指示対象は前文の present them with these pieces of their past「過去の品々を示す」ことである。ここでの「過去の品々」とは，過去に瓶に入れられたメッセージのことであり，(2)が正解。

ⓔ　正解は (4)　　平易

(1)「海で釣りをすること」
(2)「未知の場所へ航海すること」
(3)「人によって荒らされていない浜辺を探すこと」
(4)「瓶に入った手紙をもっと探すこと」

該当部分は「私がしている狩り」という意味。直後の―（ダッシュ記号）の後に「私はその純粋な冒険に夢中なのである」と言い換えられていることを手がかりにすれば，これは筆者が熱中している「漂流物の収集」であるとわかる。よって，(4)が正解。

ⓞ　正解は (2)　　平易

(1)「海外で商売をすること」
(2)「見知らぬ人と連絡をとること」
(3)「島の財宝を探すこと」
(4)「海の潮流を研究すること」

該当部分は「それは私にはすばらしいことだ」という意味で，下線部の指示対象は直前の when … "Hi."「瓶を海に投げ込むときは，一度も会ったことのない誰かが…それを見つけて，『やあ』と言ってくれるかもしれないと願っている」である。これを言い換えているのは(2)である。

解答

〔1〕 Ⓐ―(5)　Ⓑ―(3)　Ⓒ―(2)　Ⓓ―(3)　Ⓔ―(3)　Ⓕ―(5)　Ⓖ―(5)　Ⓗ―(1)
〔2〕 ⓐ―(1)　ⓘ―(3)　ⓤ―(2)　ⓔ―(4)　ⓞ―(2)

16

2016年度 2月1日

目標解答時間 21分

次の文を読んで，問いに答えなさい。

Not many people get to hear the sound of a Tasmanian devil,[1] especially outside a wildlife park, but that is what is attracting travellers to participate in science fieldwork — and they are paying for the opportunity. Gail MacCallum and Ian Connellan, who describe themselves as "science groupies",[2] created a business that matches volunteers from all over the world with scientists who need help gathering data.

"I love the idea of getting [(A)] people into scientific fieldwork and through their participation helping to fund the work being done," says Connellan. "People want this experience(あ) and we can put together the pieces to make it possible." The pair both come from publishing backgrounds, though Connellan has experience in scientific fieldwork from his time with *Australian Geographic* magazine. "What's important to us is the [(B)]," says MacCallum. "Australia has the most extraordinary range of areas and places where even the most basic fieldwork hasn't been done. We haven't even categorised the animals and the plants that are there and so to be able to help scientists come and do that, and to be part of doing it, is what's exciting."

From a base at Arthur River, everyone gathers for a 6:30 breakfast and small teams led by scientists head off to the study sites. One group is checking for Tasmanian devils and possums.[3] [(C)], another group is monitoring birds at forest sites. Others are focusing on small mammals. Plant life is also documented and at night there's the opportunity to join a nocturnal animal[4] count. Volunteers are instructed in what they need to do and provided with a clipboard and other equipment for their task. Over the time they spend at Arthur River, they are involved in a number of smaller projects.

According to Dr Menna Jones, who leads the University of Tasmania research team studying the ecosystem at Arthur River, this form of eco-tourism[5] is especially useful for studying the [(D)] threatening Tasmanian devils. “We’ve been studying the system from a number of different angles but needed a comprehensive[6] study at one site where we could study the disease from well before it hit to well after,” she says. (い)“Our project suits this kind of eco-tourism venture.”[7]

The disease emerged in the mid-1990s in northeast Tasmania. Jones encountered it for the first time in 1999 and has been tracking it across the state ever since. Travelling at a rate of around eight kilometres a year, (う)it is now within one or two years of reaching the site at Arthur River.

“We need to monitor the changes as the devil numbers are reduced, and that requires long term data gathering over more than five years. We just don’t have the budget to pay for (え)this kind of work,” says Jones. “There’s a huge demand out there in the community for people who want to experience science as it’s being done.”

The scientific tourism model is so successful that the trips are routinely fully booked and many participants apply to come back for more. Nancy McNamara, a young woman from New York, studied the Tasmanian devil at university. She was searching online for Tasmanian devils and found details of the programme being run at Arthur River. After spending $3,500 for a place, plus the cost of an airplane ticket, McNamara was booked in for her first real overseas travel experience. “I wasn’t expecting to get this close to actual living devils,” she says. “There’s so much wildlife here that I have no opportunity to see in the United States.”

The success of field trips like this reflects an increasing desire for [(E)]. John Gordon, a former sailor, says he pays to come and help for the simple reason that scientists can then go out and do their research. “To me,” says Gordon, “being able to come and help is a bonus. I don’t look at it as though I'm paying for a holiday. But in fact it's one of the best holidays I've ever had."

From Menna Jones' point of view, the contribution of volunteers is outstanding: "They contribute to the work and build the project into a much bigger whole than what could be achieved by the [(F)] alone." In addition, the participants go away with an insight into science that enables them to play an important advocacy[8] role for science in the community.

While the work focuses on the ecological impact of declining Tasmanian devil numbers, it's not [(G)]. Jones' team is finding some encouraging signs because the devils are under very strong pressure to evolve resistance to the disease. "We are seeing behaviours that reduce its spread and early breeding, which allows them to leave more offspring[9] in the population," she says.

"We are studying <u>this evolution</u>(お) and we are seeing some changes in a couple of different parts of Tasmania," Jones says. "We're also seeing an increased number of healthy animals and older, healthy animals in some populations." She thinks that after 15 or 20 years of these evolutionary pressures, we might be starting to see the epidemic[10] [(H)].

(From Scientific eco-tourism contributes to Tassie devil conservation, Blueprint for Living on March 27, 2015 by Margot Foster, ABC)

(注)

1. Tasmanian devil　タスマニアデビル（タスマニア島に生息する動物）
2. groupie　追っかけ，ファン
3. possum　フクロネズミ
4. nocturnal animal　夜行性の動物
5. eco-tourism　エコツーリズム（環境保全志向の観光）
6. comprehensive　包括的な
7. venture　事業
8. advocacy　支持，支援

9. offspring 子孫

10. epidemic 伝染病

〔1〕本文の (A) ～ (H) それぞれに入れるのにもっとも適当なものを(1)～(5)から一つ選び，その番号を解答欄にマークしなさい。

(A) (1) Australian (2) busy (3) local
(4) non-scientific (5) poor

(B) (1) agriculture (2) profit (3) science
(4) story (5) teaching

(C) (1) As a result (2) At the same time (3) In short
(4) Nevertheless (5) On the contrary

(D) (1) climate change (2) environmental pollution
(3) illegal hunting (4) mysterious sickness
(5) poisonous spiders

(E) (1) cheap holidays (2) dangerous experiences
(3) healthy activities (4) meaningful travel
(5) overseas contacts

(F) (1) government (2) participants (3) scientists
(4) Tasmanians (5) tourists

(G) (1) all bad news (2) easy to understand
(3) made much progress (4) only for scientists
(5) widely supported

(H) (1) begin (2) come back
(3) cross the river (4) decline
(5) spread

〔2〕下線部㋐～㋔それぞれの意味または内容として，もっとも適当なものを(1)～(4)から一つ選び，その番号を解答欄にマークしなさい。

㋐ this experience

(1) overseas travel
(2) feeding Tasmanian devils
(3) involvement in a volunteer programme
(4) an internship at *Australian Geographic*

㋑ Our project

(1) research by a university
(2) a new kind of travel business
(3) preserving the Tasmanian forest
(4) promoting environmental change

㋒ it

(1) the study
(2) the disease
(3) Jones' research team
(4) the eco-tourism venture

㋓ this kind of work

(1) well-paid work
(2) the work of volunteers
(3) work begun in the mid-1990s
(4) research over a long period of time

㋔ this evolution

(1) how a species under threat is evolving
(2) how an eco-tourism business is evolving
(3) how the Australian eco-system is evolving
(4) how a new form of scientific research is evolving

全訳

≪タスマニアデビルを救う科学ツーリズム≫

タスマニアデビルの声を聞ける人はあまり多くない。特にサファリパークの外では聞けないが，それが旅行者を科学的現地調査の参加に惹きつけている理由でもある。そして今では旅行者たちはその機会を得るためにお金を払っているのである。自分たちのことを「科学の追っかけ」と言っているゲイル=マッカラムとイアン=コネランの二人は世界中のボランティアの人たちとデータ収集に手助けを必要としている科学者たちを引き合わせる仕事を始めた。

「科学者でない人たちを科学的現地調査に引き込み，その人たちの参加を通して，今行われている現地調査の仕事のために資金が得られるように手助けできる，という考えが気に入っています。人々はこのような体験を望んでおり，私たちはそれらの要素を合わせて，そのような体験を可能にすることができるんです」とコネランは言う。コネランは『オーストラリア・ジオグラフィック』誌の仕事をしていたときに科学的現地調査の経験があるが，二人とも出版関連の仕事をした人間である。「私たちにとって大切なことは科学で，オーストラリアには，最も基本的な現地調査すら行われていない通常とはかなり違った地域や場所がいろいろあります。私たちは，そこに棲息する動物や植物の分類さえまだできていないのです。だから，科学者たちがやってきてその仕事をするのを手助けしたり，その仕事の一部をすることができれば，それはとてもわくわくすることなんです」とマッカラムは言う。

6時半に朝食を食べに，アーサー川の基地から皆が集まってきて，それから科学者たちに率いられた小さなチームがそれぞれ調査地に向かって行く。一つのチームではタスマニアデビルとフクロネズミを調べに行き，同時に別のチームは森の観察地点で鳥を観察し，他は小型哺乳類を集中的に調べている。植物の生態も記録に取られ，夜には夜行性の動物の個体数調査に参加する機会がある。ボランティアの人たちは何をしなければならないかを教わり，その仕事に必要なクリップボードや他の器具が与えられる。アーサー川で時を過ごしている間にボランティアの人たちは多くの比較的小規模なプロジェクトに関わる。

アーサー川で生態系を研究しているタスマニア大学の研究チームを率いるメナ=ジョーンズ博士によると，エコツーリズムのこのような形態は，タスマニアデビルを脅かしている謎の病気の研究に特に役立っている。「私たちはこの生態系を多くの様々な角度から研究してきましたが，この病気が発生するずっと前から発生したずっと後まで，その病気を研究できる一つの場所での包括的な研究をする必要がありました。私たちの研究プロジェクトにこの種のエコツーリズム事業は相性がいいのです」と彼女は言う。

この病気は1990年代半ばにタスマニアの北東部に発生した。ジョーンズがこの病気に初めて遭遇したのは1999年で，それ以来ずっとタスマニア中でこの病気を追ってきた。1年に約8キロの速度で移動し，それは今やアーサー川の調査地点に1，2年で達するところまで拡大してきている。

「タスマニアデビルの数が減少している今，その変化を監視しておく必要があります。そしてそれには5年以上にわたる長期のデータ収集が必要なんです。端的に言って，この種の仕事にお金を払う予算が私たちにはありません。その地域では，今行われているような科学を体験したいという人々に対する需要が非常に多いのです」とジョーンズは言う。

科学ツーリズムのモデルはとてもうまくいっており，そのツアーはいつも予約でいっぱいだ。また1回だけでなく何回も応募する人が多い。ニューヨーク出身の若い女性，ナンシー=マクナマラはタスマニアデビルを大学で研究した。彼女はタスマニアデビルをネットで調べていて，アーサー川で行われているプログラムの詳細を知った。滞在費3,500ドルと飛行機代を払って，マクナマラは初めての実際の海外旅行体験を予約した。「実際に生きているタスマニアデビルにこんなに近くで触れ合えるなんて期待していなかったわ。ここにはアメリカで見る機会が全然ないような野生生物が本当にたくさんいるの」と彼女は言っている。

現地調査旅行がこのように成功しているのは，有意義な旅行に対する欲求が増えていることの反映でもある。元船乗りのジョン=ゴードンは，ここへ来て手伝いをするためにお金を払っていると言う。そうすれば科学者たちが出かけて行って，彼らの調査ができるという単純な理由で。「僕にとって，ここへ来てお手伝いができるというのは恩恵です。僕は，この旅行を，休暇のためにお金を払っているなどとは考えていないのです。そうではなくて，事実，これは今までにない最高の休暇旅行の一つなのです」とゴードンは言う。

メナ=ジョーンズの観点から見ると，ボランティアの人たちの貢献は非常に際立っており，「ボランティアの人たちがこの仕事に貢献してくれ，科学者だけでは達成できないようなはるかに大きな仕事ができているのです」と彼女は言う。さらに，参加者たちは科学に対する知見を深めて帰っていくので，彼らはこの地域の科学に対する重要な支援者の役割を果たすようになるのだ。

この仕事は，タスマニアデビルの個体数の減少が与える生態系への影響を主に調べているが，それは悪いニュースばかりではない。ジョーンズのチームは，前向きな兆候をいくつか見つけている。なぜならタスマニアデビルは，この病気に対する抵抗力を進化させるべく，非常に強い圧力を受けているからだ。「病気の拡大を減らす行動や早い時期の繁殖が目撃されています。このような行動や繁殖の変化で，集団内での子孫が以前よりたくさん残せるようになるのです」と彼女は言う。

「私たちは今このような進化を研究していますが，タスマニアの他のいくつかの地域でも変化が起こってきています。今，健康な個体数が増えており，ある集団には年を取っても健康な個体もいます」とジョーンズは言う。このような進化的圧力が15年から20年続けば，その後，この伝染病の減少が見られ始めるかもしれないと彼女は考えている。

●語句・構文

□ *l.* 2　attract *A* to *do*「*A* を～することに惹きつける」
□ *l.* 5　match *A* with *B*「*A* を *B* とつなぐ，引き合わせる」
□ *l.* 9　put together ～「～を一緒にする，組み合わせる」

□ *l.* 19 site「用地，場所」
□ *l.* 22 document「～を記録する」 文書（ドキュメント）として記録することから。
□ *l.* 23 instruct *A* in ～「*A* に～を教える」
□ *l.* 28 ecosystem「生態系」
□ *l.* 32 from well before ～ to well after「～のずっと前からずっと後まで」
□ *l.* 32 suit「～と適合する，ぴったり合う」
□ *l.* 35 track「～を追跡する」
□ *l.* 36 at a rate of around eight kilometres a year「1年におよそ8キロのペースで」
□ *l.* 37 within … years of *doing*「～するのは…年以内に」
□ *l.* 43 as it's being done「現在行われているような」 as は接続詞で，直前の science を修飾している。
□ *l.* 51 There's so much wildlife here that I have no opportunity to see「ここには見る機会がない野生生物が本当にたくさんいる」 この部分の that は wildlife を修飾する関係代名詞。
□ *l.* 53 reflect「～を反映する」
□ *l.* 60 a much bigger whole「ずっと大きな全体，全体としてははるかに大きなもの」
□ *l.* 67 encouraging「勇気を与える，前向きな」
□ *l.* 68 resistance to ～「～に対する耐性」

解 説

〔1〕空所補充

Ⓐ 正解は (4) ―――― 平易

(1)「オーストラリアの」　(2)「忙しい」
(3)「地元の」　(4)「科学に詳しくない」
(5)「貧しい」

空所を含む部分は「私は（　　）人々を科学的現地調査に引き込み…という考えが気に入っている」の意。第1段の内容から，どのような人々が科学的現地調査をするのかを読みとる。第1段第1文には attracting travellers to participate in science fieldwork「旅行者を科学的現地調査の参加に惹きつけている」とあり，また同段第2文には matches volunteers … with scientists「ボランティアと科学者たちを引き合わせる」とある。よって，旅行者とボランティアとのいずれにもあてはまる non-scientific people「科学と関係がない人々」とするのが適切。よって，(4)が正解。

Ⓑ 正解は (3) ―――― 難

(1)「農業」　(2)「利益」
(3)「科学」　(4)「物語」

(5)「教えること」

空所を含む文は「マッカラムは『私たちにとって重要なことは（　　　）です』と言っている」の意。彼女のセリフは次の文以降へと続いており，そこが解答のヒントとなる。特に第2段最終文（We haven't even …）に「科学者たちがやってきてその仕事（そこに棲息する動物や植物の分類）をするのを手助けしたり，その仕事の一部をすることができれば，それはとてもわくわくすることなんです」とあるので，科学者のする仕事である(3)「科学」が重要だと考えていることがわかる。

(C) 正解は (2) ―――― 標準

(1)「結果として」　(2)「同時に」
(3)「要するに」　(4)「それにもかかわらず」
(5)「一方で」

空所の直前の文では，一つのチームがタスマニアデビルとフクロネズミを調査したことが，空所の後では，もう一つのチームが鳥を監視していることが述べられている。並列的な事象を述べる際に使われるのは，(2) At the same time「同時に」である。難度としては標準レベルだが，文脈理解のうえで重要なディスコースマーカーの問題なので正解したい。

(D) 正解は (4) ―――― 平易

(1)「気候の変化」　(2)「環境汚染」
(3)「違法な狩猟」　(4)「謎の病気」
(5)「有毒なクモ」

空所を含む文は「エコツーリズムのこのような形態は，タスマニアデビルを脅かしている（　　　）の研究に特に役立っている」の意。直後の threatening が空所に入る語を修飾していると考えられることから，何がタスマニアデビルを脅かしているかを考える。第4段第2文（"We've been studying …）「この病気が発生するずっと前から…その病気を研究できる一つの場所での包括的な研究をする必要があった」より，彼女らの研究対象であり，タスマニアデビルを脅かしているものは disease「病気」である。よって，(4)が正解。

解法テクニック15　分詞による修飾を見抜いて正解を選べ！

大問Ⅱの空所補充問題では，名詞を補う設問が必ず含まれる。どの選択肢がもっとも適切か（あるいはどれを消去法で消すことができるか）のヒントとなるのが，その名詞への修飾関係だ。その中の1つとして，名詞の前後に置かれる分詞（現在分詞と過去分詞）による修飾の特徴を理解しておくと解答に役立つだろう。

①1語の修飾は名詞の前に

the *crying* baby / the *hidden* treasure

②2語以上の修飾は名詞の後に

the baby *crying in the cradle* / the treasure *hidden in the box*

Ⓔ 正解は (4) ―― 標準

(1) 「安価な休日」 (2) 「危険な体験」
(3) 「健康的な活動」 (4) 「有意義な旅行」
(5) 「海外の窓口」

空所を含む文は「現地調査旅行がこのように成功しているのは，(　　　) に対する欲求が増えていることの反映でもある」の意。次文以降ではエコツーリズムに参加したジョン=ゴードンの例が挙げられているので，彼の例から，彼がこの種の旅行に何を求めているのかを読みとればよい。彼のセリフの中には being able to come and help is a bonus「ここへ来てお手伝いができるというのは恩恵」や it's one of the best holidays I've ever had「今までにない最高の休暇旅行の一つ」といった旅行の充実を語る表現があることから(4)が正解となる。(1) cheap holidays が正答となるならば，ゴードンのセリフの中に「安さ」に関する記述があるはずだ。

Ⓕ 正解は (3) ―― 難

(1) 「政府」 (2) 「参加者」
(3) 「科学者」 (4) 「タスマニア人」
(5) 「旅行者」

空所を含む文は「ボランティアの人たちがこの仕事に貢献してくれ，(　　　) だけでは達成できないような…仕事ができている」の意。本文は「科学ツーリズム」がボランティアの人々と科学者たちとの共同研究を成功させているというテーマであり，当該文の主語の They は「ボランティアの人々」を，the work は科学的な研究を指している。したがって，空所には(3)を入れ，「科学者だけでできる以上のこと」とするのが適切。近くにある語句のみから答えが導けるわけではなく，本文の主題や文章の全体像が見えていないと正解しにくい設問である。

Ⓖ 正解は (1) ―― 平易

(1) 「悪いニュースばかり」 (2) 「理解するのは簡単」
(3) 「非常に進展した」 (4) 「科学者だけのために」
(5) 「幅広く支持された」

空所を含む文は「この仕事は，タスマニアデビルの個体数の減少が与える生態系への影響を主に調べているが，それは (　　　) ではない」の意。譲歩を表す while は従属節 (While … numbers) と主節 (it's not 以降) とで逆のことを述べていることを示唆している。従属節中では「タスマニアデビルの個体数の減少」という否定的な内容があることから，空所に入れて主節が肯定的内容となる(1)が正解。なお，次文の some encouraging signs「前向きな兆候」も文章が肯定的に転換したことを示している。

(H) 正解は (4) 難

(1)「始まる」 (2)「戻ってくる」
(3)「川を渡る」 (4)「減少する」
(5)「広がる」

空所を含む部分は「このような進化的圧力が15年から20年続けば，その後，この伝染病が（　　　）のが見られ始めるかもしれない」の意。前文で健康な動物の個体数が増えていると述べられており，将来的に伝染病は収まっていくと考えられる。よって，(4)が正解。

〔2〕内容説明

(あ) 正解は (3) 標準

(1)「海外旅行」
(2)「タスマニアデビルに餌をやること」
(3)「ボランティアのプログラムに関わること」
(4)「『オーストラリア・ジオグラフィック』誌のインターンシップ（職場体験）」

下線部の指すものは，ボランティアの人々が求めている「この経験」で，これは前文にある scientific fieldwork「科学的な現地調査」のことである。したがって，(3)が適切。

(い) 正解は (1) 難

(1)「大学による研究」
(2)「新しい種類の旅行ビジネス」
(3)「タスマニアの森を保護すること」
(4)「環境的変化を促進すること」

「私たちのプロジェクト」とは前文に述べられているタスマニア大学での「生態系を様々な角度から研究する」という計画である。したがって，(1)が正解。

(う) 正解は (2) 標準

(1)「その研究」
(2)「その病気」
(3)「ジョーンズの研究チーム」
(4)「そのエコツーリズム事業」

下線部の it は前文中の 2 つの it を受けるものである。また，これら 2 つの it はさらに前文の The disease を受けている。

(え) 正解は (4) 平易

(1)「給料のよい仕事」
(2)「ボランティアの仕事」
(3)「1990 年代中頃に始まった仕事」

(4)「長い期間にわたる調査」

「この種の仕事」は前文に述べられている「長期間にわたるデータ収集」を指す。したがって，(4)が適切。

㋔ 正解は (1) ―――――――――― 難

(1)「危機に瀕している種がどのように進化しているか」

(2)「エコツーリズムの事業がどのように進化しているか」

(3)「オーストラリアの生態系がどのように進化しているか」

(4)「新しい形の科学調査がどのように進化しているか」

「この進化」とは，前段第2文（Jones' team is …）の because 以下の「タスマニアデビルが病気に対する抵抗力を進化させて（evolve）いる」を指す。したがって，「どのようにして一つの種が脅威を受けながら進化するか」という(1)が適切。

解答

〔1〕 Ⓐ―(4) Ⓑ―(3) Ⓒ―(2) Ⓓ―(4) Ⓔ―(4) Ⓕ―(3) Ⓖ―(1) Ⓗ―(4)

〔2〕 ㋐―(3) ㋑―(1) ㋒―(2) ㋓―(4) ㋔―(1)

17

2013年度　2月9日

目標解答時間 20分

次の文を読んで，問いに答えなさい。

The growth of the advertising industry and the spread of English in the 20th century are closely related. Through their efforts to stimulate demand for goods and services, advertisers have used English to expose people around the world to brands, products, and ideas. To understand the connection between advertising and [(A)] better, let us examine the birth of modern advertising more than 100 years ago.

Towards the end of the 19th century, a combination of social and economic factors led to a [(B)] in the use of advertisements in publications, especially in the more industrialized countries. Mass production had increased the flow of goods and was fostering[1] competition, consumer purchasing power was growing, and new printing techniques were providing new ways of advertising. In the USA, publishers realized that income from advertising would allow them to lower the selling price of their magazines, and thus hugely increase circulation. In 1893 *McClure's Magazine, Cosmopolitan* and *Munsey's Magazine* all used <u>this strategy</u>(あ), and within a few years they had trebled[2] their sales. Before long, publishers were giving over[3] half of their pages to advertising; from the turn of the century, <u>they</u>(い) increasingly utilized colour, leading eventually to the arrival of the wide range of glossy magazines that come free with some newspapers today. Two-thirds of a modern newspaper, especially in the USA, may be devoted to advertising.

One of the first known advertising sections appeared in the *London Gazette* in 1666, and within a century advertisements had grown both in number and in style. During the 19th century, brand names and advertising slogans became features of the medium. 'It pays to advertise' became a US slogan in the 1920s. Many [(C)] which are now household names received a boost[4] in that decade, such as Ford, Coca-Cola, Kodak and Kellogg's.

The media capitalized on[5] the speed with which information about a product could be conveyed to an audience, aiming to get people's [(D)] even if they were passing by quickly in one of the new means of transportation. Posters, billboards,[6] electric displays, shop signs and other techniques became part of the everyday scene. As international markets grew, 'outdoor media' began to travel the world. The prominence[7] of (う)such media in virtually every town and city is now one of the most obvious global manifestations[8] of English language use. The English advertisements are not always more numerous in countries where English has no special status, but they are usually the most noticeable.

In all of this, it is the English of American products which rules. During the 1950s, the [(E)] of gross national income devoted to advertising was much higher in the USA than anywhere else: in 1953, for example, it was 2.6 per cent, compared with 1.5 per cent in Britain. Nearly $6 billion was spent on advertising in the USA in 1950, and this rapidly increased as advertisers began to see (え)the potential of television. Other languages began to show the effects. In Italian, [(F)], a single verb sums up the era: *cocacolonizzare*, based on 'Coca-Cola' and 'colonize[9]'.

In general, though, the impact was not as great in Europe, where TV advertising was more strictly controlled. However, once commercial channels developed, there was a period of catching up, in which American experience and influence were pervasive.[10] By 1972, the top advertising agencies were increasingly under US financial control. In fact, only three of them — two in Japan and one in Britain — were owned by [(G)] companies. The official language of international advertising bodies, such as the European Association of Advertising Agencies, is invariably English.

A walk through any Japanese city illustrates the degree to which English has come to dominate the visual landscape of the high street.

Most Japanese companies' brands and product logos tend to be written in English, despite the fact that Japanese is by far the most commonly spoken language within the country. While this may appear puzzling, it is a phenomenon mirrored in (H) around an increasingly globalized world.

(From English as a Global Language by David Crystal, Cambridge University Press)

(注)

1. foster　助長する
2. treble　3倍にする
3. give over A to B　AをBにあてる
4. receive a boost　急成長する
5. capitalize on　利用する
6. billboard　広告板
7. prominence　目立つこと
8. manifestation　現れ
9. colonize　植民地化する
10. pervasive　まん延している

〔1〕本文の (A) ～ (H) それぞれに入れるのにもっとも適当なものを(1)～(5)から一つ選び，その番号を解答欄にマークしなさい。

(A) (1) business　(2) English　(3) products　(4) publishing　(5) technology

(B) (1) declining interest　(2) dramatic increase　(3) gradual reduction　(4) sudden halt　(5) temporary rise

(C) (1) commercials　(2) designs　(3) features　(4) manufacturers　(5) sales techniques

(D)　(1) attention　(2) cooperation　(3) opinions
(4) permission　(5) satisfaction

(E)　(1) capacity　(2) effect　(3) excess
(4) proportion　(5) waste

(F)　(1) for example　(2) in other words　(3) moreover
(4) nevertheless　(5) on the other hand

(G)　(1) advertising　(2) financial　(3) major
(4) non-American　(5) top

(H)　(1) cities　(2) classrooms　(3) homes
(4) literature　(5) productions

〔2〕下線部㋐～㋓それぞれの意味または内容として，もっとも適当なものを(1)～(4)から一つ選び，その番号を解答欄にマークしなさい。

㋐ this strategy

(1) developing new printing techniques
(2) increasing the circulation of magazines
(3) earning money from advertising and reducing magazine prices
(4) ensuring at least half a publication consisted of advertisements

㋑ they

(1) printers
(2) advertisements
(3) companies producing magazines
(4) *McClure's Magazine, Cosmopolitan* and *Munsey's Magazine*

㋒ such media

(1) advertisements in public spaces

(2) television and radio advertisements

(3) newspaper and magazine advertisements

(4) advertisements on new means of transportation

㋓ the potential

(1) the potential for promoting English

(2) the potential for effective advertising

(3) the potential for stimulating the economy

(4) the potential for increasing the sale of televisions

全訳

≪英語の広まりと広告の関係≫

広告産業の発展と 20 世紀における英語の広まりは密接に関連している。商品やサービスに対する需要を刺激する活動を通して，広告主は世界中の人々をブランド，製品，アイデアに触れさせるために英語を使用してきた。広告と英語の関連をもっとよく理解するために，100 年以上前の近代的広告の誕生を検討してみよう。

19 世紀末に向かって，社会的な要因と経済的な要因が結びつくことによって，出版物の中で広告を用いることが急激に増加し，特により工業化が進んだ国々ではそうであった。大量生産によって商品の流通が増加して競争が高まっており，消費者の購買力は増大し，印刷の新技術によって新しい広告方法がもたらされた。アメリカ合衆国では，出版社が広告収入で雑誌の販売価格を低く抑え，その結果，発行部数を大幅に増やすことができると気づいた。1893 年には，『マクルーア』誌，『コスモポリタン』誌，『マンセー』誌のすべてがこの戦略を用いて，数年以内にその売り上げを 3 倍にした。間もなく，出版社は誌面の半分以上を広告にあてるようになった。世紀の変わり目頃から，出版社はますます色刷りを使い，やがては，今日いくつかの新聞に無料でついてくる，光沢紙を使った多種多様な雑誌の到来に道を開いた。特にアメリカ合衆国では，現代の新聞紙面の 3 分の 2 が広告に割かれている。

初めての広告欄として知られているものの 1 つが 1666 年に『ロンドン・ガゼット』紙に載り，それから 1 世紀以内に広告は数と方法の両面で増大した。19 世紀の間には，ブランド名と広告用キャッチコピーが新聞媒体の特徴となった。1920 年代には「広告をすればもうかる」がアメリカでのスローガンとなった。フォード，コカコーラ，コダック，ケロッグのような，今日では誰もが知っている多くの製造会社がその 10 年間で急成長を遂げた。

メディアは商品情報が視聴者に伝えられる速さを利用し，たとえ人々が新しい交通手段の 1 つに乗って急いで通り過ぎていたとしても，人々の注意を引くことを目指していた。ポスター，広告板，電気ディスプレイ，店頭の看板，その他の技術が日常の光景の一部となった。国際的な市場が成長するにつれて，「屋外メディア」が世界中に行き渡り始めた。ほとんどすべての都市や町にあるそのようなメディアが目立つことは，現在世界中で英語という言語が使われていることを最も明白に示す一例となっている。英語に特別な社会的な地位が与えられていない国々では，必ずしも英語での広告は数が多いわけではないが，たいていは一番目につくものとなっている。

こうしたものすべての中で，君臨しているのはアメリカ製品の英語である。1950 年代に，広告にあてられた国民総所得の割合は，他のどこよりもアメリカ合衆国においてはるかに高かった。例えば，1953 年にその割合は 2.6 パーセントで，イギリスの 1.5 パーセントと比べてもはるかに高かった。1950 年にアメリカ合衆国ではおよそ 60 億ドルが広告に使われており，広告主がテレビの可能性に目を向け始めるにつれて，この額は急速に増えていった。他の言語もそうした影響を示し始めた。たとえば，イタリア語では，たった 1 語の動詞，つまり，「コカコーラ」と

「植民地化する」に基づいたコカコロニッツァーレ（cocacolonizzare）が時代を表している。

しかし，一般的にヨーロッパではテレビ広告がより厳しく規制されていたため，その影響はそれほど大きくはなかった。しかしながら，ひとたび商業放送のチャンネルが始まると，遅れを取り戻す時期を迎え，その時期にアメリカの体験と影響が行き渡った。1972 年までに，大手広告代理店はますます合衆国金融の支配下に入っていた。実際，それらの中で 3 社だけ――日本の 2 社とイギリスの 1 社がアメリカ以外の会社に所有されているにすぎなかった。ヨーロッパ広告代理店協会のような国際的な広告法人の言語は例外なくきまって英語である。

例えば日本のどの都市を歩いても，英語が目抜き通りの視覚的な風景で優位を占めるようになっていることがわかる。国内では日本語が飛び抜けて最も一般的に話されているという事実にもかかわらず，大部分の日本企業のブランドと製品名は英語で書かれる傾向がある。これには当惑するかもしれないが，それはますますグローバル化している世界中の都市で同じように現れている現象なのである。

●語句・構文

- □ *l*. 2 closely「密接に」
- □ *l*. 3 expose *A* to *B*「*A* を *B* にさらす」
- □ *l*. 7 a combination of *A* and *B*「*A* と *B* の組み合わせ」
- □ *l*. 8 lead to *A*「*A* を引き起こす」
- □ *l*. 14 circulation「発行部数」
- □ *l*. 16 before long「まもなく」
- □ *l*. 17 the turn of the century「世紀の変わり目」
- □ *l*. 18 eventually「結局のところ」
- □ *l*. 19 glossy「光沢のある」
- □ *l*. 21 be devoted to *A*「*A* にささげられる」
- □ *l*. 25 It pays to advertise. は形式主語構文。
- □ *l*. 25 pay「利益になる」
- □ *l*. 26 household name「誰でもよく知っている名前」
- □ *l*. 27 *A*, such as *B*「*B* のような *A*」
- □ *l*. 30 ～, aiming＝～, and aimed
- □ *l*. 30 aim to *do*「～することを目指す」
- □ *l*. 31 even if ～「たとえ～しても」
- □ *l*. 35 virtually every ～「ほとんどすべての～」
- □ *l*. 37 not always は部分否定。
- □ *l*. 39 it is ～ which … は強調構文。
- □ *l*. 40 gross national income「国民総所得」
- □ *l*. 40 income devoted＝income which was devoted
- □ *l*. 42 compared with ～「～と比べて」

□ *l.* 46 verb「動詞」
□ *l.* 46 sum up ～「～を総括する」
□ *l.* 46 *cocacolonizzare*, based on = *cocacolonizzare*, which is based on
□ *l.* 47 in general「一般に」
□ *l.* 48 ～ controlled = ～ controlled than the USA
□ *l.* 48 once「いったん～すれば」
□ *l.* 53 body「組織，団体」
□ *l.* 55 a walk ～ illustrates …「～を歩けば，…がわかる」
□ *l.* 55 the degree to which ～「～する程度」
□ *l.* 56 come to *do*「～するようになる」
□ *l.* 58 despite the fact that ～「～という事実にもかかわらず」（同格表現）
□ *l.* 58 by far は最上級を強調。
□ *l.* 59 while = though
□ *l.* 60 phenomenon mirrored = phenomenon which is mirrored

解説

〔1〕空所補充

(A) 正解は (2) ―――― 平易

(1) business「実業」 (2) English「英語」
(3) products「製品」 (4) publishing「出版（すること）」
(5) technology「科学技術」

「広告と（　　）との関係を理解するために」の穴埋め。直前文を読むと，「広告主は世界の人々に製品などを提示するために英語を使ってきた」とある。正解は(2)となる。

(B) 正解は (2) ―――― 標準

(1) declining interest「減少する関心」 (2) dramatic increase「劇的な増加」
(3) gradual reduction「段階的な引き下げ」
(4) sudden halt「突然の停止」 (5) temporary rise「一時的な増加」

「社会的要因と経済的要因とが相まって，出版物での広告の利用において（　　）が生まれた」の穴埋め。選択肢から，広告の利用が増えたか減ったかという問題だと見当がつく。直後文を読むと，「大量生産が商品の流れを増やした」とあるので，(2)か(5)に絞る。「大量生産」や広告産業の現状から見て，(2)を選ぶ。

(C) 正解は (4) ―――― 平易

(1) commercials「コマーシャル」 (2) designs「デザイン」
(3) features「特徴，特集」 (4) manufacturers「製造業者」
(5) sales techniques「販売技術」

「フォード，コカコーラなど，現在誰もがよく知っている多くの（　　　）は，その10年で急成長した」の穴埋め。household names の意味がわからなくても，Ford, Coca-Cola, Kodak and Kellogg's から，意味を「有名な」という程度で置き換えることができよう。「成長する」のは(4)しかない。

(D) 正解は (1) ―――――――――――――――― 平易

(1) attention「注目」　(2) cooperation「協力」
(3) opinions「意見」　(4) permission「許可」
(5) satisfaction「満足」

「マスコミは，人々の（　　　）を得る目的で，製品情報が視聴者に伝えられるスピードを利用した」の穴埋め。広告の役割を考えれば，(1)が正解とすぐにわかる。

(E) 正解は (4) ―――――――――――――――― 平易

(1) capacity「(収容) 能力」　(2) effect「効果，影響」
(3) excess「過度」　(4) proportion「割合」
(5) waste「浪費，廃棄物」

「広告に注がれた国民総所得の（　　　）は米国が一番高かった」の穴埋め。「国民総所得の」と「高かった」という表現から，(4)が適切だとわかる。

(F) 正解は (1) ―――――――――――――――― 標準

(1) for example「たとえば」　(2) in other words「言い換えれば」
(3) moreover「さらに」　(4) nevertheless「それでもやはり」
(5) on the other hand「他方では」

接続副詞（句）の問題は，直前文と直後文との関係（順接，逆接，例示，追加など）を考えなければならないので，時間がかかり難しい。「英語以外の言語も効果を出し始めた。イタリア語では，（　　　），たった1語の動詞がその時代を総括している」の穴埋め。英語以外の言語の一例としてイタリア語が挙げられているので，正解は(1)となる。

(G) 正解は (4) ―――――――――――――――― 平易

(1) advertising「広告」　(2) financial「財政の」
(3) major「主要な」　(4) non-American「非アメリカの」
(5) top「頂上」

「それらのうちのたったの3社――日本で2社，イギリスで1社――が（　　　）会社によって所有されているにすぎなかった」の穴埋め。3社の中にはアメリカ企業は出ていないので，正解は(4)とわかる。念のために直前文を読むと，「アメリカの財務的支配下に」とあるので，(4)が正しいと確認できる。

(H) 正解は (1) ―――――――――――――――― 標準

(1) cities「都市」　(2) classrooms「教室」
(3) homes「家庭」　(4) literature「文学」

(5) productions「製品」

「それは，ますますグローバル化が進む世界中の（　　　）に映し出される現象である」の穴埋め。「世界中の」が手がかり。最終段第1文を見ると，「日本のどんな都市でも歩いてみれば，英語が風景を支配するようになった度合いがわかる」とあるので，(1)を選ぶ。

〔2〕内容説明

あ 正解は (3) ―――― 平易

this strategy「この戦略」

(1)「新たな印刷技術を開発すること」

(2)「雑誌の発行部数を増やすこと」

(3)「広告からお金を稼ぎ，雑誌の価格を引き下げること」

(4)「広告を構成している少なくとも半分の出版を確保すること」

thisがあれば，直前文を見るのが原則。直前文には，「広告からの収入のおかげで，出版社は自分たちの雑誌の販売価格を低下させることができるだろう」とあるので，(3)を選ぶ。

解法テクニック16 thisの内容は直前文にあり！

this, these, that, suchなどが指示する内容を問われたときは，直前文を読むのが大原則である。直前文が具体例を挙げている場合は，さらにその前の文を読むことになる。

なお，thisが以下のように直後文の内容を指示する場合もあるので，注意してほしい。

(例) My slogan is this : live for today, for tomorrow may not come.

「私のモットーはこうです。今日を精一杯生きよ。明日は来ないかもしれないのだから」

い 正解は (3) ―――― 標準

they「彼らは，それらは」

(1)「印刷機，印刷工」

(2)「広告」

(3)「雑誌を生産する会社」

(4)「マクルーア誌，コスモポリタン誌およびマンセー誌」

「ますます色彩を利用して，広範な種類の光沢ある雑誌を出現させた」とあるので，正解を(1)と(3)に絞ることができる。下線部の前にあるセミコロンの直前文を見ると，主語はpublishersで，「出版社は誌面の半分以上を広告にあてていた」とあることから，(3)が正解とわかる。

解法テクニック⑰　同じ主語が続くところがよく出題される

代名詞主語の具体的内容を問う設問では「主語は直前文と同じ」という可能性をまず頭に入れておきたい。同じ主語が代名詞として次文以降に続くことはよくあり，主語が代名詞の場合，直前文（場合によれば，さらに前の文）の主語を見ればよいことになる。これは絶対的なテクニックではなく，見当のつけかたの一つとして活用してほしい。

ⓤ　正解は⑴ ―――― 標準

such media「そのようなメディア」

⑴「公共の空間での広告」
⑵「テレビやラジオの広告」
⑶「新聞や雑誌の広告」
⑷「新しい輸送機関での広告」

such があれば，直前文を見るのが原則（**解法テクニック⑯**参照）。直前文には「『屋外メディア』が世界に広まり始めた」とある。outdoor media は引用符が付いているので，専門語あるいは業界語であるかもしれない。説明があるはずだと思って，さらに前の文を見る。すると，「ポスター，広告板，電気ディスプレイ，店頭看板，その他の技術」とあるので，⑴を選ぶ。

ⓔ　正解は⑵ ―――― 平易

the potential「潜在能力，可能性」

⑴「英語上達への可能性」
⑵「効果的広告の可能性」
⑶「経済を刺激する可能性」
⑷「テレビの売り上げ増加の可能性」

下線部を含む文を読むと，「広告主がテレビの可能性に目を向け始めるにつれて，広告費が急速に増加した」とある。テレビと広告との関係から，正解は⑵とわかる。

解答

〔1〕 Ⓐ―⑵　Ⓑ―⑵　Ⓒ―⑷　Ⓓ―⑴　Ⓔ―⑷　Ⓕ―⑴　Ⓖ―⑷　Ⓗ―⑴
〔2〕 ⓐ―⑶　ⓘ―⑶　ⓤ―⑴　ⓔ―⑵

18

2012年度 2月2日

目標解答時間 21分

次の文を読んで，問いに答えなさい。

In a recent magazine article, I read that one out of six American workers commutes more than forty-five minutes to work each way. A growing number spend even more time. Ninety minutes is not that unusual for a commute these days. [(A)] some of these folks use public transportation — commuter trains and subways — there's a good percentage of solo automobile riders in there too. It's unsustainable. Unsustainable means that eventually the behavior will inevitably be changed or modified, either thoughtfully and voluntarily, or as a result of tragic consequences. Either way, [(B)] as it is for very much longer. The fact is that in the twentieth century the automobile was subsidized[1] on a massive scale. The nicely paved roads that go to the tiniest little towns in the United States weren't built and maintained by automobile makers — or even by oil companies. Those corporations benefited enormously from <u>that system</u>(あ). Rail routes to small towns were allowed to vanish and trucking became, for most goods, the cheapest and sometimes [(C)] to get products from place to place.

Now I have to admit it's nice to drive a continent and stop wherever and whenever one pleases. The romance of being "on the road" is pretty thrilling, but a cross-country ramble[2] is a sometime thing. It isn't a daily commute, a way of living, or even the best way to get from point A to point B. In Spain the new high-speed train can get you from Madrid to Barcelona in two and a half hours. By road it takes at least six. If the Spanish government had poured all that money into more freeways, you still wouldn't be able to get there [(D)] . In a UK newspaper I read that the Pentagon[3] sent a report to the Bush administration in 2004 informing them that climate change is real and that it is more of [(E)] than terrorism, and will — not might — have massive global political repercussions.[4] They predict a worldwide fight for survival and for resources that will inevitably result in an almost constant state of war around the globe. This came from the Pentagon, not the Environmental Protection Agency!

Riding a bike won't stop <u>that</u>(い) or many other frightening predictions from coming true in our lifetimes, but maybe if some cities face the climate, energy and transportation realities now they might survive, or even prosper[5] — although the idea of prospering seems almost cruel, given that so many unsustainable cities will inevitably fail through droughts, floods, unemployment, and lack of power. I expect some of the cities I've ridden around [(F)] within my lifetime — they're resource hogs[6] and the rest of the continent and world won't put up with it for long. I don't ride my bike all over the place because it's ecological or worthy. I mainly do it for the sense of freedom and excitement. I realize that soon I might have a lot more company than I have had in the past, and that some cities are preparing for <u>these inevitable changes</u>(う) and are benefiting as a result.

I recently attended a short talk by Peter Newman, an Australian professor and urban ecologist, who originally created the phrase "automobile dependency.[7]" He presented a scary graph that showed [(G)] in many of the world's large cities. The United States uses the most, with Atlanta — which has grown incredibly in recent decades — heading the list. Australia came next, followed by Europe and, at the very bottom, Asia. I would have thought, having seen photos of the massive pollution that has accompanied the Asian economic boom, that [(H)] on the list for energy use, but the density[8] of a city — and those cities are very dense — often means that its citizens use less energy in getting around, as well as less energy for heating, cooling, and waste disposal. For <u>that reason</u>(え) New York is actually greener than a lot of cities that, from the look of them at least, with their extensive trees and backyards might therefore be assumed to be greener.

(Adapted from a work by David Byrne)

BICYCLE DIARIES by David Byrne, Viking Books

(注)

1. subsidize 補助金を与える
2. ramble 散歩
3. the Pentagon 米国防総省
4. repercussion 悪影響
5. prosper 繁栄する
6. hog 消費の激しいもの
7. automobile dependency 自動車への依存
8. density 人口密度

〔1〕本文の (A) ～ (H) それぞれに入れるのにもっとも適当なものを(1)～(5)から一つ選び，その番号を解答欄にマークしなさい。

(A) (1) After (2) As long as (3) Because (4) Though (5) Whenever

(B) (1) it can continue (2) it can increase (3) it will not go on (4) it will not reappear (5) it will remain

(C) (1) the least convenient way (2) the most difficult way (3) the most expensive way (4) the only way (5) the rarest way

(D) (1) any faster (2) any longer (3) at all (4) by car (5) cross-country

(E) (1) a dream (2) a plan (3) a relief (4) a threat (5) an accident

(F) (1) to be maintained (2) to be strengthened (3) to disappear
(4) to expand (5) to prosper

(G) (1) commuting time (2) economic costs
(3) energy consumption (4) road construction
(5) unemployment

(H) (1) Asia would be higher (2) Asia would not appear
(3) Europe would be the first (4) Europe would be the last
(5) the United States would be higher

〔2〕下線部㋐～㋓それぞれの意味または内容として，もっとも適当なものを(1)～(4)から一つ選び，その番号を解答欄にマークしなさい。

㋐ that system
(1) subsidizing public transportation
(2) having roads all over the country
(3) connecting railroads to small towns
(4) trucking cheap goods from place to place

㋑ that
(1) the global struggle for survival
(2) political confusion caused by terrorism
(3) the immediate effect of climate change
(4) the report put together by the Pentagon for the government

㋒ these inevitable changes
(1) more companies will prosper
(2) resources will become less available
(3) fewer people will ride bikes in the future
(4) wealthy cities will benefit from over-consumption

㋓ that reason

(1) Asian cities are not crowded

(2) Asia has suffered from pollution

(3) Americans use less energy than Asians

(4) people use less energy in densely populated cities

全訳

≪エコな暮らしは必然である≫

最近の雑誌記事で読んだが，アメリカ人労働者の 6 人に 1 人は片道 45 分以上かけて職場まで通勤しているのだそうだ。もっと時間をかける人も増えている。近頃の通勤事情では 90 分もそれほど珍しいことではない。こうした人々のうち，公共交通機関である通勤電車や地下鉄を使っている人もいるけれども，1 人だけの自動車派もかなりの割合になる。それは持続不能である。持続不能というのは，最終的にその行動が，熟慮して自発的にか，さもなければ，悲劇的な結末を迎えたあげくにか，変更修正されることになる，ということである。いずれにしても，今のままがあまり長くは続かないだろう。実は，20 世紀に自動車は大規模な補助金を受けたのだった。アメリカ合衆国の一番小さな町まで続くきれいに舗装された道路は自動車製造業者，さらには石油会社によって作られたのでも維持されていたのでもない。こうした会社はその仕組みから，膨大な利益を得ていた。小さな町への鉄道路線は消えゆくままだったし，トラック輸送は大半の商品では，製品を場所ごとに得る最も安価で，ときに唯一の手段となった。

いま，私は大陸を車で旅し，好きなとき好きな場所で止まれるのはすばらしいと認めざるを得ない。「路上」にいるというロマンは，大いに胸が躍るが，全国を股にかける散歩などは昔のことである。毎日の通勤や生活の手段ではないし，A 地点から B 地点までの最善の行き方でもない。スペインでは新しい高速列車ならマドリードからバルセロナまで 2 時間半で行ける。道路では少なくとも 6 時間かかる。たとえスペイン政府がそれだけの資金すべてを高速道路をもっと造ることに注ぎ込んだとしても，やはりそこまで着くのはちっとも早くならないだろう。イギリスの新聞で，私は米国防総省がブッシュ政権に 2004 年に報告書を送り，気候変動は事実であり，テロよりも脅威であり，大きな地球規模の政治的な悪影響が出るだろう――出かねないではなく――と告げたという話を読んだ。その予測によれば，生存と資源を求める世界規模の争いが起き，必然的に地球全体でほとんど絶え間のない戦争状態が引き起こされることになるそうだ。これは，米国防総省から出たのであって，環境保護庁からではないのだ！

自転車に乗っても，そういったことやその他多くの驚くべき予測が，私たちの生きているうちに実現するのは防げないだろうが，ことによると一部の都市は気候，エネルギー，輸送の現実問題に今向き合えば，生き延びたり，あるいは繁栄さえしたりするかもしれない。もっとも，繁栄という概念は，非常に多くの持続不能の都市が必ず干ばつ，洪水，失業，電力不足によって消えていくのを考慮すれば，ほとんど残酷に思えるにしても，である。私の予想では，私が走り回ってきた都市のいくつかは，私が生きているうちに消えてしまうだろう。そういう町は資源消費の激しいもので，残りの大陸や世界はそれに長くは耐えられないからである。私が至る所で自転車に乗るのはそれが環境に優しいからでも価値があるからでもない。私が乗るのは，解放感と高揚感のためである。昔よりもはるかに多くの仲間ができるかもしれないし，一部の都市はこうした必然的な変化に備えているのであり，結果として恩恵を受けていると私にはわかる。

私は最近，ピーター=ニューマンというオーストラリアの大学教授，都市生態学者で，「自動車への依存」という言葉を新たに作った人のちょっとした講演会に出た。彼は恐ろしいグラフを示し，世界の大都市の多くのエネルギー消費を明らかにした。アメリカ合衆国が最大であり，アトランタという最近数十年で信じがたいほど成長した町が筆頭だった。オーストラリアが次に来て，ヨーロッパが続き，最下位はアジアだった。私は，アジアの経済急成長に伴った大規模な汚染の写真を見て，アジアはエネルギー使用のリストのもっと上位だと思っていたけれど，都市の人口密度が，実はこうした都市はとても高いのであり，しばしばそれは，その町の市民が移動するのにエネルギー使用は少なくて済み，暖房，冷房，廃棄物処理もエネルギーはやはり少なくて済むということなのである。そうしたわけで，ニューヨークは実は，少なくとも見かけ上は，樹木と庭が大きく広がって，それゆえに環境に優しいように思われるたくさんの都市よりも，環境に優しいのである。

●語句・構文

- □ *l.* 1 one out of ～「～のうちの1つ」
- □ *l.* 2 commute「通勤する」
- □ *l.* 2 each way「片道」
- □ *l.* 7 eventually「結局のところ」
- □ *l.* 7 inevitably「必ず」
- □ *l.* 8 thoughtfully「思慮深く」
- □ *l.* 8 voluntarily「自発的に」
- □ *l.* 8 as a result of ～「～の結果として」
- □ *l.* 8 consequence「結果」
- □ *l.* 9 either way「どちらにしても」
- □ *l.* 9 the fact is that ～「実のところ，～」
- □ *l.* 10 on a massive scale「大規模に」
- □ *l.* 13 corporation「法人，企業」
- □ *l.* 19 a sometime thing「かつての事柄」
- □ *l.* 23 pour *A* into *B*「*A* を *B* に注ぐ」
- □ *l.* 25 administration「政権」
- □ *l.* 25 informing 以下は report を修飾。
- □ *l.* 29 result in ～「～という結果になる」
- □ *l.* 30 *A*, not *B*「*B* ではなく，*A*」
- □ *l.* 35 given that ～「～することを考えれば」
- □ *l.* 36 drought「干ばつ」
- □ *l.* 39 put up with ～「～に耐える」
- □ *l.* 41 for the sense of ～「～という感覚を求めて」
- □ *l.* 45 phrase「語句」
- □ *l.* 48 head the list「首位になる」

□ *l*. 53　get around「あちこち出歩く」
□ *l*. 53　*A* as well as *B*「*B* と同様 *A* も」
□ *l*. 54　waste disposal「廃棄物処理」
□ *l*. 55　from the look of ～「～の様子から見て」
□ *l*. 55　at least「少なくとも」
□ *l*. 56　might は関係代名詞 that から続くので，from the look ～ and backyards までをカッコでくくると，わかりやすくなる。

解説

〔1〕空所補充

(A)　正解は (4) ―――― 平易

(1)　After「～するあとで」
(2)　As long as「～さえすれば，～する限り」
(3)　Because「～するので」　(4)　Though「～だけれども」
(5)　Whenever「～する時はいつでも」

「これらの国民の中には，公共交通機関を利用する人々もいる（　　），一人で自動車に乗っている人もかなりの割合になる」の穴埋め。「公共交通機関を利用する人々」と「一人で自動車に乗っている人」の対比から，(4)を選ぶ。

(B)　正解は (3) ―――― 難

(1)　it can continue「それは継続できる」
(2)　it can increase「それは増加できる」
(3)　it will not go on「それは続かないであろう」
(4)　it will not reappear「それは再び現れないであろう」
(5)　it will remain「それはそのままであろう」

「どちらにしろ，現状があまり長く（　　）」の穴埋め。直後の The fact is that ～「実は～だ」が補助説明になっている。読むと，「自動車は大規模な補助金を与えられた」とあり，自動車は補助金がなかったら生き残っていなかったということがわかる。したがって，正解は(3)となる。

なお，(1)と(3)は意味が対立する選択肢である。出題者の問題作成過程を考えれば，まず正解の選択肢を作り，そのあと残りの選択肢を作るはずだ。そこで，対立する選択肢があれば，そのどちらかが正解という場合は結構ある（もちろん，絶対ということはない)。選択肢を吟味するときに，意識しておくとよい。

(C)　正解は (4) ―――― 標準

(1)　the least convenient way「最も便利でない方法」
(2)　the most difficult way「最も難しい方法」

(3) the most expensive way「最もお金がかかる方法」
(4) the only way「唯一の方法」
(5) the rarest way「最も珍しい方法」

「小さな町へ通じる鉄道路線は姿を消してゆくままだった。そして，トラック輸送は最も費用がかからないし，時には，ある場所から別の場所へ製品を運ぶための（　　）になった」の穴埋め。「鉄道路線は姿を消して」，「最も費用がかからない」，「時には」とあるから，正解は(4)となる。

(D) 正解は (1) ―――― 標準

(1) any faster「～よりも速く（ない)」 (2) any longer「もはや～（ない)」
(3) at all「まったく～（ない)」 (4) by car「自動車で」
(5) cross-country「国を縦断する」

「たとえスペイン政府が，その資金すべてをもっと多くの高速道路の建設に注ぎ込んでいたとしても，やはり（　　）そこに着くことはできないであろう」の穴埋め。これだけではよくわからない。さらに前部分を読んでみると，「スペインでは，新型高速列車に乗れば，マドリードからバルセロナまで2時間半で行ける。道路を使えば，少なくとも6時間かかる」とある。「2時間半」と「6時間」との差は埋めようがないことはわかる。したがって，(1)を選ぶ。なお，このIfは「もし～するならば」という意味ではなく，「たとえ～しても」（＝Even if）という意味で使われている。

(E) 正解は (4) ―――― 平易

(1) a dream「夢」 (2) a plan「計画」
(3) a relief「軽減，安堵」 (4) a threat「脅威」
(5) an accident「事故」

「気候変化は事実で，それはテロよりももっと（　　）である」の穴埋め。比較相手が「テロ」なので，マイナス表現の(4)を選ぶ。

(F) 正解は (3) ―――― 標準

(1) to be maintained「維持されること」
(2) to be strengthened「強化されること」 (3) to disappear「消えること」
(4) to expand「拡大すること」 (5) to prosper「繁栄すること」

「私が自転車で乗り回ってきた都市のいくつかは，私の一生の間に（　　）を予想している」の穴埋め。すぐあとに，ダッシュ――が続いていることに気がつく。読むと，「それらの町は資源消費の激しいもので，その他の大陸や世界は長期間それに耐えられないであろう」とある。ここから，マイナス表現の(3)を選ぶ。

(G) 正解は (3) ―――― 標準

(1) commuting time「通勤時間」 (2) economic costs「経済費用」
(3) energy consumption「エネルギー消費」 (4) road construction「道路建設」

(5) unemployment「失業」

「世界の大都市の多くにおける（　　　）を示した恐ろしいグラフ」の穴埋め。これだけでは選択しにくい。さらに次の文を読むと,「アメリカがトップで，アトランタが最も多くを使う」とある。「使う」ことから，(3)を選ぶ。

(H) 正解は (1) ―――――――――――――――――――――――――― 平易

(1) Asia would be higher「アジアのほうが高くなるであろう」
(2) Asia would not appear「アジアは出現しないであろう」
(3) Europe would be the first「ヨーロッパが一番目になるであろう」
(4) Europe would be the last「ヨーロッパが最後になるであろう」
(5) the United States would be higher「アメリカのほうが高くなるであろう」

「アジアの好景気に伴う大規模汚染の写真を見たので，エネルギー使用一覧表で（　　　）と思っていた」の穴埋め。「アジアの好景気」と「大規模汚染」から，(1)を選ぶ。

〔2〕内容説明

(あ) 正解は (2) ―――――――――――――――――――――――――― 平易

that system「その仕組み」

(1)「公共交通機関に補助金を与える」
(2)「国中に道路を張り巡らすこと」
(3)「小さな町にまで鉄道を引くこと」
(4)「安価な商品をある場所から別の場所へトラック輸送すること」

thatがあれば，直前文を見るのが原則（**解法テクニック16**参照)。「アメリカの最も小さな町に通じる舗装道路は自動車製造業者によって建設されてもいなかったし，維持されてもいなかった」が文意。ここから，「その仕組み」が(2)だとわかる。

(い) 正解は (1) ―――――――――――――――――――――――――― 難

that「そのこと」

(1)「世界的生残競争」
(2)「テロによって引き起こされる政治的混乱」
(3)「気候変化の直接的影響」
(4)「国防総省によってまとめられた政府への報告書」

「自転車に乗っても，そのことを防げないであろう」という文意にふさわしいものを選ぶ。直後のorに気づく。or, and, butは並列関係を表し，orやandの場合はよく似た意味が，butの場合は違った意味がくることから，大きな手がかりとなる（何と何が並列関係にあるのかの見つけ方は**解法テクニック3**参照)。orの直後は「その他多くの恐ろしい予測」とあるので，マイナス表現を選ばなければならないことがわかる。**解法テクニック16**よりthatの直前文を見ると,「これは，環境保護庁からではなく国防総省から出た」とあるが，手がかりにならない。さらに前の文を読むと，「それらは世界規模での生存・資源競争を予言している」とある。これで，正解は(1)とわかる。

㋒ 正解は (2) 難

these inevitable changes「これらの避けられない変化」

(1)「より多くの会社が繁栄するであろう」

(2)「資源はより利用できなくなるであろう」

(3)「将来自転車に乗る人はより少なくなるであろう」

(4)「豊かな都市は過剰消費から恩恵を受けるであろう」

these があれば，直前文を見るのが原則（**解法テクニック16**参照）。直前文には「私は主に解放感と高揚感で，それをしている」とある。決め手にならない。さらに前の文では，「環境にいいからとか，価値があるからという理由で，自転車に乗っているのではない」とある。これも決め手にならない。さらに前の文（(F)を含む文）を見る。ここで，resource hogs「資源消費の激しいもの」が出てくる。これで，(2)が正解らしいと推測できる。しかし，まだ決め手に欠ける。さらに前文を見る。すると，inevitably が見える。「干ばつや洪水，失業，電力不足によって，多くの都市は必然的に失敗するであろう」とある。ここから，「干ばつや洪水，失業，電力不足」のようなマイナス表現の(2)を選べばよいことがわかる。

㋓ 正解は (4) 平易

that reason「その理由」

(1)「アジア諸都市は人口過密ではない」

(2)「アジアは汚染に苦しんできた」

(3)「アメリカ人はアジア人ほどエネルギーを使わない」

(4)「人口密度が高い都市では人々はそれほどエネルギーを使わない」

that があれば，直前文を見るのが原則（**解法テクニック16**参照）。直前文は，「都市の人口密度の高さは，市民が動き回る際に，それほどエネルギーを使わないということを意味する」とあるから，正解は(4)となる。

解答

〔1〕 (A)―(4) (B)―(3) (C)―(4) (D)―(1) (E)―(4) (F)―(3) (G)―(3) (H)―(1)

〔2〕 ㋐―(2) ㋑―(1) ㋒―(2) ㋓―(4)

第 3 章
会話文

出題傾向と解法のコツ

出題傾向 大問Ⅲ 会話文を完成させる問題

会話特有表現と会話の流れをつかめるかがポイント

設問番号	設問形式	内　　容	難易度
〔1〕 〔2〕	空所補充	〔1〕〔2〕とも，やや長い会話文の4つの空所に適する英文を10個の選択肢から選ぶ。	平易～標準

解法のコツ 会話文問題は満点が狙える！ ココを押さえよ！

先に選択肢に目を通して大まかな状況を把握し（その際，選択肢はあとで2度読みしなくていいように，文意を簡単にメモするか，キーワードに印をしておこう），それから会話文を読んで解答すると，時間の節約になるだろう。空所の前後に正解の手がかりがあるので，空所の前後は注意して読んでいかなければならない。答えに迷えば，後回しにして，わかるところから選んでいくとよい。

選択肢には会話特有の表現が多く現れる。基本的な会話表現はマスターしておかなければならない。

＜返答＞

That's too bad. / I'm sorry to hear that.	「それはお気の毒に」
No problem.	「大丈夫，お安いご用です」
Mind your own business!	「君が知ったことか！」
No way! / Far from it!	「とんでもない！」
Not really.	「まさか，そんなことありません」
Why not? / Be my guest.	「いいですとも」
I beg your pardon?	「もう一度言ってください」
Let me see.	「ええと，そうですね」
You said it. / You got it. / You can say that again.	「まったくその通り」
(The) same to you.	「君もね」
So what?	「だからどうしたの？」

＜勧誘＞	
Why don't you ～?	「～したらどうですか？」
Why don't we ～?	「～しませんか？」
＜not や mind を含む疑問文への返答＞	
➡ Yes，No に注意！	
Aren't you busy?	「君は忙しくないの？」
→ Yes, I am.	→「いいえ，忙しいですよ」
→ No, I'm not.	→「ええ，忙しくありません」
Would/Do you mind if ～?	「～してもいいですか？」
→ Not at all. / Of course not. / Go ahead.	→「（もちろん）構いませんよ，どうぞ」
→ Yes, I do mind.	→「いいえ，困ります」
＜店内で＞	
初めの一声と応答例	
Can/May I help you?	「いらっしゃいませ，ご用件は？」
→ I'm just looking.	→「（店で商品を）見ているだけです」
品物を要求されて	
Here you are.	「（品物を手渡しながら）はい，どうぞ」
＜「ありがとう」とその応答＞	
Thank you.	「ありがとう」
→ Not at all. / You're welcome. / Don't mention it. / My pleasure.	→「どういたしまして」
＜道案内＞	
I'm a stranger here.	「この辺りは不案内でして」
You can't miss it.	「（お尋ねの場所は）すぐ見つかりますよ」
＜待ち合わせ＞	
Could we make it at seven?	「7時に待ち合わせましょうか？」
I'll pick you up.	「車で迎えに行くよ」
Could you give me a ride?	「車に乗せてもらえますか？」

＜別れの挨拶＞	
Please give my best regards to ～.	「～によろしくお伝えください」
Take it easy.	「無理しないで／元気でね」
＜couldn't＋比較級の表現＞	
His health couldn't be better!	「彼の健康状態はおそらくこれ以上良くはならないだろう」=「最高に良い！」
He couldn't be happier.	「彼はおそらくこれ以上幸せなことはないだろう」=「今が一番幸せだろう」
We couldn't ask for more.	「おそらくこれ以上を望めないだろう」=「これで十分だ」
We couldn't agree less.	「おそらくこれより賛成しない（=反対する）ことはできないだろう」=「絶対反対だ」
Nothing could be better.	「最高だ」
＜その他＞	
How come ～?=Why ～?	「どうして～？」
Would you like ～? / Won't you have ～?	「～はいかがですか？」
I couldn't help it.	「仕方なかった」
I can't stand it.	「それには我慢できない」
I bet ～.	「きっと～だと思う」
That depends on ～.	「それは～次第です」
have got to *do*=have to *do*	「～しなくてはならない」
That's a shame.	「それは残念ですね」
What a coincidence!	「何という偶然でしょう！／奇遇ですね！」

19

2022年度　2月7日

目標解答時間　12分

〔1〕次の会話の㋐～㋓それぞれの空所に入れるのにもっとも適当な表現を(1)～(10)から一つ選び，その番号を解答欄にマークしなさい。

Hiking in the mountains

A: Shall we stop here for a while? It looks like a good place for a break.

B: Sure. Let's do that. (㋐) It'll take at least three more hours to get down again before sunset.

A: That's a good point. It'd be pretty scary trying to get back down this path in the dark.

B: It certainly would. (㋑)

A: Really? On this mountain?

B: No, not here. I was on a hiking holiday in Malaysia. I didn't realize how quickly it gets dark there compared to Japan.

A: That makes sense. It's closer to the equator, isn't it? Were you by yourself?

B: Thankfully not. (㋒) None of us were experienced hikers though, so it was still quite scary. After the sun went down, we got lost a couple of times. Our smartphones had no internet connection, and nobody had thought to bring a paper map.

A: It sounds like you hadn't really prepared very well. Did you have to sleep on the mountain?

B: No, we managed to find the right path in the end. That was really lucky, as we hadn't taken much food or water with us. We all felt so relieved when we finally saw the lights of the village.

A: I'm not surprised! (㋓)

B: Definitely not. Talking of which, we should probably get started again.

Otherwise the same thing might happen to us!

(1) My brother was with me.
(2) Was your hotel in that village?
(3) Which path should we take here?
(4) I'm hungry enough for breakfast now.
(5) We should make it a quick one, though.
(6) I was on holiday with a group of friends.
(7) I heard there are bears on this mountain.
(8) I don't suppose you'll make that mistake again.
(9) Actually, that happened to me a few years ago.
(10) That's why you should always take lots of water.

〔2〕次の会話の㋕～㋘それぞれの空所に入れるのにもっとも適当な表現を(1)～(10)から一つ選び，その番号を解答欄にマークしなさい。

In the library

A: Hi! I just moved to this city, and I'd like to apply for a library card. (㋕)

B: Do you have two forms of identification on you? You also need something to show where you currently live.

A: Let me see. I have identification, but nothing with my new address on it.

B: In that case, you'll need to come back when you have something that can prove your current address.

A: Wait! How about my apartment contract? (㋖) Will that be alright?

B: If it has your name on it, I think that will be alright.

A: Here's my driver's license, student ID, and my new contract.

B: OK, those will do fine. (㋗)

A: Thanks. Is it alright to use one of the desks over there to do that?

B: Sure. Let me make copies of your documents while you are writing.

A: No problem.

[*a few minutes later*]

B: Here's a temporary library card till we issue an official one. It'll be mailed to your new address. (㋘)

A: So, I can borrow books using this card from today?

B: Absolutely. Would you like a map of the library?

A: That'd be great. Thank you so much for all your help.

(1) Do I need it now?

(2) My rent is 400 dollars.

(3) How much will it cost?

(4) Are you a student here?

(5) Please fill out this form.

(6) Please wait for 30 minutes.

(7) It has my new address on it.

(8) It usually takes about a week.

(9) Could you tell me what I need?

(10) You can pick it up in two weeks.

解 説

〔1〕空所補充（やや長い会話）

山でのハイキング

A：「ここでちょっと休もうよ。休憩にはいいところみたい」

B：「そうね。そうしよう。（ ㋐ ） 少なくとももう3時間かかるよ。日没までにまた下りるには」

A：「それは大事なことだ。この道を暗くなってから引き返すのは，とても怖いだろうから」

B：「絶対そうだ。（ ㋑ ）」

A：「ほんとに？ この山で？」

B：「いや，ここじゃない。休みにマレーシアでハイキングしたんだよね。日本に比べて，そこがどれだけ早く暗くなるのかわかってなくてね」

A：「そりゃそうだ。赤道に近いんだよね？ 1人だったの？」

B：「幸いなことに，違ったね。（ ㋒ ） でも，誰一人，ハイキングに詳しい人がいなくて，だからやっぱりめちゃくちゃ怖かった。日が沈んでから，何回か道に迷って。スマホ，どれもネットにつながってなくって。誰も紙の地図を持ってこようなんて思ってなくてね」

A：「ちゃんと準備してなかったってことだね。山で寝なきゃいけなくなったの？」

B：「そんなことはない。最後にうまく本道が見つかったんだ。十分な食べ物も水も持ってなかったから，ほんとついてた。とうとう村の灯りが見えたときは，みんなほっとしたよ」

A：「そうだろうね！ （ ㋓ ）」

B：「絶対にね。そういえば，そろそろ出発した方がよくないかい。さもないと，また例の二の舞いになるかもよ！」

(1) 「私の兄が私と一緒だったんだ」
(2) 「ホテルはその村にあったの？」
(3) 「ここではどの道を行けばいいかな？」
(4) 「私は今朝食を食べたいほどお腹が空いているんだ」
(5) 「でも，早く済ませないとね」
(6) 「友だちとグループで休暇を過ごしていたんだ」
(7) 「この山には熊がいると聞いたよ」
(8) 「もう二度とそんな間違いはしないよね」
(9) 「実は，数年前そうなっちゃってね」
(10) 「だから，いつも水をたくさん持っていったほうがいいんだよ」

ⓐ 正解は (5) ―――― 標準

Aの「休息しよう」という提案に対し，Bはいったん肯定してからこの発言をしており，直後の「少なくとももう3時間かかる…」という発言から，「(しかし）ゆっくりしては，いられない」という趣旨の発言でないといけないとわかる。それは(5)「でも，早く済ませないとね」である。

ⓘ 正解は (9) ―――― やや易

直後のAの「ほんとに？　この山で？」という問いかけを挟んで，Bが続く3つの発言で遭難しかかった体験を述べていることから，直前のAの発言にある，暗い中で山を下りることに近い体験をしたという情報が入るとわかる。それは(9)「実は，数年前そうなっちゃってね」である。

ⓤ 正解は (6) ―――― やや難

マレーシアでのハイキングについてのBの発言で，直前のAによる「1人だったの？」という質問に対する答えの部分。直後にNone（2人ならNeitherを用いる）of usとあるので，3人以上の集団であるとわかる。よって，(6)「友だちとグループで休暇を過ごしていたんだ」がふさわしい。

ⓔ 正解は (8) ―――― 標準

Bの遭難しかけた話を受けてのAの発言で，Bの答えが「絶対にね」になるのは，(8)「もう二度とそんな間違いはしないよね」である。

〔2〕空所補充（やや長い会話）

図書館で

A：「こんにちは。この町に引っ越してきたところで，図書館カードを申し込みたいのですが。(　ⓚ　)」

B：「2種類の身分証明書をお持ちですか？　現住所がわかるものも必要です」

A：「えーっと。身分証明書はあるけれど，現住所が載っているものはないんです」

B：「では，現住所を証明できるものを持って，もう一度来ていただかないといけません」

A：「ちょっと待って！　アパートの契約書はどうでしょう？　(　ⓚ　)　それならいいですか？」

B：「名前が書いてあれば，大丈夫ですよ」

A：「はい，免許証，学生証，それから，新しい契約書も」

B：「はい，結構です。(　ⓚ　)」

A：「ありがとう。あそこの机を一つ，書くのに使ってもいいですか？」

B：「はい。ご記入の間に書類のコピーを取らせてくださいね」

A：「かまいません」

[数分後]

B：「こちらが，正式なカードの発行までの仮の図書館カードです。正式なカードは新しい住所に郵送でお届けします。（ ㋘ ）」

A：「じゃあ，このカードで今日から本を借りられるんですね？」

B：「もちろんです。図書館の地図はご入り用ですか？」

A：「それはありがたい。いろいろと本当に助かりました。ありがとうございます」

⑴ 「それは今いるんですか？」
⑵ 「家賃は 400 ドルです」
⑶ 「お金はどれくらいかかりますか？」
⑷ 「ここの学生さんですか？」
⑸ 「この書類に記入してください」
⑹ 「30 分ほどお待ちください」
⑺ 「新しい住所，書いてありますし」
⑻ 「たいてい，1週間程度で着きます」
⑼ 「何が必要か，教えてください」
⑽ 「2週間後に取りに来ていただけます」

㋕ **正解は** ⑼ ―――― 平易

直後にBが，身分証や住所確認のための書類を挙げているので，図書館カードの申し込みに必要なものを聞く表現になるはず。それは，⑼「何が必要か教えてください」である。

㋖ **正解は** ⑺ ―――― やや易

直前の「現住所を証明するもの」が必要だというBの発言に対して，Aがアパートの契約書を示す場面だから，⑺「新しい住所，書いてありますし」が適切。

㋗ **正解は** ⑸ ―――― 平易

返答としてAは「あそこの机を一つ使ってもいいですか」と言うのだから，「机が必要なこと」を依頼されたとわかる。よって，⑸「この書類に記入してください」がふさわしい。

㋘ **正解は** ⑻ ―――― 標準

「カードは…郵送でお届けします」に続く発言としてふさわしいのは，⑻「たいてい1週間程度で着きます」である。

解答

〔1〕 ㋐―⑸ ㋑―⑼ ㋒―⑹ ㋓―⑻
〔2〕 ㋕―⑼ ㋖―⑺ ㋗―⑸ ㋘―⑻

20

2021年度　2月9日

目標解答時間　12分

〔1〕次の会話の㋐～㋓それぞれの空所に入れるのにもっとも適当な表現を(1)～(10)から一つ選び，その番号を解答欄にマークしなさい。

At a company party

A：Hi, I'm Kate from marketing. I don't think we've met.

B：Hi, I'm Emi. I just started in sales this week.

A：Nice to meet you. I heard that someone from the Netherlands had recently been hired.（ ㋐ ）

B：Yes, that is probably me. I lived in the Netherlands for many years, but I'm not Dutch.

A：Oh, really? Why were you living there?

B：My parents are engineers. Their company sent them to the Dutch office.

A：Interesting! So, you must be fluent in Dutch then.

B：Not really. Our parents put us in an international school, so our school environment was English.（ ㋑ ）So I only learned basic Dutch greetings and how to order in a restaurant, but that's about it.

A：I see. I had heard that about the Dutch.（ ㋒ ）

B：Yes. One older and one younger. We spoke mostly Japanese around the house when our parents were around. Mostly English when it was just us kids.

A：So which is stronger, your English or your Japanese?

B：（ ㋓ ）

A：I see. Well, I'm looking forward to working with you. Good luck with the new position.

B：Thank you. I'll do my best!

(1) Have you ever met him?

(2) Most of my friends were Dutch.

(3) That wouldn't be you, would it?

(4) I majored in Dutch at university.

(5) Did you have many Dutch friends?

(6) I actually speak Dutch a bit better.

(7) Plus, the Dutch speak English very well.

(8) So I take it you have brothers and sisters?

(9) I was afraid that I wouldn't like Dutch food.

(10) My English is definitely the better of the two.

〔2〕次の会話の㋕～㋘それぞれの空所に入れるのにもっとも適当な表現を(1)～(10)から一つ選び，その番号を解答欄にマークしなさい。

At a host family's home

A: So, Yuki, did you put all your things away?

B: Yes, Ms. Wilson. (㋕)

A: Oh, please call me Lisa. You're part of the family now.

B: Thanks, Lisa. By the way, I have some gifts for you and the family.

A: (㋖) Let's all get together in the living room and open them.

B: Okay, that sounds good. (㋗) They're in my room.

A: Why don't you help me make some tea first?

B: Sure, I can help, but I don't drink tea. I hope you don't mind.

A: Not at all. (㋘)

B: That would be great. What kind do you have?

A: We have mango and passion fruit. Which one do you prefer?

B: I've never tried either of them. Let me try the mango.

(1) I have it.

(2) I prefer it hot.

(3) It didn't fit there.

(4) I'll go and get them.

(5) Oh, that's kind of you.

(6) What gifts do you like?

(7) Do you take your coffee black?

(8) I've already unpacked everything.

(9) Would you like some juice instead?

(10) Do you want me to help you with that?

解説

〔1〕空所補充（やや長い会話）

会社のパーティーで

A：「こんにちは，私はマーケティング部のケイトです。お会いするのは初めてだと思います」

B：「こんにちは，エミです。今週販売担当を始めたばかりです」

A：「はじめまして。最近，オランダ出身の人が雇われたと聞きました。（　あ　）」

B：「はい，おそらく私です。オランダには長年住んでいましたが，オランダ人ではありません」

A：「ああ，本当？　なぜそこに住んでいたのですか？」

B：「私の両親はエンジニアで，会社が彼らをオランダの事務所に行かせたのです」

A：「おもしろいですね！　それなら，あなたはオランダ語が堪能に違いありませんね」

B：「実はそうではないんです。両親は私たちをインターナショナルスクールに入れ，私たちの学校の環境は英語でした。（　い　）だから，私は基本的なオランダ語の挨拶とレストランでの注文方法は学びました。でも，それだけです」

A：「なるほど。オランダ人についてそのことは聞いたことがあります。（　う　）」

B：「はい。1人は年上でもう1人は年下です。両親がいるとき，私たちは家では主に日本語を話しました。子どもたちだけのときはほぼ英語でした」

A：「では，英語と日本語のどちらが得意ですか？」

B：「（　え　）」

A：「なるほど。私はあなたと一緒に働くことを楽しみにしています。新しいポストでがんばってください」

B：「ありがとう。がんばります！」

(1)「彼に会ったことはありますか？」
(2)「私の友達のほとんどはオランダ人でした」
(3)「あなたのことですか？」
(4)「大学ではオランダ語を専攻しました」
(5)「オランダ人の友達はたくさんいましたか？」
(6)「本当のところは，オランダ語の方が少し上手に話せます」
(7)「しかもオランダ人は英語がとても上手です」
(8)「ところで，あなたの話しぶりからするとご兄弟がいるのですか？」
(9)「オランダ料理が好みではないのではと心配でした」
(10)「その2つなら，完全に英語ですね」

ⓐ **正解は (3)** ―――――――――――――――――――――――――――― 標準

Aの第2発言では,「最近,オランダ出身の人が雇われたと聞きました」とあり,直後のBの発言では「はい,おそらく私です。オランダには長年住んでいました」と続いている。よって,(3)が適切。

ⓘ **正解は (7)** ―――――――――――――――――――――――――――― やや難

空所の直後には「だから,私は基本的なオランダ語の挨拶とレストランでの注文方法は学びました。でも,それだけです」とオランダに住んでいたが,オランダ語にはそれほど習熟していない旨の発言がある。So は因果関係を表すので,オランダにいるのにオランダ語が上達しない直接の理由となっている(7)が正解となる。

ⓤ **正解は (8)** ―――――――――――――――――――――――――――― 平易

空所の次の発言でBは「はい。1人は年上でもう1人は年下です」と答えており,この返事にふさわしい問いかけを選ぶ必要がある。Bは続けて家族内で会話に使う言語の話題に移っていることから,(8)が最も適切。直前のBの第4発言で,Bは our や us のように複数形を使っており,兄弟がいることをほのめかす内容であったことから,Aの空所の発言につながっていると考えられる。

ⓔ **正解は (10)** ―――――――――――――――――――――――――――― 平易

直前のAの「では,英語と日本語のどちらが得意ですか?」に対する答えは,学校でも兄弟間でも英語を話す環境で育ったことから,(10)となる。

〔2〕空所補充(やや長い会話)

ホストファミリーの家で

A:「さあ,ユキ,あなたは荷物をすべて片付けましたか?」

B:「はい,ウィルソンさん。(ⓚ)」

A:「あら,リサと呼んで。あなたはもう家族の一員よ」

B:「ありがとう,リサ。ところで,あなたとご家族へのプレゼントがあるんです」

A:「(ⓚ) みんなでリビングに集まって開けましょう」

B:「わかりました,いいですね。(ⓚ) それらは私の部屋にあるんです」

A:「まず紅茶を作るのを手伝ってもらえる?」

B:「もちろん,手伝います。でも私,紅茶は飲まないんです。お気遣いなく」

A:「わかったわ。(ⓚ)」

B:「いいですね。どんな種類がありますか?」

A:「マンゴーとパッションフルーツがあるわ。どちらがいい?」

B:「どちらも飲んだことがありません。マンゴーを試させてください」

(1) 「私はそれを持っています」

(2) 「熱い方が好きです」

(3)「それはそこには合いませんでした」
(4)「とってきます」
(5)「あら，ご親切に」
(6)「どんな贈り物が欲しいですか？」
(7)「コーヒーはブラックにしますか？」
(8)「荷解きはもう終わりました」
(9)「代わりにジュースはいかが？」
(10)「私にそれを手伝ってほしいですか？」

㋕ 正解は (8) ―――― やや難

Aの最初の質問「荷物をすべて片付けましたか？」の返答となる(8)「荷解きはもう終わりました」が正解。unpack は荷物として詰めたものを再び開けることである。

㋖ 正解は (5) ―――― 平易

直前の発言でBは「あなたとご家族へのプレゼントがあるんです」と言っており，これに対する返答は(5)「あら，ご親切に」と礼を述べるのが最も自然。

㋗ 正解は (4) ―――― 平易

直前のAの第3発言でプレゼントをリビングで開けようと提案されており，空所直後にBは「それらは私の部屋にあるんです」と言っている。よって，(4)「とってきます」が正解。

㋘ 正解は (9) ―――― やや易

直前のBの発言の中で，Bは紅茶を飲まないと言っている。その後，Aは第6発言でマンゴーやパッションフルーツを勧めていることから，紅茶の代わりのものを勧めたと考えるのが自然。よって，(9)が正解。instead「その代わりに」

解答

〔1〕 ㋐―(3) ㋑―(7) ㋒―(8) ㋓―(10)
〔2〕 ㋕―(8) ㋖―(5) ㋗―(4) ㋘―(9)

21

2020年度　2月2日

目標解答時間　12分

〔1〕次の会話の㋐～㋓それぞれの空所に入れるのに最も適当な表現を(1)～(10)から一つ選び，その番号を解答欄にマークしなさい。

In a city center

A：Are you enjoying your stay here in Oslo?

B：Yes, very much. (㋐)

A：Have you visited any of the art galleries?

B：No. But I'd like to. (㋑)

A：You must see the one dedicated to the works of the famous Norwegian artist Edvard Munch.

B：Is he the one who painted that picture of a person on a bridge?

A：That's right. It's called *The Scream*. (㋒)

B：Really? I found it kind of scary, myself.

A：I expect you'd like many of his other works though. If you like, I can show you around the gallery. I used to work there part-time.

B：Really? (㋓) Shall we go there now?

A：I've got a few things to do first. Can we meet here around 10 a.m.?

B：OK. See you in about 30 minutes, then.

(1) How about you?

(2) How many are there?

(3) Are you an artist too?

(4) It's my favorite painting.

(5) Can you recommend one?

(6) I hope to see her one day.

(7) What kind of work do you do?

(8) That must have been interesting.

(9) I'd rather visit the history museum tomorrow.

(10) But I seem to be running out of things to do.

〔2〕次の会話の㋕～㋘それぞれの空所に入れるのに最も適当な表現を(1)～(10)から一つ選び，その番号を解答欄にマークしなさい。

At a volunteer center

A：May I help you?

B：A friend sent me an ad about your organization. I was very impressed by how you help so many people. I'd love to volunteer if I can.

A：That's wonderful. I'll be happy to explain all the details of our programs. (㋕) That way we can put your personal information into our database.

B：I'd be happy to.

A：Do you live here in Gainesville?

B：Well, not exactly. I've always lived just outside of town. (㋖)

A：For some of our programs with emergency services it might, but it's not an issue in most cases.

B：(㋗) I'm right by the new highway.

A：Great. Also, do you have any dependents like children, parents, grandparents?

B：Only my cat. She's pretty independent though. Why do you ask?

A：Well, we're looking for people who are available to help out at the last minute. (㋘) Most people need to know in advance because they have other responsibilities.

B：Then I might be perfect for your organization. After this weekend, I'll be looking for things to fill my schedule.

A：Wonderful. Next week there's a training program for new volunteers.

(1) Oh, that's too bad.

(2) I used to live in town.

(3) I used to take the bus.

(4) But, they're hard to find.

(5) Does that make a difference?

(6) Have you volunteered before?

(7) Do you pay for transportation?

(8) Can you answer a few questions first?

(9) You said you're free most of the time, right?

(10) It actually doesn't take that long to get here.

解 説

〔1〕空所補充（やや長い会話）

街の中心部で

A：「ここオスロでの滞在，楽しんでいますか？」

B：「はい，とっても。（ ㋐ ）」

A：「美術館はどこか行きましたか？」

B：「いいえ。でも，行きたいです。（ ㋑ ）」

A：「有名なノルウェーの画家，エドヴァルド=ムンクの作品専門の美術館をぜひ見てください」

B：「あの，橋の上の人物の絵を描いた人ですか？」

A：「その通りです。『叫び』というタイトルです。（ ㋒ ）」

B：「本当に？　私はちょっと怖いと思いますが」

A：「でも，彼の他の作品は気に入ると思います。もしよければ，美術館を案内しましょう。昔そこでアルバイトをしていたんです」

B：「本当に？　（ ㋓ ）　今すぐ行きましょうか？」

A：「いくつかしないといけないことがあるんです。午前10時頃にここで待ち合わせしませんか？」

B：「わかりました。では，約30分後に」

(1)「あなたはいかがですか？」
(2)「いくつあるのですか？」
(3)「あなたも芸術家ですか？」
(4)「私の一番好きな絵なんです」
(5)「どこかお勧めの場所はありますか？」
(6)「いつか彼女に会いたいと思っています」
(7)「あなたはどんな仕事をしているのですか？」
(8)「それは面白かったことでしょう」
(9)「私はそれより明日歴史博物館を訪れたい」
(10)「でも，することがなくなりそうなんです」

㋐ 正解は (10) ―――――――――― 標準

次からの発言で，Aはムンクの美術館へ行くことを勧めている。よって，(10)「でも，することがなくなりそうなんです」が適切。

㋑ 正解は (5) ―――――――――― やや易

Aは直前の発言で美術館に行くことを勧めており，さらに空所後の「ムンク美術館に行かなくては」という主旨の発言から，「どこがいいのか」という主旨になる発言が入るとわかる。それは，(5)「どこかお勧めの場所はありますか？」である。

ⓤ 正解は (4) ―――― 平易

次に「本当に？　私はちょっと怖いと思いますが」という反応がくるということは，「怖い」とは異なる好意的な発言がなされたと考えられる。よって，(4)「私の一番好きな絵なんです」がふさわしい。

ⓔ 正解は (8) ―――― 標準

直前の「ムンク美術館でアルバイトをしていた」という発言に対する反応としてふさわしい発言は，(8)「それは面白かったことでしょう」である。

〔2〕空所補充（やや長い会話）

ボランティアセンターにて

A：「ご用件を伺いましょうか？」

B：「友人にここの広告を送ってもらったのです。とてもたくさんの人々を援助されていることに大きな感銘を受けました。私もできればボランティアをしたいのですが」

A：「それはすばらしい。喜んで私たちのプログラムの詳細をすべてご説明しましょう。(　か　)　それであなたの個人情報をうちのデータベースに入れられます」

B：「もちろん」

A：「ここゲインズビルにお住まいですか？」

B：「えーと，少し違います。ずっと住んでいるのは，ちょっと町外れなんです。(　き　)」

A：「緊急対応の必要ないくつかのプログラムでは，そうかもしれませんね。でも，大半の場合は問題ありません」

B：「(　く　)　私，新しくできた幹線道路のすぐ近くなので」

A：「すばらしい。それから，お子さん，親御さん，祖父母の方などの扶養家族はおられますか？」

B：「猫だけです。でも，(扶養の必要がないくらい) とっても好き勝手していますけど。どうしてそんなことを？」

A：「あのですね，私たちが求めているのは，土壇場でお手伝いいただける人なんです。(　け　)　大半の人はあらかじめ言っておかないといけないんですよ。他にも責任を負っておられることがありますので」

B：「では，私はこの団体にはぴったりかもしれません。この週末を過ぎれば，予定を埋めることを探すことになるんですから」

A：「すばらしい。来週，新人に対する研修がありますよ」

(1) 「おや，それはお気の毒に」
(2) 「私は昔，町に住んでいました」
(3) 「私は昔，バスに乗っていました」
(4) 「でも，そういう人はなかなか見つかりません」
(5) 「まずいですか？」
(6) 「以前ボランティアをしたことはありますか？」
(7) 「交通費を払えますか？」
(8) 「まず，いくつか質問にお答えください」
(9) 「たいていは暇ですとおっしゃいましたよね？」
(10) 「実際，ここに来るにはそんなにかかりません」

㋕ 正解は (8) ―― やや難

直後に「それであなたの個人情報をうちのデータベースに入れられます」という発言があり，後に住所や家族に関する質問が続いていることから，(8)「まず，いくつか質問にお答えください」となる。

㋖ 正解は (5) ―― やや難

この後の返答が「緊急のときはそうかもしれないが，大半の場合は問題ない」となっており，緊急の場合には少し問題があるという文脈だと推測される。よって，緊急時には問題があることを受けて，(5)「まずいですか？」とすれば，うまく会話がつながる。

㋗ 正解は (10) ―― やや易

「私，新道のすぐ近くなので」という発言が続くのだから，「移動に時間がかからない」という主旨の発言がふさわしいとわかる。それは，(10)「実際，ここに来るにはそんなにかかりません」である。

㋘ 正解は (4) ―― 難

次に「大半の人はあらかじめ言っておかないといけないんですよ」と続くのだから，「そんな（突然の要請にも応じられる）人は少ない」という主旨の発言であるとわかる。合致するのは，(4)「でも，そういう人はなかなか見つかりません」である。

解法テクニック18 接続詞は長文読解問題の場合と同じく大きなヒント！

会話文では，長文読解の文章ほど接続詞の登場する頻度は高くないが，使用された場合は解答の明確な根拠となる。

ここでは空所直前で「(私たちは) 土壇場で手伝ってほしい」，空所直後で「(大半の人は) あらかじめ言っておかないといけない」と，矛盾する内容が述べられている。これらより，逆接の接続詞 But を含むものが答えの候補に挙がってくる。

〔1〕 ㋐―⑽ ㋑―⑸ ㋒―⑷ ㋓―⑻ 解答
〔2〕 ㋕―⑻ ㋖―⑸ ㋗―⑽ ㋘―⑷

22

2020年度 2月8日

目標解答時間 12分

〔1〕次の会話の㋐～㋓それぞれの空所に入れるのに最も適当な表現を(1)～(10)から一つ選び，その番号を解答欄にマークしなさい。

About a circus

A：Have you ever been to a circus?

B：Yes, when I was a kid. Why?

A：There's one coming to town this week. (㋐) Would you like to have it?

B：(㋑) I really dislike the way they treat animals.

A：(㋒)

B：Really? Why not?

A：The animal protection regulations don't allow it.

B：(㋓) In that case, I'd be glad to use that ticket you offered me.

A：Here you are. Enjoy the show.

B：Thanks.

(1) That's too bad.
(2) I'm looking forward to it.
(3) I can't afford to buy a ticket.
(4) I'm very pleased to hear that.
(5) I just received an ad in the mail.
(6) Actually, I'm not keen on circuses.
(7) You can't have a circus without animals.
(8) They're much more interesting than humans.
(9) Someone gave me a ticket, but I can't use it.
(10) Animals don't perform in circuses here anymore.

〔2〕次の会話の㋕～㋘それぞれの空所に入れるのに最も適当な表現を(1)～(10)から一つ選び，その番号を解答欄にマークしなさい。

At the dentist

A：Hi, how are you? My name's Dr. Gardner. I've taken over this office from Dr. Linzer. (㋕)

B：Well, I've been having pain in my right lower back tooth for a few weeks now.

A：(㋖) Let me take a look. Is it worse when you have hot or cold drinks or when you bite down on it?

B：It sure is.

A：Unfortunately, it looks like you have a bad tooth. Shall we take care of it right now or would you like to make an appointment for next week?

B：(㋗) But, will my face be swollen afterwards? I have to work tonight.

A：Don't worry. If you put some ice on it, the swelling should go down in a few hours.

B：OK, then I'm ready when you are!

A：Alright. (㋘) Please lean back, open your mouth and relax. I'll be giving you some medicine first, so you won't feel anything. Are you ready?

B：As ready as I'll ever be!

(1) It will take too long.
(2) Have we met before?
(3) How long has it been?
(4) It hasn't been that long.
(5) When is it going to be for?
(6) How can I help you today?

(7) Another appointment is fine.

(8) That's probably a wise decision.

(9) Hmm, that doesn't sound so good.

(10) Honestly, I can't bear this pain any longer.

解 説

〔1〕空所補充（やや長い会話）

サーカスについて

A：「サーカスに行ったことある？」

B：「うん，子どもの頃にね。どうして？」

A：「今週，サーカスが町にやってくるんだ。（ あ ） 君は欲しい？」

B：「（ い ） 動物の扱い方がとても嫌なんだ」

A：「（ う ）」

B：「本当に？ どうしてしないの？」

A：「動物保護条例によって許可されていないんだ」

B：「（ え ） それなら，喜んで君がくれるチケットを使うことにするよ」

A：「はい，どうぞ。ショーを楽しんできて」

B：「ありがとう」

(1) 「お気の毒に」
(2) 「それを楽しみにしているよ」
(3) 「チケットを買うお金がないんだ」
(4) 「それを聞いてとてもうれしいよ」
(5) 「ちょうどメールで広告を受け取ったところさ」
(6) 「実はね，サーカスは好きじゃない」
(7) 「動物なしでサーカスなんてできないよ」
(8) 「彼らは人間よりもずっと興味深いんだ」
(9) 「ある人がチケットをくれたんだけど僕は使えなくて」
(10) 「ここではもう動物はサーカスで演技をしないんだよ」

あ 正解は (9) ―――― 平易

Aの第2発言では，町にサーカスがやってくると述べた後，「君は（それが）欲しい？」と尋ねている。ここで it の指すものとしてはサーカスのチケットと考えるのが自然。さらにBの第4発言で「それなら，喜んで君がくれるチケットを使うことにするよ」と言っていることもヒントとなる。よって，(9)が適切。

い 正解は (6) ―――― 平易

直前のAの申し出に対してBは「動物の扱い方が本当に嫌なんだ」と言っている。サーカスでの動物の扱い方に不快感を示しているBはおそらくサーカスに乗り気ではないと判断できる。よって，サーカスに対して否定的な意見を述べている(6)が適切。

㋒ **正解は ⑽** 標準

空所の次の発言でBは「どうしてしないの？」と理由を尋ね，さらにAは「動物保護条例によって許可されていないんだ」と答えている。よって，空所には条例で許可されていないため何かを「していない」という内容があてはまる。⑽「ここではもう動物はサーカスで演技をしないんだよ」が正解。

㋓ **正解は ⑷** やや易

サーカスでの動物の扱い方に否定的なBだが，Aの発言を聞き，空所の後では「それなら，喜んで君がくれるチケットを使うことにするよ」と心変わりしている。よって，動物が守られていると知って，⑷「それを聞いてとてもうれしいよ」と返答していると考えるのが適当。

解法テクニック⑲ 会話の流れが変わったところが狙われる！

空所補充の原則は，空所の前と後，両方に合うものを選ぶこと。空所の前だけ，あるいは後ろだけに合うものが，誤りの選択肢として混ぜられていることがある。難度の高い問題では，会話の流れが変わる部分が問われることもある。

ここでは，サーカスでの動物の扱い方を問題視しているBは当初「サーカスは好きではない」と発言しているが，空所の後ではサーカスへ行く流れとなっている。「動物保護条例によりその町のサーカスではもう動物の演技が許可されていない」という情報がBを心変わりさせたというのが，会話の流れのターニングポイントだ。

特に本問のように，会話後半で急に流れが変わる場合は，解いている側もとまどいやすいため，注意が必要だ。

〔2〕空所補充（やや長い会話）

歯医者にて

A：「こんにちは。私はガードナーです。リンザー医師からこの診療所を引き継ぎました。（ ㋕ ）」

B：「ええ，2，3週間前から右下の奥歯が痛むんです」

A：「（ ㋖ ） 見せてください。温かいものや冷たいものを飲んだときや，そこで噛んだときに痛みがひどくなりますか？」

B：「その通りです」

A：「残念なことに，虫歯のようです。今すぐに処置をしましょうか，それとも来週に予約を取りたいですか？」

B：「（ ㋗ ） でも後で顔が腫れたりしますか？ 今晩仕事をしなきゃいけないんです」

A：「心配はいりません。氷で冷やせば，腫れはきっと2，3時間で治まりますよ」

B：「わかりました。では用意ができればいつでもいいですよ！」

A：「わかりました。（ ㋘ ） 後ろにもたれて口を開けて，リラックスしてください。まず薬を打ちます。そうすれば何も感じなくなります。準備はいいですか？」

B：「準備万端です！」

⑴ 「長くかかりすぎるでしょう」
⑵ 「どこかでお会いしましたっけ？」
⑶ 「お久しぶり（何年ぶりになるでしょう）」
⑷ 「そんなに長くはありません」
⑸ 「いつになりますか？」
⑹ 「今日はどうされましたか？」
⑺ 「もう一度予約するのがよい」
⑻ 「それが良い決断だと思います」
⑼ 「うーん，それはまずそうですね」
⑽ 「正直なところ，この痛みにはもうこれ以上耐えられません」

㋕ 正解は ⑹ ―――― やや易

Aの自己紹介の後，Bは第1発言で自分の症状を説明している。よって，⑹「今日はどうされましたか？」と患者の具合を尋ねる表現が適切。

㋖ 正解は ⑼ ―――― 標準

Bが自分の歯痛の症状を説明したのを受けたAの発言である。まだ具体的な処置は始めていないので，⑼「うーん，それはまずそうですね」が適切。

㋗ 正解は ⑽ ―――― やや難

直前でAは虫歯の治療に関して，「今すぐに処置をしましょうか，それとも来週に予約を取りたいですか？」と選択を迫っている。また，Bは今晩仕事があるからと述べて，治療した際の顔の腫れを心配していることから，今この場で処置することを希望したと推測できる。よって，それを示唆する⑽「正直なところ，この痛みにはもうこれ以上耐えられません（から，今すぐに処置してください）」が正解。

解法テクニック⑳　差がつくのは行間を読む問いだ！

「今週末は暇ですか？」「はい，暇です」のような明らかな応答は，会話文問題の中では平易な問題と言えるだろう。一方で，会話の流れや，直接言葉にされていない箇所を，推測して解くような問いもある。

ここでは，「治療を今するか，来週にするか」と質問されたBは，「今」「来週」と答えるのではなく，「この痛みにはこれ以上耐えられない」と返答。つまり，ここで言葉にされていないのは「だから今すぐに処置してほしい」の心情だ。日本語にしてみれば，難なくわかることだが，会話の流れを理解し，その情景が頭に浮かんでいないと難しいことでもある。

㋘ **正解は (8)** ―――― 標準

処置後の顔の腫れを気にしていたBは，直前の発言で今から処置を受けることにするとAに伝えている。よって，その決断に対するAの返答としては(8)「それが良い決断だと思います」が適切。

解答

〔1〕 ㋐―(9) ㋑―(6) ㋒―(10) ㋓―(4)

〔2〕 ㋕―(6) ㋖―(9) ㋗―(10) ㋘―(8)

23

2018年度　2月9日

目標解答時間　12分

〔1〕次の会話のⓐ～ⓔそれぞれの空所に入れるのに最も適当な表現を(1)～(10)から一つ選び，その番号を解答欄にマークしなさい。

At a gym

A：Excuse me! (　ⓐ　)

B：That's right. How can I help you?

A：I missed the new members' orientation. (　ⓘ　)

B：Well, there are three simple things to remember. First, don't talk on your smartphone in the gym.

A：(　ⓤ　)

B：Then please answer it outside. Next, if you use any weights, put them away when you've finished.

A：For safety reasons, right?

B：That's right. Oh, and the last one. (　ⓔ　) They're in baskets around the gym.

A：Got it. Thank you for your help.

B：No problem. Let me know if you need anything.

(1) Is the gym closed?

(2) What if someone calls?

(3) How do I get stronger?

(4) Are you a trainer here?

(5) That's not a problem, is it?

(6) Are there any rules I need to follow?

(7) You can get healthy if you work hard.

(8) Running machines are by the back wall.

(9) Use the towels to clean everything you use.

(10) But what if I want to look at a training video?

〔2〕次の会話の㋕～㋘それぞれの空所に入れるのに最も適当な表現を(1)～(10)から一つ選び，その番号を解答欄にマークしなさい。

At the riverside

A：Here's a good spot to camp. (㋕) It's in your bag, right?

B：No. Didn't you pack it?

A：Of course I didn't. You were supposed to do that! (㋖)

B：Well, at least we can go fishing, then.

A：Yeah, but we don't have a place to sleep, and it's getting cold. (㋗)

B：We can't. I don't see any firewood lying around.

A：Then how are we supposed to cook dinner?

B：This camping trip is a total mess! Wait, is that thunder I hear?

A：(㋘) And I don't suppose you even brought any umbrellas.

B：Maybe we should find out where the nearest hotel is!

(1) I did.

(2) No, you don't.

(3) Looks like rain.

(4) Don't you feel cold?

(5) I really enjoy fishing.

(6) Shall we get the tent out?

(7) Did you ask for directions?

(8) Let's get a camp fire started.

(9) I brought the fishing equipment.

(10) Didn't you forget your fishing pole?

解 説

〔1〕空所補充（やや長い会話）

ジムで

A：「すみません！ （ ㋐ ）」

B：「そうです。何かお手伝いしましょうか？」

A：「私はジムの新入会員への説明会に参加できなかったんです。（ ㋑ ）」

B：「そうですね。覚えておいてもらいたい３つの簡単なルールがあります。１つめ，ジムの中ではスマートフォンで話してはいけません」

A：「（ ㋒ ）」

B：「そのときは屋外で電話に出てください。次に，ウエイトを使う場合，終わったら片付けてください」

A：「安全のためですね？」

B：「その通りです。そして最後のルールです。（ ㋓ ） それはジムのあちこちにあるカゴの中に入っています」

A：「わかりました。どうもありがとう」

B：「どういたしまして。何か必要があれば知らせてください」

(1)「ジムは閉まっていますか？」
(2)「誰かから着信があったときはどうすればいいんですか？」
(3)「どうしたら強くなりますか？」
(4)「あなたはこのジムのトレーナーですか？」
(5)「それは問題ではありませんよね？」
(6)「従わなければならないルールはありますか？」
(7)「一生懸命やれば健康になります」
(8)「ランニングマシンは後ろの壁のそばにあります」
(9)「使ったものはすべてタオルできれいに拭いてください」
(10)「でも，トレーニングビデオを見たかったらどうでしょうか？」

㋐ 正解は (4) ―――――――――― 平易

ジムでＡから声をかけられたＢは，第１発言で「そうです。何かお手伝いしましょうか？」と返答している。よって(4)「あなたはこのジムのトレーナーですか？」が正解。

㋑ 正解は (6) ―――――――――― 標準

Ｂの第２発言では，ジムの新入会員への説明会に参加できなかったＡに対して，ジムでのルールを教えている。よって(6)「従わなければならないルールはありますか？」が正解。

㋒ **正解は** ⑵ ——— 平易

ジムの中ではスマートフォンでの通話は禁止だと伝えたＢは，空所の後の第３発言で「そのときは屋外で電話に出てください」と言っている。よって，⑵「誰かから着信があったときはどうすればいいんですか？」が正解。What if ～？「もし～ならどうでしょうか？」

㋓ **正解は** ⑼ ——— 標準

Ｂの第４発言では，ジムで守るべき最後のルールが説明されている。空所の直後でＢは「それはジムのあちこちにあるカゴの中に入っています」と言っているので，最後のルールは，カゴに入っている何かを使って行うことだと考えられる。よって⑼「使ったものはすべてタオルできれいに拭いてください」が正解。

〔２〕空所補充（やや長い会話）

川辺で

Ａ：「ここはキャンプをするのにうってつけの場所だね。（　㋕　）　君のバッグに入っているよね？」

Ｂ：「いや，君が入れて持ってきたんじゃなかったのかい？」

Ａ：「もちろん，僕は入れてないよ。君が入れることになってたはずだよ！　（　㋖　）」

Ｂ：「うーん，それじゃあ少なくとも釣りには行けるね」

Ａ：「そうだな，でも寝るとこがないよ。だんだん寒くなってきた。（　㋗　）」

Ｂ：「できないよ。あたりにまきが落ちてない」

Ａ：「じゃあどうやって夕食を作ればいいんだ？」

Ｂ：「このキャンプ旅行は本当にひどいな！　待てよ，今聞こえてるのは雷かな？」

Ａ：「（　㋘　）　しかも，君は傘も持ってきてるわけないよね」

Ｂ：「どうやら最寄りのホテルを見つけたほうがよさそうだ！」

⑴「僕がやった」
⑵「いいや，君はしていない」
⑶「雨みたいだ」
⑷「寒くないの？」
⑸「本当に釣りを楽しんでいるんだ」
⑹「テントを出そうか？」
⑺「道を尋ねたの？」
⑻「キャンプファイヤーを始めよう」
⑼「僕は釣りの道具を持ってきたんだ」
⑽「釣り竿を忘れなかったの？」

㋕ **正解は (6)** ―――――――――――――――― 標準

Ａの第１・２発言，Ｂの第１発言で，キャンプ場に着いたＡとＢはあるものをどちらのバッグに入れたかで議論をしている。文脈からキャンプに欠かせないものであると推測できる。選択肢の中では(6)「テントを出そうか？」が最適。

㋖ **正解は (9)** ―――――――――――――――― 平易

Ｂの第２発言「うーん，それじゃあ少なくとも釣りには行けるね」より，釣りの準備ができていることがわかる。よって(9)「僕は釣りの道具を持ってきたんだ」が正解。

㋗ **正解は (8)** ―――――――――――――――― 平易

Ｂの第３発言「できないよ。あたりにまきが落ちてない」より，空所でＡはまきがないとできないことを提案していると考えられる。よって(8)「キャンプファイヤーを始めよう」が正解。

㋘ **正解は (3)** ―――――――――――――――― 平易

雷が聞こえたあとのＡの最終発言で，「しかも，君は傘も持ってきてるわけないよね」と言っていることから，傘が必要な状況であると推測される。よって(3)「雨みたいだ」が正解。

解答

〔1〕 ㋐―(4) ㋑―(6) ㋒―(2) ㋓―(9)

〔2〕 ㋕―(6) ㋖―(9) ㋗―(8) ㋘―(3)

24

2017年度 2月1日

目標解答時間 12分

〔1〕次の会話のⓐ～ⓔそれぞれの空所に入れるのに最も適当な表現を(1)～(10)から一つ選び，その番号を解答欄にマークしなさい。

At a dentist

A：Next, please.（ ⓐ ）
B：Not at all. Good to see you again, Doctor.
A：Hi. What brings you here today? Your appointment's next week. Right?
B：Yes, but after the last treatment something didn't feel right.
A：How so?（ ⓘ ）
B：I feel pain around the tooth you fixed.
A：OK. I'll take a look.（ ⓤ ）Ah, I think I see the problem.
B：What is it?
A：Well, it looks like you hurt your inner cheek by brushing too hard.
B：Oh, really?（ ⓔ ）What should I do?
A：I'll teach you how to brush your teeth once again.

(1) Can you describe it?
(2) Why did you do that?
(3) Come back next week.
(4) I don't recall doing that.
(5) Please open your mouth.
(6) Many thanks for your kindness.
(7) Sorry to keep you waiting out there.
(8) May I see your health insurance card?
(9) I don't think you have time to do this.

(10) I'll ask the receptionist to give you a prescription.

〔2〕次の会話の㋕～㋘それぞれの空所に入れるのに最も適当な表現を(1)～(10)から一つ選び，その番号を解答欄にマークしなさい。

At a hotel

A：I read many good comments about your hotel on the web. That's why my wife and I decided to book a room here for our vacation.

B：Thank you. (㋕)

A：I hear you can order concert tickets at this hotel. Unfortunately, I forgot the date of that big concert coming to town.

B：(㋖) Let me check it through our service desk.

A：Great! I hope it takes place during our stay here.

B：You're in luck. (㋗) We can reserve two tickets if you like.

A：Wonderful! That's exactly one of the reasons why I chose this hotel. (㋘)

B：Thank you. How would you like to pay? Cash or credit?

A：Credit. Just a minute. Oh, I forgot to bring my wallet!

(1) I don't plan to.
(2) The service is great.
(3) Now, how may I help you?
(4) That might not be the case.
(5) The concert finished yesterday.
(6) I'll write down your preference.
(7) What terrible customer service!
(8) It's going to be the day after tomorrow.
(9) Well, I would be happy to find out for you.
(10) Why don't you find it first, and then come back here?

解 説

〔1〕空所補充（やや長い会話）

歯医者で

A：「次の方どうぞ。（　あ　）」

B：「いえいえ。先生にまたお会いできて嬉しいです」

A：「こんにちは。今日はどうなさいました？　予約は来週のはずではなかったですか？」

B：「はい，でも前回の治療の後，ちょっと調子が悪いのです」

A：「どう調子が悪いのですか？　（　い　）」

B：「治療してもらった歯の周囲が痛いのです」

A：「そうですか。ちょっと見てみましょう。（　う　）　あ，なぜ痛いかわかりましたよ」

B：「何なのでしょうか？」

A：「そうですね。強く歯を磨きすぎて頬の内側を傷つけたようですね」

B：「え，本当ですか？　（　え　）　どうしたらいいでしょうか？」

A：「もう一度歯の磨き方をお教えしておきましょう」

(1)「説明して頂けますか？」
(2)「なぜそんなことをしたんですか？」
(3)「来週また来てください」
(4)「そんなことをした記憶はないのですが」
(5)「お口を開けてください」
(6)「ご親切にありがとうございます」
(7)「お待たせしてすみません」
(8)「健康保険証を見せて頂けませんか？」
(9)「これをする時間はあなたにはないと思います」
(10)「処方箋を出すように受付に頼みましょう」

あ　正解は (7) ―――――――――――――――――――――――――― 標準

次のBの発言がNot at all.「全然」となっているので，Aは何かBにとって不都合なことを言ったと推定される。それに相当するのは，(7)「お待たせしてすみません」である。

い　正解は (1) ―――――――――――――――――――――――――― 平易

Bが「治療後の歯の調子が悪い」と言った後にAは「どう調子が悪いのですか？」と聞いている。さらに空所直後の発言でBは具体的症状を伝えているので，

AがBに具体的な説明を求めている(1)「説明して頂けますか？」が正解。

㋒　**正解は (5)**　平易

Aの「ちょっと見てみましょう」と「あ，なぜ痛いかわかりましたよ」との間では，実際に患部である口の中を見たと推測される。よって，正解は(5)「お口を開けてください」である。

㋓　**正解は (4)**　難

Aから「強く歯を磨きすぎて頰の内側を傷つけたようですね」と言われたのに対して，Bは「え，本当ですか？」と意外に思っている返答をしている。よって，(4)「そんなことをした記憶はないのですが」が適切。recall *doing*「〜したことを覚えている」

〔2〕空所補充（やや長い会話）

ホテルで

A：「このホテルのことはネットで素晴らしいコメントをたくさん読みました。だから，ここで妻と二人で休暇を過ごすために部屋を予約することにしたのです」

B：「ありがとうございます。(　㋕　)」

A：「このホテルではコンサートのチケットが予約できると聞いているのですが。あいにく，その大きなコンサートが町で行われる日を忘れてしまったのです」

B：「(　㋖　)　サービスデスクに聞いてみます」

A：「ありがたい！　コンサートが私たちの滞在中にあればいいのですが」

B：「運がよろしかったですね。(　㋗　)　もしよろしければチケットを２枚ご予約できますが」

A：「よかった！　これがまさにこのホテルを選んだ理由の一つなんです。(　㋘　)」

B：「ありがとうございます。お支払いはどうなさいますか？　現金になさいますか，クレジットになさいますか？」

A：「クレジットでお願いします。ちょっと待ってください。あ，財布を持ってくるのを忘れてしまった！」

(1)「その予定はありません」
(2)「すばらしいサービスです」
(3)「どのようなことをお望みでしょうか？」
(4)「これは当てはまらないかもしれません」
(5)「コンサートは昨日終わりました」
(6)「お好みを書き留めましょう」
(7)「何てひどい顧客サービスだ！」
(8)「コンサートは明後日ですよ」

(9) 「喜んでお調べいたします」
(10) 「まず見つけて，それからまた来られたらいかがですか？」

㋕ **正解は** (3) ―――――――――― 平易

客であるAは次にコンサートのチケット予約のことを聞いている。したがってホテルのフロントの人は(3)「どのようなことをお望みでしょうか？」と言ったと考えるのが適切。なお，How may I help you？はもともと「どのようなお手伝いをしましょうか？」の表現で，店舗などで「いらっしゃいませ」という時に使われる。

㋖ **正解は** (9) ―――――――――― 標準

Aが「コンサートが町で行われる日を忘れてしまった」と言っているのに対して空所の直後でBは「サービスデスクに聞いてみます」と返答し，その日を調べようとしている。よって，空所に入るのは，(9)「喜んでお調べいたします」が適切。

㋗ **正解は** (8) ―――――――――― 平易

Bは客に「運がよろしかったですね」と言っており，空所の後では「もしよろしければチケットを2枚ご予約できますが」と言っている。よって，この間に入るのは，宿泊中にコンサートが行われることを示唆する表現(8)「コンサートは明後日ですよ」が適切。

㋘ **正解は** (2) ―――――――――― 平易

客のAがこのホテルのサービスを褒めており，空所の直後でBは「ありがとうございます」と礼を述べている。選択肢の中でその褒め言葉に相当するのは，(2)「すばらしいサービスです」である。

解答

〔1〕 ㋐―(7) ㋑―(1) ㋒―(5) ㋓―(4)
〔2〕 ㋕―(3) ㋖―(9) ㋗―(8) ㋘―(2)

25

2015年度　2月7日

目標解答時間 12分

〔1〕次の(A)～(C)はA・B二人の対話である。それぞれの（　　）に入れるのにもっとも適当な表現を(1)～(4)から一つ選び，その番号を解答欄にマークしなさい。

(A) A：I wish you wouldn't leave your dirty laundry on the floor.
B：(　　　)
A：That's what you always promise.

(1) I ironed it yesterday.
(2) Sorry, I won't do it again.
(3) Where should I put it then?
(4) Sorry, I promise I'll throw it away next week.

(B) A：Would you prefer to take a bus or taxi to the shopping mall?
B：(　　　)
A：That's fine, but we don't have much time to get there.

(1) Where is the taxi stop?
(2) I don't mind. And you?
(3) Yes, but a taxi is a lot more expensive.
(4) I'd rather take a bus if that's alright with you.

(C) A：All the tickets are sold out.
B：(　　　)
A：Yeah, it's a real shame.

(1) Can we still go?

(2) Oh, that's too bad.

(3) Don't worry, they go on sale tomorrow.

(4) Oh well, at least they weren't too expensive.

〔2〕次の会話の㋐～㋓それぞれの空所に入れるのにもっとも適当な表現を(1)～(10)から一つ選び，その番号を解答欄にマークしなさい。

At a dental clinic

A：So let me book your next appointment now, Mr Smith. (㋐)

B：No, that's not good for me. I'm flying to England.

A：England? That sounds exciting. Is it for business or pleasure?

B：A little of both. (㋑) But I should have a few days to do some sightseeing.

A：Make sure you see Buckingham Palace. (㋒) So, anyway, when will you be back?

B：Next Wednesday.

A：OK. How about next Friday afternoon? Is 4:30 a good time?

B：Just a moment. (㋓) That's perfect.

A：OK. So I've made an appointment for you to see Dr Jones next Friday at 4:30.

B：Thanks.

(1) Is that better for you?

(2) Will you return home?

(3) You're going to miss it.

(4) Let me send you an email.

(5) Let me check my schedule.

(6) You can't reserve a time for me.

(7) It's not somewhere that I enjoyed.

(8) Can you come back this Thursday?

(9) I'm going to a conference in London.

(10) It was the highlight of my trip last year.

解 説

〔1〕空所補充（短い対話）

Ⓐ 正解は (2) ―――――――――――――――――――――――――――― 標準

A：「汚れた洗濯物を床の上に置きっぱなしにするのはやめてほしいのだけど」

B：「(　　　)」

A：「それって，いつも約束していることよね」

(1) 「昨日私がそれにアイロンをかけたよ」

(2) 「ごめん，もう２度としないよ」

(3) 「それじゃ，どこにそれを置けばいいのだい？」

(4) 「ごめん，来週それを捨てると約束するよ」

直後文に promise が見えるからといって，早とちりして，(4)を正解にしてはならない。直前文から，洗濯物についての対話なので，洗濯物を捨てるのは不適当。約束になっている発言は(2)だけである。

Ⓑ 正解は (4) ―――――――――――――――――――――――――――― 平易

A：「ショッピングモールまで，バスかタクシーか，どちらで行きたいですか？」

B：「(　　　)」

A：「いいですよ，だけど，そこへ行く時間はあまりないですよ」

(1) 「タクシー乗り場はどこですか？」

(2) 「かまいません。あなたはどうですか？」

(3) 「はい，だけど，タクシーのほうがとてもお金がかかりますよ」

(4) 「あなたさえよければ，バスに乗りたいものですね」

直前文での「バスかタクシー」の選択についての応答になっているのは(4)しかない。(1)や(3)では，直後文とつながらない。

Ⓒ 正解は (2) ―――――――――――――――――――――――――――― 難

A：「チケットは完売だ」

B：「(　　　)」

A：「うん，本当に残念だ」

(1) 「まだ行けますか？」

(2) 「わあ，それは残念だ」

(3) 「心配しないで，明日発売されるから」

(4) 「ああ，それらは少なくとも高価過ぎはしなかったよ」

Aの最後の発言 it's a real shame を正しく解釈できたかどうかがポイント。受験生が shame を「恥」と解釈して，意味が取れないでいる場合が結構ある。shame には「残念」という意味もある。

Aの最後の発言から，(3)は不適当とわかる。また，(4)の「高価過ぎはしなかった」も不適当とわかる。(1)は全く見当違いな発言。正解は(2)となる。

〔2〕空所補充（やや長い会話）

歯科医院にて

A：「では，次回の予約を取りましょう，スミスさん。（　あ　）」
B：「いえ，その日は不都合です。イングランドへ飛び立つ予定なので」
A：「イングランド？　それは楽しみですね。商用ですか？　遊びですか？」
B：「両方ちょっぴりです。（　い　）　だけど，観光する日を少しは持たないとね」
A：「必ずバッキンガム宮殿を見てくださいよ。（　う　）　じゃあ，それでですね，いつお戻りですか？」
B：「来週の水曜日です」
A：「わかりました。来週の金曜の午後はどうですか？　4時半はご都合がいいですか？」
B：「ちょっと待ってください。（　え　）　申し分ありません」
A：「はい。では，ジョーンズ先生に来週の金曜4時半に予約しました」
B：「ありがとう」

(1)「そちらのほうがよいですか？」
(2)「帰国（帰宅）するのですか？」
(3)「あなたはそれを見逃すでしょう」
(4)「電子メールを送らせてください」
(5)「私の予定を調べさせてください」
(6)「あなたは私のために時間を取っておくことができません」
(7)「そこは私が楽しんだ場所ではありません」
(8)「今週の木曜日にまたこちらに来られますか？」
(9)「私はロンドンの会議に行く予定です」
(10)「それは昨年の旅行の目玉でした」

あ　正解は (8) ―――――――――― 平易

直前に「次回の予約」とあり，直後のBの応答に「いいえ」とあることから，予約を提案しているとわかる。それにふさわしいものを考える。(8)しかふさわしい選択肢はない。

い　正解は (9) ―――――――――― 標準

直前に，商用と遊びの両方だとある。直後文に，「だが，観光する日を持たなければならない」とある。逆接の But から，空所には商用に関する発言がふさわしいことがわかる。**解法テクニック❻**（But の後に主張あり！）参照。商用を内容とする選択肢は(9)しかない。

㋒ 正解は (10) ―――― 平易

直前に「バッキンガム宮殿をぜひ見てください」とあるので，推薦する理由が続くと予想できよう。推薦理由となるのは，(10)しかない。

㋓ 正解は (5) ―――― 平易

予約の日時を提案されたのだから，都合がいいかどうかを調べる発言が予想できよう。(5)が正解。

〔1〕 Ⓐ—(2) Ⓑ—(4) Ⓒ—(2)
〔2〕 ㋐—(8) ㋑—(9) ㋒—(10) ㋓—(5)

解答

26

2014年度　2月7日

目標解答時間 12分

〔1〕次の(A)～(C)はA・B二人の対話である。それぞれの（　　）に入れるのにもっとも適当な表現を(1)～(4)から一つ選び，その番号を解答欄にマークしなさい。

(A) A：Hello. This is Ms. Lee. I would like to change my Thursday evening reservation.

B：Certainly. Let's see. (　　　) What changes would you like to make?

A：There will be eight of us now.

(1) We don't have your reservation.
(2) Karin Lee, a group of six, for 7 p.m.
(3) I have a reservation for eight at 7 p.m.
(4) We are completely full at 7 p.m., Ms. Lee.

(B) A：(　　　)

B：Pretty good. I got 92 percent.

A：The time you put into studying really helped, didn't it?

(1) How did you do?
(2) How did you study for the test?
(3) Are you still wondering about it?
(4) Was there an examination yesterday?

(C) A：Did you try to call me last night?

B：(　　　)

A：That's strange. I wonder who it was then.

(1) No, unless it was by accident.

(2) Yes, you didn't answer, so I left a message.

(3) No, I must have called your number by mistake.

(4) Yes, I wanted to know what time we were meeting.

〔2〕次の会話の㋐〜㋓それぞれの空所に入れるのにもっとも適当な表現を(1)〜(10)から一つ選び，その番号を解答欄にマークしなさい。

At a theater

A：Jane! I didn't expect to see you here.

B：Hi! (㋐)

A：That's nice. By the way, how's the new job going?

B：(㋑) It's busier than my old job, though, and more challenging.

A：But you're enjoying it, right?

B：Yes, but I'm not used to the routine yet. By the end of the day, I'm quite tired.

A：(㋒)

B：Yes, you're probably right. And there are advantages.

A：(㋓)

B：Well, for one thing, I can cycle to work.

A：That must be nice.

(1) Not bad.
(2) I miss it.
(3) Like what?
(4) I can't stand it.
(5) It was sold out!
(6) It'll soon be time to go home.
(7) I'm sure you'll get used to it soon.
(8) I got tickets as a present from my husband.
(9) What's an example of something you dislike?
(10) Yes, and the amount of work is nothing like my old job.

解 説

〔1〕空所補充（短い対話）

(A) 正解は (2) ――――――――――――――――――――――――――――― 平易

A：「もしもし。私，リーですが。木曜日の夜の予約を変更したいのですが」

B：「かしこまりました。ええと。(　　　) どのように変更されたいのですか？」

A：「人数が8人になりました」

(1) 「あなた様の予約は承っていません」

(2) 「ケイリン=リー様，午後7時で6名様ですね」

(3) 「7時に8名の予約をしています」

(4) 「リー様，7時はすっかり満席となっています」

Aの最後の発言から，人数を8名に変更する電話であるとわかる。人数が異なる選択肢は(2)しかない。

(B) 正解は (1) ――――――――――――――――――――――――――――― 平易

A：「(　　　)」

B：「かなり良かったよ。92％取れたよ」

A：「勉強にかけた時間が本当に役立ったのよね？」

(1) 「どうだった？」

(2) 「テストのためにどんな勉強をしたの？」

(3) 「まだそれを考えているの？」

(4) 「昨日試験があったの？」

直後のBの発言に「かなり良かった」とあるので，試験結果はどうだったかという質問が予想できる。正解は(1)となる。

(C) 正解は (1) ――――――――――――――――――――――――――――― 標準

A：「昨晩電話かけてきましたか？」

B：「(　　　)」

A：「妙だな。じゃあ，誰だったのかな」

(1) 「いや，間違えてかけたのでなければ」

(2) 「はい，あなたが出なかったので，留守電に入れました」

(3) 「いや，間違って君の番号にかけたにちがいない」

(4) 「はい，会う予定の時刻を知りたかったので」

Aの最後の発言から，Bは電話をかけなかったことがわかる。No で始まる(1)と(3)に絞れる。(3)の内容は「かけた」ことになるので，不適当。(1)が正解。

〔2〕空所補充（やや長い会話）

劇場で

A：「ジェイン！　ここで会うとは思ってもいなかったわ」
B：「こんにちは！　（　㋐　）」
A：「それは素敵ね。ところで，新しい仕事はどんな具合なの？」
B：「（　㋑　）でもね，前の仕事より忙しいし，難しいのよ」
A：「でも，楽しんでいるのでしょ？」
B：「ええ，でも，まだ手順に慣れていないの。一日の終わりには，すっかり疲れているわ」
A：「（　㋒　）」
B：「ええ，たぶん，あなたの言うとおりね。それに，いいところもあるわ」
A：「（　㋓　）」
B：「そうね，1つには，自転車で仕事に行けるってことね」
A：「それは素敵じゃない」

(1)「悪くはないわ」
(2)「それがなくて不自由しているの」
(3)「たとえば，どのような？」
(4)「私はそれには我慢できないわ」
(5)「それは売り切れだったのよ！」
(6)「もうすぐ家に帰る時間になるわ」
(7)「きっと，すぐに慣れるわ」
(8)「夫からプレゼントとしてチケットを手に入れたのよ」
(9)「あなたが嫌いなものの例は何なの？」
(10)「ええ，それに，仕事量が前の仕事とまるで違っているのよ」

㋐ **正解は (8)** ―――――――――― 標準

劇場での会話ということを頭に留めていなければならない。直後のAの発言「素敵ね」から，良い内容の発言を探す。(8)しかない。

㋑ **正解は (1)** ―――――――――― 標準

直後の though に注目。**解法テクニック❻**（But の後に主張あり！）参照。直後の「前の仕事より忙しくて，難しい」から，though や but は逆接なので，前部分は逆に良い内容になることがわかる。(1)と(10)に絞れる。(10)は，疑問詞 how で問われて，Yes で応答するのは不適当。(1)を選ぶ。

㋒ **正解は (7)** ―――――――――― 標準

直前のBの発言内容が消極的な発言になっていることと，直後のBの「あなたの言うとおりね。それに，いいところもあるわ」という発言とから，前向きな発言を探す。(7)が正解。

㊁ 正解は (3) ―――――――――――――――――――――――――――― 平易

直前のBの発言中の advantages（「利益」）から，その具体的な内容が直後のBの自転車通勤できるという発言になっていると考えれば，(3)が正解とわかる。

解答

〔1〕 (A)―(2) (B)―(1) (C)―(1)
〔2〕 ㋐―(8) ㋑―(1) ㋒―(7) ㊁―(3)

27

2013年度 2月1日

目標解答時間 12分

〔1〕次の(A)～(C)はA・B二人の対話である。それぞれの（　　）に入れるのにもっとも適当な表現を(1)～(4)から一つ選び，その番号を解答欄にマークしなさい。

(A) A：The president has just announced she's quitting.

B：(　　　) There was no other option.

(1) She had to.

(2) Why is that?

(3) Are you sure?

(4) I can't believe it.

(B) A：Could you go to the supermarket for me?

B：(　　　)

A：Any time before noon.

(1) Right now?

(2) I've already been.

(3) Why don't you go?

(4) What do you need?

(C) A：Should I wear a suit tomorrow?

B：(　　　)

A：In that case I won't bother.

(1) Yes. Absolutely.

(2) No one else will.

(3) Perhaps you should.

(4) It would be appropriate.

〔2〕次の会話のⓐ～ⓔそれぞれの空所に入れるのにもっとも適当な表現を(1)～(10)から一つ選び，その番号を解答欄にマークしなさい。

At a zoo

A：Excuse me. I was wondering if I could ask you a few questions. It's for a school project.

B：Sure. (あ)

A：Well, to start with, why did you decide to become a zookeeper?

B：That's an easy question. Because I love animals, of course.

A：I see. (い)

B：Many things really. Taking care of newly born animals is particularly satisfying.

A：I see. Is there anything you dislike about working at the zoo?

B：(う) I couldn't imagine doing anything else.

A：It must be great to have found a job you love. Thanks for answering my questions.

B：(え) Good luck with your project.

(1) Not really.
(2) Don't mention that.
(3) When do you start?
(4) Working on a Sunday.
(5) Well there is one thing.
(6) I hope I was able to help.
(7) What school do you go to?
(8) What do you want to know?
(9) How many animals do you take care of?
(10) And what do you like most about your job?

解 説

〔1〕空所補充（短い対話）

(A) 正解は (1) ―――――――――――――――― 平易

A：「彼女が辞めると社長がちょうど発表したばかりだよ」

B：「(　　　) 他に選択肢がなかったんだよ」

(1) 「彼女は辞めざるを得なかったんだ」

(2) 「それはなぜなの？」

(3) 「本当かい？」

(4) 「信じられないよ」

直前のAの発言には彼女が辞めることが述べられていて，空所直後にはそれしか選択肢がないとあるから，辞める以外の選択肢はなかったということで(1)を選ぶ。その他の選択肢では，直後の内容とつながらない。

(B) 正解は (1) ―――――――――――――――― 平易

A：「私の代わりにスーパーへ行ってくれない？」

B：「(　　　)」

A：「正午前ならいつでもいいわ」

(1) 「今すぐに？」

(2) 「すでに行ってきたところだよ」

(3) 「なぜあなたが行かないの？」

(4) 「何が必要なの？」

空所直後のAの発言が時間のことを述べていることから，時間を述べた(1)を選ぶ。

(C) 正解は (2) ―――――――――――――――― 標準

A：「明日はスーツを着るべきかな？」

B：「(　　　)」

A：「それなら，わざわざ着ないよ」

(1) 「ええ。絶対よ」

(2) 「他の人は誰も着ないわ」

(3) 「恐らくは着るべきでしょうね」

(4) 「そのほうが適当でしょうね」

Aの最後の発言の意味が理解できるかどうか，つまり，I won't bother (to wear a suit). と省略が補えるかどうかがポイント。「わざわざ着ない」という意味が理解できれば，着ないと判断される内容を選べばよいことになる。(2)のみが着なくてもよいと判断できる内容である。

〔2〕空所補充（やや長い会話）

動物園で

A：「すみません。2，3質問してもいいですか。学校の課題なんです」

B：「いいですとも。（　あ　）」

A：「じゃあ，初めに，どうして飼育員になろうと決心したのですか？」

B：「簡単な質問だね。もちろん，動物が好きだからさ」

A：「わかりました。（　い　）」

B：「実にたくさんあるよ。生まれたての動物の赤ちゃんの世話が，特にやりがいがあるね」

A：「わかりました。動物園での仕事で何か嫌いなことはありますか？」

B：「（　う　）　他のことをするなんて想像できないなあ」

A：「好きな仕事を見つけたということはきっとすばらしいことですね。質問に答えていただきありがとうございます」

B：「（　え　）　課題がうまくいくことを祈るよ」

(1)「あまりないよ」
(2)「そんなこと言わないでくれ」
(3)「いつ始めますか？」
(4)「日曜日に働くこと」
(5)「ああ，1つあるよ」
(6)「お役に立てたのならいいんだけど」
(7)「どこの学校へ行っているの？」
(8)「何が知りたいの？」
(9)「何頭の動物を世話しているの？」
(10)「自分の仕事で何が一番好きですか？」

あ　正解は (8) ――― 標準

質問に答えることを承知したあとでの発言だから，質問の内容を知りたいという(8)を選ぶ。

い　正解は (10) ――― 平易

応答となる直後文が Many things really. で，「赤ちゃんの世話が，特にやりがいがある」と続くので，(10)を選ぶ。

う　正解は (1) ――― 平易

「嫌いなことはありますか？」に対する応答で，直後に「他のことをするなんて想像できない」とあるから，嫌いなことはあまりないと応じたことがわかる。

ⓔ **正解は** (6) ———————————— 難

「ありがとう」に対する応答だが，(2)を選ぶと落とし穴にはまってしまうことになる。「どういたしまして」は Don't mention it. で，Don't mention that. とは言わない。適切な応答は「お役に立てたのならいいんだけど」という(6)を選ぶ。

解答

〔1〕 Ⓐ―(1) Ⓑ―(1) Ⓒ―(2)

〔2〕 ㋐―(8) ㋑―(10) ㋒―(1) ㋓―(6)

第４章

文法・語彙

〈１〉空所補充（文法・語法）
〈２〉誤り指摘
〈３〉語句整序
〈４〉空所補充（語）
〈５〉類語選択

〈1〉空所補充（文法・語法）

出題傾向と解法のコツ

出題傾向 基本的な文法・語法がポイント

大問番号	内　容	難易度
Ⅳ	文法・語法に関する空所補充による短文の完成問題。4つの選択肢から適当なものを選ぶ。（8問）	平易〜やや難

〔頻出項目〕前置詞，時制，態，熟語，不定詞，分詞，仮定法，関係詞，接続詞，代名詞

空所補充に限らず，文法・語法問題では，動詞の後に続く前置詞や目的語の形（不定詞 or 動名詞）について問われることが多い。また，動詞の現在分詞と過去分詞についての問題など，全体的に動詞の語法と関連する問題が多いと言える。

解法のコツ 動詞の語法問題に注目！

毎年文法問題とともに，動詞の語法（使い方）に関する問いもコンスタントに出題されている。動詞を覚える際は意味だけでなく語法も覚えるようにしよう。

> I don't want to spend the rest of my life (　　　) my past decisions.
> (1) in regret　　(2) regret　　(3) regretting
> (4) to be regretting　　（2019年度　2月7日実施分）

本問は動詞 spend の語法を問うている。「費やす，過ごす」の意味はほとんどの受験生が知っているだろう。しかし，ここでは spend *A* *doing*「*A*（時間）を〜して過ごす」の用法を知っていて(3)を選ぶことができるかが問われている。

> Our neighbors apologized (　　　) so much noise.
> (1) for making　　(2) in making　　(3) to make
> (4) us to have made　　（2018年度　2月1日実施分）

本問は動詞 apologize の語法を問うた問題。「謝罪する」の意味だけでなく，apologize (to *A*) for *doing*「(*A* に) 〜したことで謝る」のように，実際にどのように使用するかまで知っていないと(1)の正解にはたどり着けない。

以上のように，単語を覚えたり英語で発信をしたりする際に「動詞の周辺」に注意を払って正しく使うことができるかどうかが語法問題の出来を決めることになる。

動詞の後に続く目的語の形（不定詞 or 動名詞）

動詞の後に続く目的語に，不定詞をとるか動名詞をとるかに関しては，おおまかに以下のルールがある。

「不定詞をとるのは未来志向の場合，動名詞をとるのは過去志向の場合」

未来に向かう積極的な意志を表す場合に使われる動詞（want，hope，expect，decide，plan，promise など）は目的語に不定詞をとり，動名詞はとらない。一方で，未来志向を阻止・回避する場合に使われる動詞（avoid，stop，give up，put off，escape，deny など）は目的語に動名詞をとり，不定詞はとらない。

このルール通りでないものもあるが，以下に挙げた主な動詞の語法は覚えておいた方がよい。

①目的語に動名詞をとる動詞

mind「～をいやがる」 enjoy「～を楽しむ」 give up「～を諦める」 avoid「～を避ける」 finish「～を終える」 escape「～を免れる」 practice「～を練習する」 put off「～を延期する」 postpone「～を延期する」 stop「～をやめる」 deny「～を否定する」 admit「～を認める」 imagine「～を想像する」 consider「～を考える」

②目的語に不定詞をとる動詞

hope「～を望む」 wish「～を望む」 expect「～を期待する」 plan「～を計画する」 mean「～するつもりである」 promise「～を約束する」 decide「～を決める」 agree「～に同意する」 refuse「～を拒む」

28

2022年度 2月8日

目標解答時間 7分

次の(A)～(H)それぞれの文を完成させるのに，下線部の語法としてもっとも適当なものを(1)～(4)から一つ選び，その番号を解答欄にマークしなさい。

(A) They have such a large house ______ twenty people can live in it.

(1) in which　(2) that
(3) where　(4) which

(B) Can you exchange the broken parts ______ new ones?

(1) between　(2) for
(3) from　(4) to

(C) All six cookies are gone, as I ate three and he ate ______.

(1) another　(2) other
(3) others　(4) the others

(D) Will you lend me a pen if you have ______?

(1) it　(2) one
(3) them　(4) those

(E) My friend scored ______ more points in the match than I did.

(1) a little　(2) many
(3) much　(4) very

(F) I have had a really good trip, and I cannot thank you ______ for your hospitality.

(1) enough　(2) except
(3) less　(4) so much

(G) I'll get my secretary ______ the document so that you will get it as soon as possible.

(1) pick up　　(2) picked up

(3) picking up　　(4) to pick up

(H) Nobody ______ any more to say, the meeting ended.

(1) has　　(2) has had

(3) have　　(4) having

解説

(A) 正解は (2) ―――― 平易

「彼らは20人が住めるような大きな家を持っている」

(4) which を関係代名詞として入れる場合は，後ろが不完全文となっている必要があるが，twenty people で始まる文は完全文である。また(1)や(3)の関係詞を使った表現は，後ろの文に先行詞となる a large house が欠けた構造になっている必要があるが，文末の it が a large house を指しているため，いずれも不適。これらより，空所に関係詞は入らないと考えられる。(2) that を関係代名詞ではなく，接続詞と考えると，such ～ that …「…ほどの～」の表現となり文意にも沿う。よって(2)が正解。

(B) 正解は (2) ―――― 標準

「壊れた部品を新しい部品に交換してもらえますか？」

exchange *A* for *B*「*A* を *B* に交換する」より(2)が正解。

(C) 正解は (4) ―――― やや難

「私が3枚，彼が残りを食べたので，6枚のクッキーはすべてなくなりました」

6枚のクッキーがなくなり，私が3枚食べたとあるので，彼が食べたのは残りの3枚である。(1) another は複数枚残っているうちの1枚を指し，(3) others は複数枚残っているうちのすべてではない複数枚を指し，(4) the others は複数枚残っているそのすべて，すなわち「その他全部」を指す表現。よって(4)が正解。(2) other は形容詞「他の」で，名詞の用法はない。

Check 1 another, others, the other(s) などの表現―*the* others は「その他全部」だ

①対象となるものが2つの場合，1つを one で表し，もう一方を the other で表す。

She has two kids. One is a boy and the other is a girl.

「彼女には子どもが2人いる。1人は男の子で，もう1人は女の子だ」

＊ other に定冠詞 the がつくのは，2人いて「その他の方」は1人に定まるから。

②対象となるものが3つ以上の場合，1つを one で表し，また別の1つは another で表す。残りが1つなら the other で，残りのものすべてを表すなら the others を用いる。

I have three sisters; one lives in Kyoto, another lives in Shiga, and the other is in Australia.

「私には3人の姉妹がいて，1人は京都に，1人は滋賀に，残りの1人はオーストラリアに住んでいる」

＊ another は不定冠詞 an＋other で，まだ残り2人いるうちの1人を意味する。一方，最後の the other は3人いて「その他」は1人に定まるから定冠詞がつく。

③あるグループを some で表し，また別のグループを others で表す。

Some students like volleyball, while others like baseball.

「バレーボールが好きな生徒もいる一方，野球が好きな生徒もいる」

④あるグループを some で表し，その他全部を the others で表す。
Some of the toys are yours, but the others are mine.
「おもちゃのうちのいくつかは君のものだが，その他全部はぼくのものだ」
＊ the others と定冠詞 the がつくのは，「その他全部」はどれか定まっているから。

(D) 正解は (2) 平易

「ペンを持っていたら貸してくれませんか？」

空所に入る語は a pen を受ける語であるから複数形は入らない。また，主節の Will you lend me a pen …? では，どんなペンでもよいというニュアンスなので，（前述した）特定のペンを指しているわけではない。よって，前に出た名詞を受けて a＋単数名詞を指す(2) one が正解。

(E) 正解は (2) やや難

「私の友人は，試合で私よりずっと多くの点を入れた」

(4) very は，比較級を修飾できない。more points のように可算名詞に比較級がついた表現は，(1) a little や(3) much では修飾できず，a few や many を使う。よって(2) many が正解。

Check 2 比較級を強調する表現 many more? much more?
①比較級の形容詞を強調する表現で代表的なものは much である。
Dave is *much* taller than Sam.
②形容詞の後ろに可算名詞が続く場合は many をつける。
Dave has *many* more friends than Sam.
③形容詞の後ろが不可算名詞の場合は much を用いる。
Sam has *much* more money than Dave.

(F) 正解は (1) 標準

「本当にいい旅ができた。あなたがたのもてなしには感謝してもしきれないほどだ」

「いくら感謝しても十分ではない」の意味で can't thank you enough もしくは can't thank you too much という表現を使う。よって，選択肢の中では(1) enough が最も適切。

(G) 正解は (4) やや難

「できるだけ早くお手元に届くように，秘書に書類を受け取らせましょう」

使役動詞 get は get *A* to *do*「*A* に～させる」のように目的語の後に不定詞を伴う。よって(4)が正解。

(H) 正解は (4) 難

「誰もそれ以上話すことがなく，会議は終了した」

英文では文（主語＋動詞）と文をカンマのみでつなぐことはできない。よって(1)・(2)・(3)はいずれも不適。(4) having のみが動詞ではなく現在分詞であり，ここでは分詞構文となっている。カンマ以前の Nobody having any more to say の部分は，従属節にすれば，As nobody had any more to say である。

Check 3 「文，（カンマ）文」はダメ！

カンマ（,）には節（SV）どうしをつなぐ役割はない。SV どうしをつなぐには接続詞を使うのが一般的である。これは特にライティングの際に注意すべき事項だが，客観問題で問われることもある。

たとえば本問の文であれば，Nobody had any more to say, so the meeting ended. や As nobody had any more to say, the meeting ended. というように接続詞を使って文をつなぐことができる。また別の手段として，分詞構文にすることで，片方の節を副詞節に「格下げ」して，Nobody having any more to say, the meeting ended. と書くこともできる。

解答

(A)―(2) (B)―(2) (C)―(4) (D)―(2) (E)―(2) (F)―(1) (G)―(4) (H)―(4)

29

2021年度　2月2日

目標解答時間　7分

次の(A)～(H)それぞれの文を完成させるのに，下線部の語法としてもっとも適当なものを(1)～(4)から一つ選び，その番号を解答欄にマークしなさい。

(A) Your sister hadn't met him before, ______?

(1) did he　(2) did she
(3) had he　(4) had she

(B) Unless you ______ the bell twice, nobody will hear it.

(1) don't ring　(2) rang
(3) ring　(4) will ring

(C) The telephone call ______ I thought was from my father was in fact from my sister.

(1) that　(2) what
(3) who　(4) whom

(D) All she did was ______ the event.

(1) report　(2) reported
(3) reporting　(4) reports

(E) He drives ______ often than his mother.

(1) fewer　(2) least
(3) less　(4) most

(F) You usually do very well on tests, ______ you are interested in the subject.

(1) did provide　(2) provide
(3) provided　(4) to provide

(G) He imagined ＿＿＿＿ a racing car.

(1) drive (2) driven

(3) driving (4) to drive

(H) No matter ＿＿＿＿ happens, Lisa will not give up studying economics.

(1) how (2) what

(3) when (4) where

解説

(A) 正解は (4) ―――――――――――――――――――――――――― 平易

「あなたのお姉さんは以前，彼に会ったことがありませんでしたよね？」

付加疑問の基礎。主文が否定のときは，通常の肯定の疑問形式になる。主語が女性で，過去完了の文であることから，正解は(4)である。

(B) 正解は (3) ―――――――――――――――――――――――――― 標準

「呼び鈴を2回鳴らさない限り，誰にも聞こえませんよ」

unless は「～しない限り」の意味だから，動詞は肯定形で用いるのが適切。また，条件を表す副詞節中なので，未来形の代わりに現在形が用いられる。よって，正解は(3)である。

(C) 正解は (1) ―――――――――――――――――――――――――― 難

「父親からだと思っていた電話は，実際には姉からだった」

空所に入る関係詞の先行詞は The telephone call である。これはもともと従属節の主語で，すなわち I thought (that) the telephone call was from … という形を前提に，従属節の主語の位置から先頭に移動したものである。よって，空所の関係詞は the telephone call という物を先行詞とする主格の関係代名詞 which または that であるから，正解は(1)に決まる。

(D) 正解は (1) ―――――――――――――――――――――――――― 標準

「彼女はただその出来事を報告しただけだ」

All (that) she did was (to) report …. という構造。was の後には did の内容を示す言葉がくる。was の後の補語の部分の to は省略可能。よって，正解は(1)となる。

Check 4　補語となる名詞的用法の不定詞では to が省略されることがある

特に主語の最後が do / does / did で終わる場合は省略されることが多い。

① All you have to do is (to) answer the 10 questions below.
「あなたは下の 10 の質問に答えさえすればよい」

② The best I can do is (to) try to love them.
「私にできることは，せいぜい彼らを愛そうとすることです」

(E) 正解は (3) ―――――――――――――――――――――――――― やや易

「彼が運転する頻度は母親よりも少ない」

than を用いていることから比較の文だとわかる。often の比較級は，more often か less often である。よって，正解は(3)に決まる。

(F) 正解は (3) ―――――――――――――――――――――――――― 難

「あなたがその教科に興味をもっていれば，テストもたいていよくできる」

空所に入るのは，従属節を導く，接続詞に近い働きをする語でなければならない。

それはprovidedかprovidingである。よって，正解は(3)である。provided thatやproviding thatはいずれも「もし～ならば」と条件を表す意で用いられる。

(G) 正解は (3) ―――― やや易

「彼はレーシングカーを運転するところを想像した」

imagineは目的語に動名詞を従える。よって，正解は(3)である。

(H) 正解は (2) ―――― 標準

「何が起ころうとも，リサは経済学を学ぶことをあきらめないだろう」

happenの主語として働くためには，（代）名詞でなければならない。選択肢の中では，代名詞の(2)のみがこれに相当する。

解答

(A)―(4) (B)―(3) (C)―(1) (D)―(1) (E)―(3) (F)―(3) (G)―(3) (H)―(2)

30

2020年度 2月9日

目標解答時間 7分

次の(A)～(H)それぞれの文を完成させるのに，下線部の語法としてもっとも適当なものを(1)～(4)から一つ選び，その番号を解答欄にマークしなさい。

(A) Where ______?

(1) is being held the event (2) is the event being held
(3) the event held is being (4) the event is being held

(B) A car was selling at a ______ price.

(1) so better (2) so well
(3) very good (4) very well

(C) ______ you were coming, I would have made more dinner.

(1) Had I known (2) Have I known
(3) I had known (4) I have known

(D) It was ______ I talked with Tom that I realized his sister got married.

(1) as long as (2) before long
(3) not only (4) not until

(E) I was ______ by a stranger when I was walking down the street.

(1) being spoken (2) having been spoken
(3) speaking with (4) spoken to

(F) When I was a girl, I ______ in the fields across from my house.

(1) have been playing (2) should play
(3) will play (4) would play

(G) Once ________, it cannot be erased.

(1) did before　　(2) done it

(3) it wrote　　(4) written

(H) There seems to have been no reason to reject it, ________?

(1) does it　　(2) does there

(3) doesn't it　　(4) doesn't there

解説

(A) 正解は (2) ―――――――――――――――――――――――――― 平易

「そのイベントはどこで行われるのですか？」

疑問詞 where の後ろは be 動詞＋主語の疑問文の語順となる。(2)が正解で，being held は is とともに，直前の名詞 the event を主語とする現在進行形の受動態を作っている。

(B) 正解は (3) ―――――――――――――――――――――――――― やや易

「ある車がとてもよい値で売られていた」

price という名詞を修飾できるのは副詞 well ではなく，形容詞 good である。また比較級を強める場合は far や much を用い，so は用いない。よって，(3)が正解。

(C) 正解は (1) ―――――――――――――――――――――――――― やや難

「あなたが来るだろうと知っていたら，夕食をもっと作ったのに」

カンマ以降の動詞部は would have *done* となっており，過去のことを仮定する仮定法過去完了の帰結節の形である。よって，空所には条件節として過去を仮定する If I had known を入れるのがよいが，本問ではその If を省略した形（If 省略の際は主語と直後の１語を入れ替える）が選択肢にあるので，(1)が正解。

Check 5 仮定法 if の省略

仮定法の文において if を省略する場合があるが，その場合は主語とその直後の１語を入れ替える。

「もしその事実を知っていたなら，彼女に電話をかけなかっただろう」

If I had known the fact, I wouldn't have called her.

→ Had I known the fact, I wouldn't have called her.

「希望がなければ，心は破れる」

If it were not for hope, the heart would break.

→ Were it not for hope, the heart would break.

(D) 正解は (4) ―――――――――――――――――――――――――― 標準

「私はトムと話をして初めて彼の姉が結婚したことを知った」

It is not until ～ that …は強調構文の１つで，「～して初めて…する」の意味である。(4)が正解。

(E) 正解は (4) ―――――――――――――――――――――――――― 標準

「私は通りを歩いていたとき，見知らぬ人に話しかけられた」

空所直後に by a stranger があることから，空所には受動態の表現が入ると考えられる。speak to ～は「～に話しかける」の意の句動詞で，これを受動態にすると，be spoken to by ～となる。よって，(4)が正解。

Check 6 句動詞の受動態

句動詞は複数語が合わさって意味を成す熟語である。受動態にする際も，この組み合わせを保ったまま動詞のみを過去分詞にする。

（能動態）

He took care of Mary's kids during the summer.

（受動態）

Mary's kids were taken care of by him during the summer.

(F) 正解は (4) —— 標準

「少女だった頃，私は家の向かいの原っぱでよく遊んだものだ」

When 節内の動詞が過去形なので，過去のことについての文だとわかる。選択肢の中で過去を表すのは(4) would play「（かつて）よく遊んだものだ」のみ。(1)の現在完了（進行）形は，明らかに過去を表す表現 When I was a girl とともには使えない。

(G) 正解は (4) —— やや難

「いったん書くと，消すことはできません」

カンマ以降は文の要素が揃っているので，それ以前の部分は副詞句あるいは副詞節の扱いとなることがわかる。Once S V ～，は従属節で「いったん～すると」の意味がある。本問では，従属節 Once it is written 内の主語と be 動詞が省略された形と考えて，(4)を入れるのが適切。

(H) 正解は (2) —— やや難

「それを断る理由はなさそうだったよね？」

文中に not もしくは no などの否定語を含む文の付加疑問は肯定となる。また，There is / are *A*. の文の主語は実際には *A* の部分であるが，付加疑問をつける際には，慣例的に文頭の there を主語扱いとする。よって，(2)が正解。

解答

(A)―(2) (B)―(3) (C)―(1) (D)―(4) (E)―(4) (F)―(4) (G)―(4) (H)―(2)

31

2019年度　2月1日

目標解答時間　7分

次の(A)～(H)それぞれの文を完成させるのに，下線部の語法として最も適当なものを(1)～(4)から一つ選び，その番号を解答欄にマークしなさい。

(A) I look forward to ______ from you soon.

(1) being heard　(2) hear
(3) heard　(4) hearing

(B) She is tall ______ a 5-year-old girl.

(1) along　(2) for
(3) in　(4) on

(C) ______ very hard over the weekend, the team completed the project before the deadline.

(1) Had been working　(2) Had worked
(3) Having worked　(4) Work

(D) It costs ______ to enter this opera house.

(1) for $25 for you　(2) $25 to you
(3) $25 you　(4) you $25

(E) Please remain seated until the seat belt sign ______ turned off.

(1) had　(2) has been
(3) is going to be　(4) was

(F) The teacher requested that the wrong answers ______ corrected.

(1) be　(2) been
(3) to be　(4) will be

(G) _______ hard the work is, we should not complain.

(1) However (2) Whatever

(3) Whenever (4) Whoever

(H) _______ it not for your support, I wouldn't be able to pass the course.

(1) Had (2) If

(3) Should (4) Were

解説

(A) 正解は (4) —— やや易

「私はあなたからすぐに連絡をいただけることを楽しみにしています」

look forward to は後ろに名詞（動名詞）をとる。したがって，(4)が正解。(1)は受け身なので，意味上不可。

Check 7　to の後に動名詞をとる注意したい表現　その 1

to の後には動詞の原形がくる場合が多いが，いくつかの表現は動名詞をとる。これはもともと名詞をとる箇所に動名詞が置かれていると考えると理解しやすいだろう。

① look forward to ～「～を楽しみにしている」

(a) They look forward to *the festival every August.*
「彼らは毎年 8 月の祭りを楽しみにしている」

(b) I look forward to *working with you.*
「あなたと一緒に仕事できることを楽しみにしています」

② get used to ～「～に慣れる」，be used to ～「～に慣れている」

(a) We've got used to *the new school life.*
「私たちは新しい学校生活に慣れた」

(b) Are you used to *getting up early*?
「早起きには慣れていますか」

(B) 正解は (2) —— 標準

「彼女は 5 歳の女の子にしては背が高い」

前置詞 for は「～にしては，～の割には」の意味で使われる。He looks young for his age.「彼は年の割には若く見える」のように使用される。(2)が正解。

(C) 正解は (3) —— 標準

「そのチームは，週末に一生懸命仕事をして期日までにそのプロジェクトを完遂した」

選択肢のいずれを入れるにせよ，カンマより前の部分には主語がなく，後半の主語 the team が省略された分詞構文であることがわかる。分詞から始まっているのは(3)のみである。

(D) 正解は (4) —— 標準

「このオペラハウスに入るのには 25 ドルかかる」

It は形式主語で，It costs *A B* to *do*「*A* が～するには *B* の金額がかかる」の構文。

(E) 正解は (2) —— やや難

「シートベルトのサインが消えるまで席を立たないようにお願いします」

発話の時点ではシートベルトのサインが消えていないので，未来形（未来完了形）を用いるのが自然に思われるが，時および条件を表す副詞節内では未来形の代わりに現在形（未来完了形の代わりに現在完了形）を用いることとなっている。until 以下は時を表す副詞節なので，will have been（未来完了形）を現在完了形とした(2)が正解。サインが消えるのはこれからのことであるから，(4)の過去形は不可。

(F) 正解は (1) 難

「先生は間違った答えを直すように求めた」

request は要求を表す動詞。request，suggest，order などの要求・提案・命令を表す動詞の目的語となる that 節には should *do* か，should を省略して動詞の原形を用いる。よって，(1)が正解。

Check 8 仮定法現在

要求・提案・依頼を表す動詞の目的語として続く that 節内では，現在形の動詞は使わず，should *do* もしくは should を省略して原形動詞を用いる（ちなみに現在形の動詞が使えないのは，この動作が実際には「(まだ) 行われていない」からである)。

（例１）The employees demanded that the rule (should) be changed.
「従業員たちは，規則が変更されることを要求した」

（例２）The doctor suggested that the man (should) be sent to another hospital.
「医者はその男を別の病院に送るよう提案した」

(G) 正解は (1) やや易

「どんなにその仕事が難しくても，私たちは不平を言ってはいけない」

選択肢はいずれも ever で終わる複合関係詞。空所直後の hard は形容詞であることから，形容詞とともに使える疑問詞は How の複合関係詞(1) However が適切。

(H) 正解は (4) やや難

「あなたの支援がなければ，そのコースに合格できないだろう」

カンマ以降の wouldn't be の部分で，過去の助動詞が使われていることから，仮定法であることが推測される。仮定法過去の表現，If it were not for ～「～がなければ」の主語を省略して倒置した Were it not for ～が正解である（Check 5 参照)。

解答

(A)—(4) (B)—(2) (C)—(3) (D)—(4) (E)—(2) (F)—(1) (G)—(1) (H)—(4)

32

2018年度　2月1日

目標解答時間　7分

次の(A)～(H)それぞれの文を完成させるのに，下線部の語法として最も適当なものを(1)～(4)から一つ選び，その番号を解答欄にマークしなさい。

(A) He has been working at that office ______ five weeks.

(1) during　(2) for
(3) in　(4) since

(B) She saw people standing in front of her, none of ______ she knew.

(1) what　(2) which
(3) whom　(4) whose

(C) Our neighbors apologized ______ so much noise.

(1) for making　(2) in making
(3) to make　(4) us to have made

(D) I wish it ______ rain here so much.

(1) didn't　(2) doesn't
(3) isn't　(4) weren't

(E) By the time I ______ at the party, most guests had gone home.

(1) am arriving　(2) arrive
(3) arrived　(4) would arrive

(F) Had you added salt, it ______ tasted better.

(1) had　(2) has
(3) will have　(4) would have

(G) This is now an apartment building, but it ______ a post office.

(1) used as
(2) used for
(3) used to be
(4) was used

(H) The staff had to accept ______ policy their boss decided.

(1) however
(2) whatever
(3) whenever
(4) whoever

解説

(A) 正解は (2) ―――――――――― 平易

「彼はその職場で働いて5週間になる」

完了形＋for 〜の形。この問題のように継続を表す完了（進行）形にあわせて「期間」を表す際の前置詞は for。完了（進行）形＋since 〜の形は，since の後に特定の時を表す節や名詞（句）がくる。

(B) 正解は (3) ―――――――――― 難

「彼女には人々が彼女の前に立っているのが見えた。その人たちを彼女は誰も知らなかった」

空所直後の she knew の後ろに目的語がないことから，none of (　　　) がその目的語に相当することがわかる。これより，空所に入る関係代名詞の先行詞は people であると推測される。よって，人を先行詞とする関係代名詞の目的格 whom が正解。

(C) 正解は (1) ―――――――――― 標準

「私たちの隣人は非常に大きな音を立てたことを謝罪した」

apologize は apologize（to *A*）for *B*「（*A* に）*B* のことで謝罪する」と使う。ここは to *A* が省略された形。

(D) 正解は (1) ―――――――――― 標準

「ここがそんなに雨の降らないところであればいいのに」

wish の後ろに節をとる場合，wish＋仮定法の形になる。選択肢の中では，現在の仮定をしていると考え，過去形の(1)を入れるのが正解。rain は動詞なので(4)の be 動詞を併用することはできない。

(E) 正解は (3) ―――――――――― 標準

「私がパーティーに到着する頃には，ほとんどの客が家に帰ってしまっていた」

主節が had gone と過去完了になっていることから，「私がパーティーに着いた」のは過去の話だとわかる。よって，(3)が正解。なお，by the time S V は時の副詞節なので，(4)の would の入る形は不可。

(F) 正解は (4) ―――――――――― 難

「もし塩を加えていたら，もっとおいしかったであろうに」

仮定法過去完了の if 省略ならびに倒置の形である（Check 5 参照）。従属節（Had 〜）が過去完了形であることから，過去の仮定を表した文であると推測されるので，主節の動詞部は助動詞の過去形＋have *done* の形が適切。よって，(4)が正解。

(G) 正解は (3) ―――――――――― 標準

「この建物は今ではアパートになっているが，昔は郵便局だった」

it の指すものは an apartment building である。used to *do* は「昔は〜したものだ，〜であった」と，現在と対照して過去の状態や習慣を述べる際に用いられる。ちなみに be used to *doing* は「〜するのに慣れている」の意。

Check 9 過去と現在との対比を表す used to *do*

used to *do* は「かつては〜だった（が現在はちがう）」という対比の表現だ。

She used to bowl every week with her father.

「彼女は毎週，父親と一緒にボウリングをしていた（が現在はしていない）」

They used to be such nice boys.

「彼らは昔はいい子だったんだが（現在はちがう）」

(H) 正解は (2) ——— 標準

「スタッフは上司の決めたことは何でも受け入れなければならなかった」

選択肢の複合関係詞（-ever）は，名詞節か副詞節のいずれかを作るが，本文では accept の目的語となっていることから，名詞節を作っていることがわかる。この名詞節内で decided の目的語になり，名詞の policy を修飾できるのは whatever だけである。

解答

(A)―(2) (B)―(3) (C)―(1) (D)―(1) (E)―(3) (F)―(4) (G)―(3) (H)―(2)

33

2017年度 2月7日

目標解答時間 7分

次の(A)～(H)それぞれの文を完成させるのに，下線部の語法として最も適当なものを(1)～(4)から一つ選び，その番号を解答欄にマークしなさい。

(A) We all look forward to _______ you in Kyoto.

(1) be welcoming　(2) have welcomed
(3) welcome　(4) welcoming

(B) What does Mary think _______ a long, healthy life?

(1) determine　(2) determines
(3) determining　(4) to determine

(C) The stories Jane wrote 10 years ago may be more interesting than _______ she is writing now.

(1) story　(2) that
(3) them　(4) those

(D) _______ working all the time, you should take a break.

(1) As though　(2) Because
(3) Despite　(4) Instead of

(E) In summer, she will travel abroad _______.

(1) for a few weeks　(2) for some weeks now
(3) these past few weeks　(4) these upcoming weeks

(F) The quality of this work is _______ anything I have seen before.

(1) among　(2) besides
(3) between　(4) beyond

(G) I was _______ my bag, so I went to the police station.

(1) robbed (2) robbed of

(3) stolen (4) stolen of

(H) Tom has _______ friends of anyone I know.

(1) fewer (2) less

(3) the fewest (4) the least

解 説

(A) 正解は (4) ―――――― 平易

「私たちは皆，あなたを京都でお迎えするのを楽しみに待っています」

look forward to に続くのは名詞もしくは動名詞。よって，正解は(4)である。

Check 10　to の後に動名詞をとる注意したい表現　その2

to の後には動詞の原形がくる場合が多いが，いくつかの表現は動名詞をとる。これはもともと名詞をとる箇所に動名詞が置かれていると考えると理解しやすい。

③ When it comes to ～「～のこととなると」

(a) When it comes to *physics*, you should talk to Amos.
「物理のこととなれば，エイモスに聞くとよい」

(b) When it comes to *fishing*, nobody can beat him.
「釣りのこととなると誰も彼には勝てない」

④ What do you say to ～?「～はいかがですか？」

(a) What do you say to *my idea*?
「私の考えについてどう思いますか？」

(b) What do you say to *eating out tonight*?
「今晩外食するのはどう？」

⑤ object to ～「～に反対する」

(a) Many people objected to *the new airport.*
「多くの人々が新しい空港に反対した」

(b) He objected to *supporting her.*
「彼は彼女を支持することに反対した」

(B) 正解は (2) ―――――― 難

「健康で長生きする決め手は何だとメアリーは思っていますか」

この場合の does Mary think の部分は挿入句と考えることができる。What (　　) a long, healthy life ? となり，What の動詞にあたるものとして適切なのは(2)である。

(C) 正解は (4) ―――――― 平易

「ジェインが 10 年前に書いた物語は，今書いているものよりも面白いかもしれない」

この文で比較されているのは，主語の The stories Jane wrote 10 years ago と than 以下の (　　) she is writing now である。よって，空所には，the stories を代名詞で表した(4)が入る。

(D) 正解は (4) ―――――― 標準

「一日中働いたりしないで，休憩をとるべきだ」

空所の後ろが動名詞であることから，後ろに名詞をとれる(3)か(4)が正答の候補となる。「〜せずに」という否定的な意味をもっており，文脈上ふさわしいのは，(4)である。

(E) 正解は (1) ――― 平易

「夏には，彼女は数週間海外旅行をするでしょう」

in summer という表現および未来形とともに使える副詞句は(1)しかない。

(F) 正解は (4) ――― 標準

「この仕事の質はこれまでに目にしたどれよりも上だ」

beyond は「〜の域を超えて，〜にまさって」の意があり，beyond any 〜で「どんな〜より」と最上級を表す表現となる。よって，(4)が正解。

(G) 正解は (2) ――― 標準

「私はバッグを盗まれたので，警察署に行った」

steal は物を主語にした受動態しか作れない。一方，rob は rob *A* of *B*「*A* から *B* を奪う」の形で用いられ，受動態では人を主語にすることができる。よって，(2)が正解。

Check 11 「盗む」steal と rob の用法の違い

① steal は「(物を) 盗む」の意で，目的語は物。

He stole my camera.「彼は私のカメラを盗んだ」

よって受動態は，盗まれた物を主語にした表現となる。

My camera was stolen (by him).「私のカメラは（彼に）盗まれた」

② rob は「(人から，場所から) 盗む」の意で，目的語は人（や場所）。

Somebody robbed me of my camera.「誰かが私のカメラを盗んだ」

よって受動態は，盗まれた人（や場所）を主語にした表現となる。

I was robbed of my camera (by somebody).「私は（誰かに）カメラを盗まれた」

(H) 正解は (3) ――― 難

「トムは知り合いの中では一番友人が少ない」

可算名詞を修飾する「少ない」の表現は little ではなく few である。さらに，後ろに than があれば比較級を用いる表現が使われるが，of が使われているので最上級の表現を選ぶ。よって，(3)が正解。

解答

(A)―(4) (B)―(2) (C)―(4) (D)―(4) (E)―(1) (F)―(4) (G)―(2) (H)―(3)

34

2016年度　2月7日

目標解答時間　7分

次の(A)～(H)それぞれの文を完成させるのに，下線部の語法としてもっとも適当なものを(1)～(4)から一つ選び，その番号を解答欄にマークしなさい。

(A) While watching a movie at a theater last night, I had my phone ______.

(1) steal　　(2) stealing
(3) stole　　(4) stolen

(B) ______ I go to the festival this weekend or not is none of your business.

(1) Although　　(2) Whenever
(3) Whether　　(4) While

(C) Avocados have 77% fat in them, ______ them one of the fattiest foods.

(1) are made　　(2) has made
(3) makes　　(4) making

(D) If he had presented the idea earlier, more attention ______ to it.

(1) had been paying　　(2) had paid
(3) might have been paid　　(4) would he be paying

(E) Playing the guitar is as exciting to Harry ______ Leonard.

(1) as singing is to　　(2) for singing is as
(3) for what singing　　(4) to singing as

(F) My friend suggested ______ an English dictionary to school every day.

(1) me bringing (2) me to bring

(3) that bringing (4) that I bring

(G) I attended a lecture on physics, but I did not understand ______.

(1) few of them (2) less of them

(3) many of it (4) much of it

(H) Her novel won the first ______ prize in children's literature.

(1) any (2) even

(3) ever (4) very

解説

(A) 正解は (4) ――― 平易

「昨夜映画館で映画を観ている間に，私は電話を盗まれた」

have *A done* で「*A* を～してもらう，される」のように使役や経験（被害）の意味を表す。よって，(4)が正解。

Check 12 have O＋原形（*do*）？ 過去分詞（*done*）？ 現在分詞（*doing*）？

〈have O □〉の□部分には，いろいろな形の動詞が入る。O と□を S V の関係に見立てて決定すればよい。

① have O 原形　「O に～させる，O に～してもらう」
　→ O が□する
② have〔get〕O 過去分詞　「O を～させる，O を～してもらう，O を～される」
　→ O が□される
③ have〔get〕O 現在分詞　「O に～させておく」
　→ O が（気ままに，意外にも）□している
　（例）I can't have you running all over the place.
　　「おまえをここらじゅう走り回らせておくわけにはいかない」
　→ you が目の前で走っている，という進行形の関係がある。

※②と③の場合は get と have を入れ替えることができるが，①の場合は get O ではなく，get O to *do* の形になる。

(B) 正解は (3) ――― 標準

「この週末に私がお祭りに行くかどうかは，君には関係がないことだ」

空所から or not までが文全体の主語となっているので，名詞節を作ることのできるものを選ぶ必要がある。or not とあるので「～かどうか」という意味になる接続詞(3) Whether を選べばよい。

(C) 正解は (4) ――― 標準

「アボカドは 77％が脂肪であり，脂肪分が最も多い食品の一つである」

前半部分（in them まで）で文が完結しているので，後半は接続詞を使うか，分詞構文にする必要がある。選択肢の中では(4)を選び，分詞構文とするのが正解。

(D) 正解は (3) ――― 平易

「彼がもっと早く考えを示していれば，もっと注目されていたかもしれない」

条件節（If ～）内が過去完了形であることと，文脈から過去の仮定をしていることがわかる。よって，帰結節は助動詞の過去形＋have *done* の形となる(3)を選ぶ。

Check 13 仮定法の基本

①現在の仮定（仮定法過去）

If S'＋過去形～, S would〔could / might〕*do* …

②過去の仮定（仮定法過去完了）

If S'＋過去完了形（had *done*）～, S would〔could / might〕have *done*…

(E) 正解は (1) ―――― 標準

「ギターを弾くのがハリーにとって胸がわくわくすることなのは，歌を歌うことがレオナルドにとってわくわくすることなのと同じである」

as exciting となっているから，as ～ as 構文であるとわかる。as ～ as の後は，主節と同じ構造になるのが原則。本問は Playing the guitar is exciting to Harry. と Singing is exciting to Leonard. を比較した文と考えられ，(1)が正解となる。

(F) 正解は (4) ―――― 難

「友人は私に毎日英語の辞書を学校に持っていってはどうかと提案した」

suggest が「～を提案する」の意味で，目的語に that 節をとるときは，節内は仮定法現在あるいは *A* should *do* という形になる（Check 8参照）。よって，正解は(4)である。

(G) 正解は (4) ―――― 標準

「物理の講義に出たけれど，あまりよくわからなかった」

a lecture on physics は単数形なので，代名詞 it で受ける。また，many of の後ろは複数名詞となるので，(4)が正解。

(H) 正解は (3) ―――― 難

「彼女の小説は児童文学初の賞を受賞した」

ever は「今までで」という意で，first と組み合わせることで「これまでで最初の」という意となる。ever はこの他にも最上級表現と結びついて強調することが多い。よって，正解は(3)である。（例）This was the most impressive movie ever.「これは今までで最も印象的な映画でした」

解答

(A)―(4) (B)―(3) (C)―(4) (D)―(3) (E)―(1) (F)―(4) (G)―(4) (H)―(3)

35

2015年度　2月2日

目標解答時間　3分

次の(A)～(D)それぞれの文を完成させるのに，下線部の語法としてもっとも適当なものを(1)～(4)から一つ選び，その番号を解答欄にマークしなさい。

(A) I remember ______ him, but can't seem to remember his name.

(1) in meeting　(2) meeting
(3) to have met　(4) to meet

(B) ______ economically, the bottle will last for at least two months.

(1) To use　(2) Use
(3) Used　(4) Using

(C) I owe ______ I am today to my high school teacher, Ms. Takemoto.

(1) that　(2) what
(3) when　(4) whom

(D) I ______ a can of coffee while I was driving by the store yesterday.

(1) am stopping to buy　(2) have stopped buying
(3) stopped buying　(4) stopped to buy

解説

(A) 正解は (2) 平易

「彼に会ったことは覚えているが，名前が思い出せないようだ」

remember と forget は目的語に不定詞（to *do*）と動名詞（*doing*）の両方を目的語に取る動詞で，その語法が頻出である。次の **Check** 14 から，問題文では過去に会ったわけだから，動名詞の(2)を選ぶ。

> **Check** 14 Back to the Future !
>
> 本来，不定詞は未来志向性・積極性を帯び，動名詞は過去志向性・消極性（中断・回避）を帯びている。ちなみに，目的語になれるのは，不定詞か動名詞かということがポイントとなる問題もおおよそその性質から解決できよう。
>
> remember to *do*「これからすることを覚えている，忘れずに～する」
> remember *doing*「過去に～したことを覚えている」
> forget to *do*「これからすることを忘れる」
> forget *doing*「過去に～したことを忘れる」
>
> これを忘れない合言葉が「Back to the Future !」である。つまり，remember，forget の後ろ（Back）に to があれば，未来（the Future）の意味を表すということである。

(B) 正解は (3) 標準

「節約して使えば，そのボトルは少なくとも 2 カ月間はもつだろう」

(3)の過去分詞と(4)の現在分詞とに注目。選択肢に現在分詞と過去分詞が揃って顔を出している場合，両者の区別を問うのが出題者の意図。(2)は，「命令文＋and/or SV」のパターンなら and か or が必要になるので，不適当。(1)では，文意が通らないので，不適当。やはり，現在分詞か過去分詞かの選択となった。主節の主語は bottle なので，ボトルが使うのか？使われるのか？と考える。ボトルは使われるので，受動態となる。When〔If〕the bottle is used economically, it will last …. が接続詞を含んだ文。これを分詞構文にしたのが問題文。being は省略されるので，Used economically で始まることになる。よって，正解は(3)。

(C) 正解は (2) 平易

「私が今日あるのは高校の恩師タケモト先生のお陰です」

文意を取ろうとする場合は，まず，owe に着目する（owe *A* to *B*「*A* を *B* に負う」)。だが，本問では文意は不要である。空所直後に，〈主語＋be 動詞〉が見えるから，すぐに正解は先行詞を含む関係代名詞(2)とわかる。

Check 15　空所補充での関係代名詞 what のパターン

① (　　　) の直前に名詞（先行詞）がない（what に含まれているから）。
② (　　　) + S + be 動詞　what I am「現在の私」
③ (　　　) + be 動詞 + 比較級　what is more「さらに」　what is worse「さらに悪いことには」
④ (　　　) is called, (　　　) we call「いわゆる」
⑤ (　　　) little, (　　　) few「少ないながらも」
⑥ *A* is to *B* (　　　) *C* is to *D*.「*A* と *B* との関係は *C* と *D* との関係と同じだ」

(D)　正解は (4)　平易

「昨日，その店の近くを運転中に，車を停めて，缶コーヒーを買った」

選択肢が stop であるところから，ポイントは stop to *do*「立ち止まって～する」か，stop *doing*「～するのをやめる」かであろうと見当がつく。停車して缶コーヒーを買ったのだから，不定詞のほうを選ばなければならない。正解は(4)。進行形の(1)は「停車しつつあって買う」となり，不適当。be 動詞が現在形であることからもおかしいとわかる。

解答

(A)―(2)　(B)―(3)　(C)―(2)　(D)―(4)

36

2014年度 2月9日

目標解答時間 3分

次の(A)～(D)それぞれの文を完成させるのに，下線部の語法としてもっとも適当なものを(1)～(4)から一つ選び，その番号を解答欄にマークしなさい。

(A) I tried to call the service station to see if my car ＿＿＿＿.

(1) had been repaired (2) has repaired

(3) is to repair (4) was repairing

(B) It ＿＿＿＿ she spoke that I was able to recognize her.

(1) was just during (2) was not until

(3) was only (4) was what

(C) As ＿＿＿＿ May 2013, the world population was over seven billion.

(1) if (2) of

(3) such (4) though

(D) This may not work out as we want it to, ＿＿＿＿ we have another plan.

(1) in cases (2) in which case

(3) whatever (4) whichever

解説

(A) 正解は (1) ―――― 平易

「車が修理されたかどうかを知ろうと，修理店に電話しようとした」

まず，主語が my car なので，受動態になる。(3)は「修理する予定だ」という意味でここでは不適当。

(B) 正解は (2) ―――― 標準

「彼女が口をきいて初めて，彼女だとわかった」

(1)「まさに～の間だった」　(2)「～まで…ではなかった」

(3)「ただ～だけだった」　(4)「～するものだった」

It と that SV に注目。形式主語構文か強調構文かと考える。It と that SV の間に she spoke という文があるので，形式主語構文ではないことがわかる。(2)から，It is not until ～ that SV …「～して初めて…する」という強調構文だと気づけばよい。(1)の前置詞 during や(3)の only の後に SV は続かないので，いずれも不適当。(4)の場合は「彼女が話したもの（言語や思い）」となり，文意が通じない。

(C) 正解は (2) ―――― 難

「2013 年 5 月現在で，世界人口は 70 億を超えていた」

(1)と(4)は「まるで～するかのように」の意味になり，文が続く。(2)の as of ～ は「～現在で」という意味。ややレベルの高い表現。(3)の as such は「そのようなものとして」という意味で，前に述べられたものと関連する。

(D) 正解は (2) ―――― 難

「これは，私たちが望んでいるようには，うまく機能しないかもしれないが，その場合には，もう一つの計画がある」

(1)「場合において」　(2)「そして（しかし），その場合には」

(3)「～するものは何であれ」　(4)「～するどちらであろうとも」

(1)は in a case「ある事例では」や in cases of ～「～の場合には」という表現はあっても，in cases という単独表現はないので，不適当。(3)と(4)は，直後文が SVO の完全文なので，文の要素（S，V，O，C）として入り込む余地がないので，不適当。(2)の which は継続用法の関係形容詞で，but in that case に置き換えられる。なお，問題英文を want it to (work) と補えば，意味はわかりやすい。

(A)―(1)　(B)―(2)　(C)―(2)　(D)―(2)  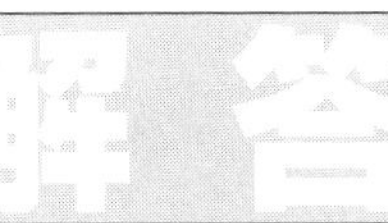

37

2013年度 3月5日

目標解答時間 3分

次の(A)～(D)それぞれの文を完成させるのに，下線部の語法としてもっとも適当なものを(1)～(4)から一つ選び，その番号を解答欄にマークしなさい。

(A) Were it not ______ his assistance, I would still be without a job.

(1) about (2) for

(3) in (4) on

(B) The order ______ which we eat our food may affect how we burn calories.

(1) at (2) for

(3) in (4) on

(C) This is by ______ the best play that I've seen since I moved here.

(1) far (2) most

(3) much (4) very

(D) The machine has broken down and it needs ______.

(1) having repaired (2) repairing

(3) to have repaired (4) to repair

解 説

(A) 正解は (2) ──── 平易

「もし彼の援助がなければ，私はまだ仕事がないままだろうに」

Were it not (　　) から，仮定法の頻出構文 If it were not for ～「～がなければ」が出てくるであろう。If が省略されて倒置形となっているので，正解は(2)となる。ついでに，if it had not been for ～「～がなかったら」も覚えておこう。どちらの表現も，without ～，but for ～ と置き換えられる。

(B) 正解は (3) ──── 難

「私たちが食物を食べる順番は，私たちがどのようにカロリーを消費するかに影響を及ぼすかもしれない」

関係代名詞の前の前置詞を選ぶ問題。We eat our food (　　) order.「私たちは食物を順番に食べる」と置き換えて，空所の前置詞を考えればよい。「順番に」を表すのは in order なので，(3)を選ぶ。

> **Check 16　前置詞＋関係代名詞**
> 関係代名詞の前にある前置詞を選ぶ場合には，「関係代名詞＝先行詞」と考え，関係代名詞を先行詞に置き換えてみる。すると，正解に一歩近づける。

(C) 正解は (1) ──── 平易

「これは，私がここに引っ越してきてから見た中で，群を抜いて最良の劇だ」

最上級 the best の強調表現を選ぶ問題。by が直前に与えられているので，正解はわかりやすい。「by far the＋最上級」となる。

> **Check 17　比較級と最上級を強める表現**
> ①比較級を強める表現：much，a lot，far，still，even，yet
> ②最上級を強める表現：by far the＋最上級，much the＋最上級，the very＋最上級

(D) 正解は (2) ──── 平易

「機械が故障したので，修繕する必要がある」

need の用法問題。need *doing*（＝need to be *done*）から，(2)を選ぶ。

解 答

(A)─(2)　(B)─(3)　(C)─(1)　(D)─(2)

〈2〉誤り指摘

※ 2015 年度まで出題

出題傾向と解法のコツ

出題傾向　出題項目は品詞・関係詞・倒置・時制・仮定法など多岐にわたる

内　容	難易度
短文の下線部（4カ所）から文法・語法的に誤りのあるものを選ぶ。（4問）	平易～やや難

〔頻出項目〕数，態，準動詞，前置詞，形容詞，動詞，仮定法，時制，熟語，代名詞

呼応・名詞の数についての出題は多い。名詞を受ける代名詞は正しく呼応しているかどうか，動詞が主語の人称・数に対応した形になっているかどうかがよく問われている。また，名詞が単数扱いか複数扱いか，可算名詞か不可算名詞かを判断できる力も必要である。その他，留意すべきものとして，so ～ that … 構文も出題されている。

解法のコツ　文法力が命！　一問一答問題で力試し

以下に主だった文法項目に関する誤り箇所訂正の一問一答を用意した。正確な文法の知識が必要とされるので，間違えた問いに関しては，辞書や参考書で確認し，自分のものとしてほしい。

＜一問一答＞　下線部の誤り箇所を正しく直せ。

① We discussed about the problem.
② The heavy rain prevented our plane to take off.
③ It was very excited news.
④ I saw the girl standing with her hair waved in the wind.
⑤ She is said to be beautiful when she was young.
⑥ I was used to read many books when I was a student.
⑦ I'll never forget to visit Rome when I was a student.
⑧ The man whom I thought was his brother was his uncle.
⑨ If you hadn't saved me, I wouldn't have been alive now.
⑩ It's time you children go to bed.
⑪ The higher I went up, the more colder it became.
⑫ That politician is cleverer than wise.
⑬ The room is tidy. She must clean it yesterday.
⑭ He was made pay back the money.

⑮ The number of people who smoke are decreasing year by year.
⑯ My parents told me to come home until 10 o'clock.
⑰ These kinds of paintings are with little value.
⑱ The police was so slow that the thief escaped easily.
⑲ We got more informations about the climate.
⑳ The climate of London is milder than one of Tokyo.
㉑ The milk has gone badly.
㉒ I was so sad that I could hard speak.
㉓ No sooner he had seen me than he turned pale.
㉔ It is careless for you to leave the door open.

＜正解＞

① discussed（自動詞・他動詞の区別）
② from taking（動詞で決まる前置詞）
③ exciting（現在分詞と過去分詞の区別）
④ waving（付帯状況表現。wave は「風になびく」の意味の自動詞）
⑤ have been（完了不定詞）
⑥ reading（動名詞を使った慣用表現。助動詞 used to との違いに注意）
⑦ visiting（forget の目的語になる不定詞と動名詞の区別）
⑧ who（連鎖関係詞節の関係代名詞）
⑨ wouldn't be（仮定法過去完了＋仮定法過去「あのとき～だったら，今…だろうに」）
⑩ went（仮定法過去）
⑪ the colder（The＋比較級＋S′ V′, the＋比較級＋S V の構文）
⑫ more clever（more *A* than *B*「*B* というよりむしろ *A*」＝not so much *B* as *A*）
⑬ have cleaned（過去の推量表現）
⑭ to pay（使役動詞の受動態）
⑮ is（主語は The number で単数）
⑯ by（until と by の区別）
⑰ of（of＋名詞＝形容詞）
⑱ were（主語と動詞の一致）
⑲ information（不可算名詞）
⑳ that（「the＋名詞」を指す代名詞）
㉑ bad（第 2 文型 SVC をとる go）
㉒ hardly（否定の副詞）
㉓ had he（文頭否定語による倒置）
㉔ of（It ～ for *A* to … と It ～ of *A* to … の区別）

38

2015年度 2月7日

目標解答時間 4分

次の(A)～(D)それぞれの文における下線部1～4のうち，語法の誤りがあるものを一つ選び，その番号を解答欄にマークしなさい。

(A) Opening a new bank account[1] took an unusually[2] long time, since[3] to technical difficulties[4].

(B) By the fifteenth century[1], the country inhabited[2] by at least[3] two million people[4] who were mainly farmers.

(C) We have carefully[1] examined the two proposals on detail[2], but we still cannot decide[3] which is the more attractive[4].

(D) It seems to be[1] difficult for the hotel staff to keep[2] those demanding[3] customers satisfy[4].

解 説

(A) 正解は 3 ―――― 標準

「銀行口座を新たに開設するのに，技術面の問題のせいで，いつになく長い時間がかかった」

1は「預金口座」の意味で，正しい。2は形容詞 long を修飾するので，副詞形で正しい。3の since は，接続詞と考えればSVが，前置詞と考えれば名詞が後続するはず。前置詞 to が続くのはおかしい。since を due や owing にしなければならない（due〔owing〕to ～「～の理由で」）。4は「問題」の意味で，正しい。

(B) 正解は 2 ―――― 平易

「15世紀までには，その国には主に農民である少なくとも200万人が住んでいた」

1は，文意から〈完了〉を表すので，Until や Till ではなく By で正しい。2は直後の by が目に入ってくるはず。受動態なので，was inhabited になる。なお，inhabit は live in と同義で前置詞不要の他動詞であることも知っておこう。3は「少なくとも」で正しい。4は「百万の人々」で正しい。million は複数数字の後でも複数語尾 s は付かないが，「数百万の～」という意味の場合は millions of ～ となる。thousand や hundred も同様。

(C) 正解は 2 ―――― 平易

「私たちはその2つの提案を注意して詳細に調べたが，どちらのほうが魅力的なのか，まだ決めかねている」

1は現在完了時制で正しい。2は「詳細に」の意味なら in detail なので，誤り。3は現在時制で正しいし，still は否定語の前に置かれるので，その点でも正しい。比較級に the が付いている4では，後ろにあるはずの of the two proposals「その2つの提案のうち」が省略されているのである。したがって，4は正しい。

(D) 正解は 4 ―――― 難

「ホテル従業員が要求の多いあの客たちをずっと満足させておくのは難しいようだ」

2～4は，keep OC「OをCの状態に保つ」であるが，問題英文では，Cの部分が satisfy という動詞の原形になっているので，不適当。OとCとの関係には，SVの関係が隠れているので，本来なら Customers are satisfied. より4は satisfied となるのが正しい。

解 答

(A)－3 (B)－2 (C)－2 (D)－4

39

2014年度 2月2日

目標解答時間 4分

次の(A)～(D)それぞれの文における下線部1～4のうち，語法の誤りがあるものを一つ選び，その番号を解答欄にマークしなさい。

(A) Thanks to (1) e-mail, our messages reach other destination (2) within a few minutes at most (3), no matter how far apart we may live (4).

(B) Suggested in (1) these theories are (2) the claim that human beings can live (3) independently of their (4) surroundings.

(C) Most people (1) say that they would rather be (2) persuaded to stop a bad habit, provided (3) they are talked (4) by the right person.

(D) You have to be (1) careful, for (2) the floor has just been washed (3) and it's almost as walking (4) on ice.

解説

(A) 正解は 2 ——— 

「電子メールのお陰で，私たちのメッセージは，どれほど遠く離れて住んでいても，せいぜい数分以内で他の目的地に到達する」

1は「～のお陰で」という意味で，正しい。2の other は複数名詞を修飾するので，destination を複数形 destinations としなければならない。正解は2である。3は「多くてもせいぜい」の意味で，正しい。4は意味，語順ともに問題ない。no matter how ～「どのように～しても」

(B) 正解は 2 ——— 

「これらの理論中に示唆されているのは，人間は自分の周りの環境から独立して暮らしていくことができるという主張である」

問題英文が倒置文であることをまず見抜かなければならない。順番を戻すと The claim (that … surroundings) are suggested. となるので，2の are は is にならなければならない。4は，independently of ～「～とは無関係に，～から独立して」で，正しい。

(C) 正解は 4 ——— 

「たいていの人は，もし然るべき人物に言われるならば，悪癖をやめるようむしろ説得されたいものだと言う」

1の most は正しい。2の would rather は「むしろ～したい」で正しい。3の provided は「もし～ならば」という意味で，正しい。4は「告げられる」という受け身の意味になるので，tell を用いて are told としなければならない。talk が人を目的語にとる場合は talk *A* into *doing*「*A* を説得して～させる」や talk *A* out of *doing*「*A* を説得して～するのをやめさせる」などの形である。

(D) 正解は 4 ——— 難

「君は注意深くしなければならないよ。というのは，床は洗われたばかりで，ほとんど氷の上を歩くようなものだから」

1は問題ない。2は「～だ。というのは…」という意味の接続詞で，正しい。3も受動現在完了で正しい。4は「まるで氷上を歩くみたいだ」という意味から，as if walking としなければならない。

解答

(A)―2　(B)―2　(C)―4　(D)―4

40

2013年度　3月5日

目標解答時間　4分

次の(A)～(D)それぞれの文における下線部1～4のうち，語法の誤りがあるものを一つ選び，その番号を解答欄にマークしなさい。

(A) As well as[1] I am concerned, it is up to[2] the group to decide[3] who is to[4] be in charge.

(B) I was very excited[1] that the Olympics were held[2] in London, where[3] I was born and grown up[4].

(C) He insists that[1] both of us is qualified[2] for the job of leading the group and that[3] we have plenty of[4] experience.

(D) Sometimes we are not even[1] aware that[2] we have been robbed by[3] our rights because we do not know we have[4] them.

解説

(A) 正解は 1 ——— 平易

「私に言わせれば，誰が責任を取るべきかを決めるのはその集団次第である」

As far as I am concerned で「私に関する限り」という意味になるので，1 は As far as としなければならない。2 の up to *A* は「*A* 次第で」という意味で，正しい。3 も it is ～ to *do* の形式主語構文の真主語で，正しい。4 は be to *do* の特別用法で，「～すべきだ」を表すので正しい。

Check 18 as far as と as long as の区別

① as far as / so far as / in so far as はともに，「～する限り（では）」を意味し，制限・範囲を表す。

as far as I know「私の知る限りでは」←知っている範囲

as far as the eye can see「見渡す限り」←目が見える範囲

② as long as / so long as はともに，「～する限り」という条件を意味し，if only，provided that ～ で置き換えられる。

Any game will do as long as it is interesting.

「面白くさえあれば，どんなゲームでも結構だ」←面白いという条件

I will go, as long as you go.

「君が行きさえすれば，僕も行くよ」←君が行くという条件

また，時間を表す場合もある。

As long as I live, I will never forget you.

「生きている限り，君を忘れないよ」←生きているという時間

(B) 正解は 4 ——— 標準

「私が生まれ育ったロンドンでオリンピックが開催されて，私はとてもわくわくした」

1 は excite が「興奮させる」という意味で，「私が興奮する」という意味の場合は I am excited となるので正しい。また，very の代わりに much でもよい。2 も複数主語の受動態なので正しい。3 の関係副詞も正しい。4 の「生まれた」は was born でよいが，「育った」は grew up としなければならない。あるいは，bring up の受動態と考えて brought up としなければならない。したがって，4 は born and grew up か born and brought up にする。

(C) 正解は 2 ——— 平易

「私たち両名ともその集団を統率する仕事に適任であり，また，私たちには経験が豊富だと彼は主張する」

1 は正しい。2 は主語が both of us と複数なので，are qualified としなければならない。3 は insists that の that と並列関係を表す that で，省略してはならないの

で正しい。4の plenty of ～（＝much ～）は「たくさんの～」という意味なので，正しい。なお，insist が「強く要求する」という意味で使われる場合には，that 節内の動詞部分は（should）＋原形動詞となる。

(D) 正解は 3 ―――― 

「自分に権利があることを知らないという理由で，権利を奪われたことに気づきさえしないことが時にある」

1，2，4は正しい。3は rob *A* of *B* で「*A* から *B* を奪う」という意味なので，受動態は be robbed of *B* というパターンになる。したがって，robbed of が正しい。

解答

(A)―1 (B)―4 (C)―2 (D)―3

〈3〉語句整序

※ 2015 年度まで出題

出題傾向と解法のコツ

出題傾向　和英表現の相違，構文についての知識が問われる問題

内　容	難易度
和文対照英文の部分整序。3番目と6番目にくる語を選ぶ。（6問）	平易～やや難

〔頻出項目〕熟語，不定詞，関係詞，動詞語法，無生物主語，間接疑問

語句整序でも，不定詞・動名詞・分詞に関連した動詞語法は頻出である。その他，仮定法，態，比較，時制，接続詞，倒置なども出題されている。ごく基本的な構文が出題されていると言える。

解法のコツ　和文と英文はこんなに違う！

短時間で解答すればするほど，試験時間にゆとりができ，その分，解答に自信のない問題をチェックできる時間が増えて，得点アップにつながることになる。語句整序を速く解くコツは，「和文」にこだわらないことである。その理由は，和文と英文の表現に差がある問題が多く出題されているからである。

与えられた和文	与えられた英文	英文の直訳
昨晩，しつこくドアをたたく音で目が覚めた。	A persistent knocking at my door awakened me last night.	昨晩，自宅のドアへの執拗なノックが私を目覚めさせた。
僕はうっかり時計を洗濯物といっしょにして洗濯機で洗ってしまった。	My watch got mixed with the laundry.	私の時計は洗濯物と混ぜられた。
その美しい屋敷は昔奴隷の競売所だった。	The beautiful house used to be an auction site where slaves were sold.	その美しい家は，かつて奴隷が売られていた競売所だった。

このように和文と英文の発想には差がある場合があるので，和文は軽く読み，そのイメージを頭の片隅に留めておく程度でよい。基本方針は

「並べ替える英語の語句を見て，その語句をグループ化すること」

なので，和文の発想に引っ張られないように注意することである。そのためには，できるだけ多くの過去問にあたり，英文の発想に慣れよう。

さらなるコツ 和文を見ずに解いてみる

熟語，文法，語法，構文といった知識がある程度充実すれば，英語の文構造を意識でき，和文を読まずに英文だけで並べ替えができるようになる。以下で実際の入試問題を使ってやってみよう。

> 1 develop 2 effective 3 is 4 most 5 self-esteem 6 to 7 way
>
> （2011年度 2月3日実施分）

これが，並べ替えの語群である。まずは，way to develop がグループだとわかる。次に most effective は最上級だろうと見当がつく。すると，most effective way to develop までが完成する。あとに残った選択肢は，is と self-esteem だけで，way の動詞が is であり，develop の目的語が self-esteem だということも簡単にわかる。ここで初めて問題の「和文・英文」を見てチェックする。

> 自尊心を高める最も効果的な方法は，自分自身を信じることです。
>
> The（1 develop 2 effective 3 is 4 most 5 self-esteem 6 to 7 way）to have faith in yourself.

やはり，予想通りである。これで正解は，4－2－7－6－1－5－3となることがわかる。この方法は，ある程度実力がついた受験生に勧めたい方法である。

41

2015年度　2月9日

目標解答時間　5分

次の(A)～(F)それぞれの日本文と同じような意味になるように（　　）内の語句を正しく並べかえ，（　　）内で3番目と6番目にくるものの番号を解答欄にマークしなさい。

(A)　この場所は宗教的な目的で使われていたようだ。

This place was（1　been　2　for　3　have　4　likely　5　religious　6　to　7　used）purposes.

(B)　健康を維持するには，毎日果物と野菜を十分食べることが肝要だ。

To maintain（1　fruit and vegetables　2　good health　3　important　4　is　5　it　6　sufficient　7　to eat）every day.

(C)　曇り空が何時間か続いているが，いつになったら雨が降り出すのだろう。

I wonder when the（1　as　2　been　3　come　4　has　5　it　6　rain　7　will）cloudy for several hours.

(D)　彼女は，人体に占める水分の割合を算出する方法を教えてくれた。

She told us（1　calculate　2　how　3　of　4　percentage　5　the　6　to　7　what）human body is water.

(E)　経済が回復し始めている明るい兆しがある。

There are（1　economy　2　encouraging　3　is　4　signs　5　starting　6　that　7　the）to recover.

(F)　その仕事をやり遂げるには倍の日数がかかるだろう。

It will take（1　as　2　days　3　get　4　many　5　the　6　to　7　twice）job done.

解説

(A) 正解は（3番目・6番目の順に）3・2 ―――― 平易

This place was (likely to have been used for religious) purposes.

（4－6－<u>3</u>－1－7－<u>2</u>－5）

likely に注目。be likely to *do*「～しそうだ」から，4－6が結びつく。その to の後ろには原形動詞が来るので，to have been used と受動完了不定詞になる。purposes と結びつく前置詞は for なので，2－5の結びつきが最後になる。

(B) 正解は 4・6 ―――― 平易

To maintain (good health it is important to eat sufficient fruit and vegetables) every day.

（2－5－<u>4</u>－3－7－<u>6</u>－1）

文頭の To maintain から，To *do* ～, SV … というパターンだと見当をつける。最初は maintain の目的語2が来る。次に，5の it に注目する。7に to eat が見えるので，It is ～ to *do* の形式主語構文だとわかる。残りは簡単。

(C) 正解は 3・4 ―――― 難

I wonder when the (rain will come as it has been) cloudy for several hours.

（6－7－<u>3</u>－1－5－<u>4</u>－2）

cloudy が天候を意味するので，天候を表す it がその主語となる。後ろに時間を表す表現 for several hours があるので，〈継続〉の完了形 has been が it のあとに来る。これで，後半部分5－4－2ができる。it will rain としてはいけない。前半は定冠詞 the のあとが名詞だとわかるので，rain しかない。6－7－3ができる。残った as は接続詞で「～するので」という意味で，前半と後半を接続する。

(D) 正解は 1・3 ―――― 標準

She told us (how to calculate what percentage of the) human body is water.

（2－6－<u>1</u>－7－4－<u>3</u>－5）

how に注目。to が見えるので，how to を結びつければ，「方法」の意味になる。そこで，2－6－1が結びつき，told のもう1つの目的語となる。calculate の目的語は名詞で percentage しかない。percentage of human body とすれば，the と what が残ることになる。「人体の何パーセントが水分であるかを算出する」と読み替えると，what percentage of the human body となる。

(E) 正解は 6・3 ―――― 標準

There are (encouraging signs that the economy is starting) to recover.

（2－4－<u>6</u>－7－1－<u>3</u>－5）

There are のあとは主語（不定の名詞句）が来る。2－4が結びつく。encouraging は encourage「元気づける」の現在分詞が形容詞になったもの。「回復し始めている（という）明るい兆し」と読めば，that は接続詞（同格の that）だとわかる。2－4－6ができる。進行形 be *doing* から，1－3－5は簡単に結べよう。残った7の the は economy の前に来る。

(F) 正解は 4・3 難

It will take (twice as many days to get the) job done.

（7－1－4－2－6－3－5）

as と twice から倍数表現がポイントだと見抜く。「～の2倍」は twice as ～ as … となる。7－1－4－2が結びつく。もう1つ as が必要なのでは？と思ってはならない。比較するものがわかっている場合は，as … は省略できる。残りは「やり遂げるには」で，目的を表す不定詞から，6－3が結びつく。重要表現 get *A* *done*「*A* をやり終える」は頻出。

解答

（3番目・6番目の順に）

(A)－3・2 (B)－4・6 (C)－3・4 (D)－1・3 (E)－6・3 (F)－4・3

42

2014年度 2月1日

目標解答時間 5分

次の(A)～(F)それぞれの日本文と同じ意味になるように（　）内の語句を正しく並べかえ，（　）内で3番目と6番目にくるものの番号を解答欄にマークしなさい。

(A) おかしなことに誰もそのレストランがどこにあるのか知らなかった。
Strangely, none（1 knew 2 of 3 restaurant 4 the 5 us 6 was 7 where）.

(B) 彼らが言っていたことには間違いがあるようだ。
There（1 appears 2 be 3 something 4 to 5 what 6 with 7 wrong）they said.

(C) 彼には何を言っても無駄だ。
It（1 him 2 is 3 no 4 telling 5 to do 6 use 7 what）.

(D) 私の友達は，遅かれ早かれその秘密に気付くでしょう。
Sooner（1 about 2 find 3 later 4 my friend 5 or 6 out 7 will）the secret.

(E) 大統領は暴力の拡大を避け，安全を保証するよう関係各国に要請した。
The President asked all countries（1 an increase 2 and 3 avoid 4 in 5 involved 6 to 7 violence）guarantee security.

(F) 不規則な食習慣がこの国のすべての心臓病の原因の4分の1を占めている。
In this country, irregular eating habits（1 a 2 account 3 all 4 for 5 heart disease 6 of 7 quarter）.

解説

(A) 正解は（3番目・6番目の順に）1・3 ―――― 平易

Strangely, none (of us knew where the restaurant was).

（2－5－1－7－4－3－6）

none は「(～のうちの) 誰一人～しない」という意味で，対象範囲の限定があるので，直後に of us が続く。あとは，疑問詞 where から，間接疑問だとわかる。SV の語順がポイント。7－4－3－6となる。

(B) 正解は 2・6 ―――― 難

There (appears to be something wrong with what) they said.

（1－4－2－3－7－6－5）

There（There is 構文）と appears（appear to *do*「～するように見える」）から，1－4－2で始まる。something と wrong から（Something is wrong with ～「～が具合が悪い」)，3－7－6となる。There is 構文なので，is は不要。形容詞 wrong が something の後置修飾語となっている。後置修飾語は受験生の弱点なので注意しよう。with の目的語は what they said「彼らの言ったこと」である。

Check 19 後置修飾語句のパターン

前の名詞を後ろから修飾するパターンをいくつか思い出してみよう。

①名詞＋*doing*〔*done* / 形容詞〕＋その他語句

②名詞＋(関係代名詞)＋(S) V～

③名詞＋副詞〔前置詞＋名詞〕

文構造が複雑化，長文化して，受験生を悩ませる1つの原因になっているので，このパターンには習熟しなければならない。

(C) 正解は 6・7 ―――― 標準

It (is no use telling him what to do).

（2－3－6－4－1－7－5）

no, use, telling を見れば，It is no use *doing*「～しても無駄だ」が出てこよう。tell は目的語を2つ取るので，telling him what to do となる。英文では「彼には何をすべきかを言っても」となるところを，問題和文では「彼には何を言っても」と簡略化されている。問題和文にとらわれてはいけない。

(D) 正解は 4・6 ―――― 平易

Sooner (or later my friend will find out about) the secret.

（5－3－4－7－2－6－1）

文頭の Sooner から，or later が続く（「遅かれ早かれ」)。find のあとは out about が続き，「～に関する事実を発見する」となる。

〈3〉語句整序

(E) 正解は 3・7 —— 難

The President asked all countries (involved to avoid an increase in violence and) guarantee security.

(5－6－3－1－4－7－2)

まず，asked の用法 ask *A* to *do*「*A* に～するよう頼む」を確認する。*A* に当たる「関係各国」は all countries involved となる。involved と in は結びつくことが多いので，間違いやすいが，involved のあとには to *do* にあたる to avoid が続く。avoid の目的語は an increase in violence となる。in はここで使う。最後は and となる。もちろん，to avoid と並列関係にあって，and (to) guarantee と補えば，わかりやすい。

(F) 正解は 1・3 —— 標準

In this country, irregular eating habits (account for a quarter of all heart disease).

(2－4－1－7－6－3－5)

a quarter of ～「～の4分の1」は簡単に結べる。account for ～ の意味は「～を説明する」がよく知られているが，実は，割合を表す語句が後ろに来れば，「～を占める」という意味になることは，それほど知られていない。ここを出題者が狙ってくる。

解答

(3番目・6番目の順に)

(A)－1・3　(B)－2・6　(C)－6・7　(D)－4・6　(E)－3・7　(F)－1・3

43

2014年度　2月8日

目標解答時間　5分

次の(A)～(F)それぞれの日本文と同じ意味になるように（　　）内の語句を正しく並べかえ，（　　）内で3番目と6番目にくるものの番号を解答欄にマークしなさい。

(A) 車で旅行している人が宿泊できる小さなホテルがスタジアムの近くにある。

There is a small hotel near the stadium where（1 by　2 can　3 car　4 for　5 people　6 stay　7 traveling）the night.

(B) 子供の時には食べなかったけれど，今では食べている物がありますか。

Is there（1 any　2 as　3 eat　4 food　5 that　6 would not　7 you）a child that you eat now?

(C) 本社に呼ばれたすべての候補者が面接に合格したわけではない。

Not（1 all　2 invited　3 of　4 passed　5 the candidates　6 the head office　7 to）the interview.

(D) 書類に何かしらの変更が必要な場合には，すぐに私たちに電話してください。

In the event（1 any　2 be　3 changes　4 made　5 need　6 that　7 to）in the document, please call us immediately.

(E) 昨夜，私が遅く帰ってきた時に，兄に気づかれたかもしれない。

I might（1 been　2 brother　3 by　4 have　5 my　6 noticed　7 when）I came back home late last night.

(F) 新聞社のなかには，ドル安がアメリカへの旅行を増加させると予想したところもある。

Some newspapers have predicted that（1 a　2 dollar　3 increase　4 to　5 travel　6 weak　7 will）the USA.

解 説

(A) 正解は（3番目・6番目の順に）1・6 ―― 難

There is a small hotel near the stadium where (people traveling by car can stay for) the night.

（5－7－<u>1</u>－3－2－<u>6</u>－4）

where のあとに SV が来ることから，people can stay となることがわかる。また，traveling by car も結びつくと考えられる。ここで，和文を読むと，「車で旅行している」は「人」を修飾していることがわかるので，主語 people を現在分詞句 traveling by car が後ろから修飾する形（people traveling by car）にする。stay for the night は「その夜滞在する」で，和文には不十分にしか表されていないので，注意。

(B) 正解は 5・3 ―― 難

Is there (any food that you would not eat as) a child that you eat now ?

（1－4－<u>5</u>－7－6－<u>3</u>－2）

There is 構文なので，主語 any food から始まる。that は主語 food を先行詞とする関係代名詞だとわかる。すると，そのあとに you would not eat が続くこともわかる。問題は as で，as a child（＝as you were a child「子供の時」）を思い出せればよい。ちなみに，child のあとの that も関係代名詞で，関係詞の二重限定である。

(C) 正解は 5・6 ―― 難

Not (all of the candidates invited to the head office passed) the interview.

（1－3－<u>5</u>－2－7－<u>6</u>－4）

文頭の Not から，all が続き，部分否定となる。前問同様，「本社に呼ばれた」が「すべての候補者」を修飾しているので，後置修飾となる。all of the candidates invited to the head office ができる。あとは，passed the interview となる。

(D) 正解は 3・2 ―― 標準

In the event (that any changes need to be made) in the document, please call us immediately.

（6－1－<u>3</u>－5－7－<u>2</u>－4）

まず，need to *do*「～する必要がある」から，need to be made が結びつく。すると，主語は any changes となる。in the event that ～「万一～の場合には」

(E) 正解は 6・2 ―― 平易

I might (have been noticed by my brother when) I came back home late last night.

（4－1－<u>6</u>－3－5－<u>2</u>－7）

might から，might have *done*「(ひょっとしたら) ～したかもしれない」という過去の推量表現が出てくる。might have been noticed ができる。受け身に気づけば，by my brother がそれに続くこともわかる。接続詞 when が最後に来る。

(F) 正解は 2・5 ———— 平易

Some newspapers have predicted that (a weak dollar will increase travel to) the USA.

（1－6－2－7－3－5－4）

「弱いドル」を主語にできれば簡単。「弱いドルがアメリカへの旅行を増やすだろう」を作ればよい。

解答

（3番目・6番目の順に）

(A)－1・6 (B)－5・3 (C)－5・6 (D)－3・2 (E)－6・2 (F)－2・5

44

2013年度 2月7日

目標解答時間 5分

次の(A)～(F)それぞれの日本文と同じ意味になるように（　）内の語句を正しく並べかえ，（　）内で3番目と6番目にくるものの番号を解答欄にマークしなさい。

(A) 一般的に，よい経験はつらいものよりも語られやすい。

Positive experiences are usually more（1 about　2 be　3 likely　4 negative　5 talked　6 than　7 to）ones.

(B) そのトピックについて，私が思いつくことは何もありません。

There's（1 can　2 I　3 it　4 nothing　5 of　6 think　7 when）comes to that topic.

(C) 'drive'という語の定義のなかに'energy'とほとんど同じ意味があります。

There is one definition of 'drive'（1 about　2 in　3 it　4 means　5 same　6 the　7 which）as 'energy.'

(D) インターネット上で見ることのできる情報量の多さに，どうしていいかわからない人が多い。

Many people don't know（1 do　2 of　3 the　4 to　5 wealth　6 what　7 with）information they see on the Internet.

(E) 彼女の最高の小説と考えられるものが出版されたのは，1998年になってからでした。

It was not until（1 best　2 considered　3 her　4 is　5 that　6 what　7 1998）novel was published.

(F) 前のグループリーダーたちは，意思決定の基本ルールに従わなかったとして批判されてきました。

The previous（1 been　2 criticized　3 following　4 for　5 group leaders　6 have　7 not）the basic rules of decision-making.

解説

(A) 正解は（3番目・6番目の順に）2・6 ―――― 標準

Positive experiences are usually more (likely to be talked about than negative) ones.（3－7－2－5－1－6－4）

more ～ than … という大きな構造を確認する。be likely to *do*「～しがちだ」から，are more likely to be talked がグループにできる。残った negative「マイナスの」は Positive の対義語なので，negative experiences として，experiences が代名詞 ones になったと考える。about はどこへ置くか。talk about ～「～について語る」の受動態は be talked about である。これで，完成。

(B) 正解は 1・7 ―――― 標準

There's (nothing I can think of when it) comes to that topic.
（4－2－1－6－5－7－3）

There is 構文なので，There's のあとに主語が続いて，There's nothing ができる。I can think もまとまる。次に，when it comes to *A*「*A* ということになれば」とまとまるが，これが思いつかなくても，三単現の s から comes の主語は it だとわかるし，接続詞 when の置き場も決まってくる。残った of は think of ～「～を思いつく」となる。これで，完成するのだが，重要なポイントを復習しておこう。

Check 20 名詞＋名詞→関係詞の省略

There's nothing I can think ～の文で，「名詞＋名詞」という名詞がくっついた箇所に注目する。このくっついた2つの名詞の間に関係詞が省略されていることを確認しよう。There's nothing (that) I can think ～と補って考えれば，わかりやすくなる。これが，英文解釈や文法・整序問題で頻出となっている。「名詞と名詞がくっつけば，その間に関係詞を補う」ということである。

(C) 正解は 3・6 ―――― 難

There is one definition of 'drive' (in which it means about the same) as 'energy.'
（2－7－3－4－1－6－5）

the same ～ as …「…と同じ～」から，the same as 'energy' ができる。means は「意味」という名詞ではないので，the same means としてはならない。動詞で三単現の s があることから，その主語は it (＝'drive') となり it means ができる。すると，「同じものを意味する」という意味で，it means the same as 'energy' がまとまる。「ほとんど」は about で表される（その他，almost，nearly，mostly，fairly，virtually も覚えておこう）ので，it means about the same as 'energy' となる。残りの in と which は「前置詞＋関係代名詞」で，in which とすればよい。which の先行詞は definition である。問題和文に惑わされないようにしなければならない。「‘drive’ にはある定義があり，その定義において，‘drive’ は ‘energy’ とほぼ同じものを意味する」が直訳。

(D) 正解は 1・5 ―――――――――――――――― 標準

Many people don't know (what to do with the wealth of) information they see on the Internet. (6－4－1－7－3－5－2)

疑問詞＋to *do* から，what to do ができる。残った語から，wealth が「富，豊富」という意味だと知っていれば，「情報量の多さ」は wealth of information となることがわかる。of *B* が *A* を修飾する場合，定冠詞が付くので the wealth of information とする。with はどこへ置くか。do with ～「～を処置する」で，what to do with となる。なお，information they see は **Check** 20（名詞＋名詞→関係詞の省略）から関係代名詞の省略で，information (which) they see と考える。

(E) 正解は 6・3 ―――――――――――――――― 標準

It was not until (1998 that what is considered her best) novel was published. (7－5－6－4－2－3－1)

It was not until ～ that …「～して初めて…した」の構文。until 1998 ができる。is considered という受動態もまとまる。「～と考えられる」の補語になるのが her best novel なので，is considered her best novel がグループになる。is の主語は，残りから関係代名詞 what しかない。

(F) 正解は 1・7 ―――――――――――――――― 平易

The previous (group leaders have been criticized for not following) the basic rules of decision-making. (5－6－1－2－4－7－3)

have been criticized という現在完了の受動態グループができる。「～で批判される」は be criticized for ～ となる。前置詞 for のあとは動名詞になり，for following とする。not は動名詞の直前に置かれるので，for not following ができる。The previous group leaders が主語。

解答

(3番目・6番目の順に)

(A)－2・6 (B)－1・7 (C)－3・6 (D)－1・5 (E)－6・3 (F)－1・7

〈4〉空所補充（語）

出題傾向と解法のコツ

出題傾向 英文の文脈に適した単語を選べる語彙力が要求される

問題番号	内　容	難易度
V〔1〕	単語・語彙に関する空所補充による短文の完成問題。４つの選択肢から適当なものを選ぶ。（５問）	平易～やや難

解法のコツ 綴りの紛らわしい単語に注意！

単語を覚えるにあたり，よく似た紛らわしい単語に注意しながら正確に覚えていかなければならない。実際に出題された問題を見てみよう。

> The family made a great (　　　) to build their own house.
> (1) sacrifice　(2) satisfaction　(3) scholar　(4) seed
> （2011 年度　2 月 7 日実施分）

選択肢がすべて s から始まる単語で揃えられている。意味の紛らわしさではなく，よく似た綴りの選択肢など，こういう種類の紛らわしさも乗り越えなければならない。

英検２級の単語問題が問題形式，語彙レベルともに似通っているので，英検２級の過去問にチャレンジしてみよう。余裕があれば，準１級にもチャレンジするとよい。

（例に挙げた問題の解説）

「その一家は持ち家を建てるのに大変な犠牲を払った」

make a sacrifice は「犠牲を払う」という意味で，(1)が正解。make satisfaction は「つぐなう」という意味で，文意に合わない。(3)「学者」や(4)「種子」は不適当。

45

2022年度 2月3日

目標解答時間 3分

次の(A)〜(E)それぞれの文を完成させるのに，下線部に入れる語としてもっとも適当なものを(1)〜(4)から一つ選び，その番号を解答欄にマークしなさい。

(A) Passion is one of the important ______ for success.

(1) chins　(2) folds
(3) ingredients　(4) liters

(B) Because of a lack of preparation, failure seems ______.

(1) conservative　(2) inevitable
(3) reliable　(4) unclear

(C) The Center makes sure that all students ______ an annual health checkup.

(1) forecast　(2) resemble
(3) uncover　(4) undergo

(D) The most important part of the traditional ______ will be held after sunset.

(1) cemetery　(2) forestry
(3) optimism　(4) ritual

(E) The grass was very ______ and green.

(1) clumsy　(2) faulty
(3) lush　(4) unforeseen

解説

(A) 正解は (3) やや易

「情熱は成功するための重要な（　　　）のひとつである」

(1)「あご」　(2)「折り目」

(3)「要素」　(4)「リットル」

ingredient（ここでは複数形である）は「材料」の意もあるが，ここでは「(何かを構成する）要素」という意味。文脈より，情熱と成功との関係を考えると最も適切なのは(3)である。

(B) 正解は (2) 平易

「準備不足のせいで，失敗は（　　　）ようだ」

(1)「保守的な」　(2)「避けられない」

(3)「頼れる」　(4)「不明瞭な」

inevitable は「避けられない」という意味の形容詞。準備不足が失敗を招くという因果関係を考えると，(2)が正解。

(C) 正解は (4) 標準

「そのセンターは，必ず全生徒が毎年健康診断を（　　　）ようにしている」

(1)「～を予測する」　(2)「～に似ている」

(3)「～を暴露する」　(4)「～を受ける」

undergo は「(試験など）を受ける，経験する」の意。生徒が健康診断に関して毎年行うこととして最も自然なのは(4)である。

(D) 正解は (4) 標準

「その伝統的（　　　）の最重要部分が日没後に執り行われる」

(1)「墓場」　(2)「林業」

(3)「楽観主義」　(4)「儀式」

選択肢の中で be held「執り行われる」対象となるものは(4)のみである。

(E) 正解は (3) やや難

「その芝生はとても青々と（　　　）いた」

(1)「不器用で」　(2)「欠陥のある」

(3)「茂って」　(4)「想定外で」

芝生の状態を形容するもので，green「青々と」と矛盾なく使うことができるのは(3)である。

解答

(A)―(3)　(B)―(2)　(C)―(4)　(D)―(4)　(E)―(3)

46

2021年度 2月9日

目標解答時間 3分

次の(A)～(E)それぞれの文を完成させるのに，下線部に入れる語としてもっとも適当なものを(1)～(4)から一つ選び，その番号を解答欄にマークしなさい。

(A) My parents taught me the importance of being financially ______.

(1) impossible　(2) independent
(3) unable　(4) unnecessary

(B) Dr. Brown was a famous linguist and was ______ in more than five languages.

(1) fluent　(2) frequent
(3) immediate　(4) irregular

(C) My friends and I sing in the school ______ every week.

(1) carton　(2) champion
(3) choir　(4) consumption

(D) It was a ______ that both my roommate and I had a twin brother.

(1) coincidence　(2) commission
(3) completion　(4) conjunction

(E) I see no ______ reason for you to cancel our meeting.

(1) figurative　(2) flexible
(3) interactive　(4) legitimate

解説

(A) 正解は (2) —— やや易

「私の両親は私に経済的に（　　）することの重要性を教えてくれた」

(1)「不可能な」 (2)「自立した」

(3)「～できない」 (4)「不要な」

選択肢の中で financially「経済的に」と結びつき，文脈に合うのは(2)のみである。

(B) 正解は (1) —— 平易

「ブラウン博士は有名な言語学者で５つ以上の言語に（　　）であった」

(1)「流暢な，堪能な」 (2)「頻繁な」

(3)「即時の」 (4)「不規則な」

選択肢の中で，in more than five languages「５つ以上の言語に」と結びつき，文脈に合うのは(1)のみである。be fluent in ～「～を流暢に話す，～に堪能だ」

(C) 正解は (3) —— 標準

「私の友人たちと私は毎週学校の（　　）で歌う」

(1)「大箱，カートン」 (2)「優勝者，チャンピオン」

(3)「合唱団」 (4)「消費」

選択肢の中で人が歌う場として最も適切なのは(3)である。

(D) 正解は (1) —— やや難

「私のルームメイトと私が両方とも双子だったというのは（　　）だった」

(1)「偶然の一致」 (2)「委託」

(3)「完了」 (4)「接続」

ルームメイト同士がいずれも双子だという状態に最もふさわしいのは(1)である。

Check 21 接頭辞 co-

単語を構成する要素の中にもヒントがある。ここでは接頭辞 co- だ。co- には「一緒に，共通の」の意味があり，例に cooperate「協力する」，coexist「共存する」などがある。

(E) 正解は (4) —— 難

「あなたが会議を中止する（　　）理由がないと思う」

(1)「比喩的な」 (2)「柔軟な」

(3)「双方向の」 (4)「正当な」

選択肢の中で reason を形容し，文脈に合うのは(4)のみである。

解答

(A)—(2) (B)—(1) (C)—(3) (D)—(1) (E)—(4)

47

2020年度 2月1日

目標解答時間 3分

次の(A)～(E)それぞれの文を完成させるのに，下線部に入れる語として最も適当なものを(1)～(4)から一つ選び，その番号を解答欄にマークしなさい。

(A) I listened carefully to the shop assistant's ______ for which clothes to buy.

(1) cells　(2) illustrations
(3) satellites　(4) suggestions

(B) In many cases, land movements are related to the activities of ______.

(1) charges　(2) fortnights
(3) organs　(4) volcanoes

(C) They helped a ______ deer.

(1) constituting　(2) limping
(3) summarizing　(4) wrapping

(D) Those thefts were committed by the same ______.

(1) sanitation　(2) shoplifter
(3) stammer　(4) substance

(E) The company has decided to ______ operations due to the bad economy.

(1) cease　(2) chew
(3) confess　(4) crease

解説

(A) 正解は (4) 平易

「私は店員の，どの服を買うべきかという（　　　）を注意深く聞いた」

(1)「細胞」　(2)「イラスト」

(3)「人工衛星」　(4)「提案」

これらの中で「聞く」という動作の目的語になり，which clothes to buy「どの服を買うべきか」に相当するのは(4)である。

(B) 正解は (4) やや易

「多くの場合，地殻の運動は（　　　）の活動と関係している」

(1)「料金」　(2)「２週間」

(3)「臓器」　(4)「火山」

これらの中で地殻の運動と関係するのは(4)である。

(C) 正解は (2) 難

「彼らは（　　　）鹿を助けた」

(1)「構成要素となっている」　(2)「足を引きずっている」

(3)「要約している」　(4)「～を包んでいる」

これらの中で助けられる鹿を修飾する語としてふさわしいのは(2)である。

(D) 正解は (2) 難

「それらの窃盗事件は同一の（　　　）によってなされたものだ」

(1)「公衆衛生」　(2)「万引きをする人」

(3)「どもること」　(4)「物質」

これらの中で窃盗事件を犯す主体となるのは(2)のみである。lift には「～を盗む」の意味もある。

(E) 正解は (1) やや難

「景気が悪いため，その会社は操業を（　　　）ことを決定した」

(1)「～をやめる」　(2)「～を噛んで食べる」

(3)「～を告白する」　(4)「～にしわを寄せる」

これらの中で，景気の悪い際に行われ，operations「操業」を目的語にとるのは(1)のみである。

解答

(A)―(4)　(B)―(4)　(C)―(2)　(D)―(2)　(E)―(1)

48

2019年度 2月7日

目標解答時間 3分

次の(A)～(E)それぞれの文を完成させるのに，下線部に入れる語として最も適当なものを(1)～(4)から一つ選び，その番号を解答欄にマークしなさい。

(A) We need to put the robot in ______ to carry out an experiment.

(1) admiration (2) growth
(3) motion (4) quality

(B) ______ to the museum is free for all staff and family members.

(1) Admission (2) Debt
(3) Deficiency (4) Goodness

(C) Their lawyer ______ them against the company in court.

(1) absorbed (2) defended
(3) disabled (4) traced

(D) Some Asian countries have ______ climate even in winter.

(1) a duplicate (2) a metric
(3) a temperate (4) an ultimate

(E) The company's new investment can ______ their profits.

(1) assault (2) decorate
(3) multiply (4) tag

解 説

(A) 正解は (3) 標準

「私たちは実験を行うためにロボットを（　　）する必要がある」

(1)「称賛」　(2)「成長」

(3)「運動」　(4)「性質」

put *A* in motion「*A* を動かす」という熟語より，正解は(3)だとわかる。

Check 22 状態を表す in

in は「〜な状態である」ことを表す際に用いられる。

in danger「危険な状態である」

in good health「よい健康状態である」

fall in love「恋をしている状態になる」

get in trouble「困った状態に巻き込まれる」

(B) 正解は (1) やや難

「博物館の（　　）は，職員と家族はすべて無料である」

(1)「入場料」　(2)「負債」

(3)「欠乏」　(4)「善」

これらの中で博物館に関する語であり，free「無料」とつながるのは(1)である。

(C) 正解は (2) やや易

「彼らの弁護士は法廷で会社から彼らを（　　）」

(1)「〜を吸収した」　(2)「〜を弁護した」

(3)「〜を無能力にした」　(4)「〜を追跡した」

弁護士が法廷ですることは何かと考えればよい。(2) defend には「〜を守る，〜を弁護する」の意があり，ここでは defend *A* against *B*「*B* から *A* を弁護する」の用法で用いられている。

(D) 正解は (3) やや難

「一部のアジア諸国は冬でも（　　）な気候である」

(1)「二重の」　(2)「メートル法の」

(3)「温帯の，温暖な」　(4)「最終的な」

これらの中で「気候」にふさわしいものは(3)のみ。

(E) 正解は (3) 標準

「その会社の新規投資は利益を（　　）することができる」

(1)「〜を攻撃する」　(2)「〜を修飾する」

(3)「〜を増加させる」　(4)「〜に値札をつける」

これらの中で profits「利益」に関係するものは(3)のみ。

解答

(A)—(3) (B)—(1) (C)—(2) (D)—(3) (E)—(3)

49

2018年度　2月2日

目標解答時間　3分

次の(A)～(E)それぞれの文を完成させるのに，下線部に入れる語として最も適当なものを(1)～(4)から一つ選び，その番号を解答欄にマークしなさい。

(A) He was afraid the balloon would _______.

(1) behave　　(2) burst

(3) complain　　(4) retire

(B) The engine was so _______ that the motorcycle always started.

(1) permanent　　(2) persuasive

(3) reliable　　(4) residential

(C) She _______ him in the side to keep him quiet.

(1) accented　　(2) blended

(3) elbowed　　(4) inhaled

(D) This car is not as _______ as the old one.

(1) astonished　　(2) bony

(3) economical　　(4) external

(E) The family always shared equal _______ of meat.

(1) portions　　(2) rituals

(3) sighs　　(4) swarms

解説

(A) 正解は (2) ―――― 平易

「彼は風船が（　　　）するのを恐れた」

(1)「ふるまう」　(2)「破裂する」

(3)「不満を漏らす」　(4)「退職する」

選択肢の中で「風船」を主語にとり，人が恐れる可能性のあることは(2)のみである。

(B) 正解は (3) ―――― 標準

「エンジンがとても（　　　）なので，バイクはいつもエンジンがかかった」

(1)「永久である」　(2)「説得力がある」

(3)「信頼性が高い」　(4)「住居に適した」

この文は so … that ～ 構文であり，「あまりに…なので～だ」と因果関係を表す。「バイクがいつも起動する」という結果にふさわしい原因は(3)である。reliable は rely「頼る」と able「～できる」の複合語である。

(C) 正解は (3) ―――― 難

「彼女は彼の脇腹を（　　　）して，彼に静かにしているよう促した」

(1)「～を強調した」　(2)「～を混ぜた」

(3)「～を肘でつついた」　(4)「～を吸い込んだ」

選択肢の中から，「脇腹に対してする動作」で「静かにするよう促す」効果を持っているものを選ぶ。よって，(3)が正解。名詞としてよく知られている単語 elbow「肘」が動詞として使われていることに注意。

(D) 正解は (3) ―――― 平易

「この車は古い車と同じだけ（　　　）ではない」

(1)「驚いている」　(2)「骨ばっている」

(3)「経済的な」　(4)「外部の」

選択肢の中で，車を修飾する形容詞として最もふさわしいのは(3)である。economy は，名詞で「経済」の意，economic は，形容詞で「経済の」「経済学の」の意（例：economic gap「経済格差」），一方 economical は，「経済的な（お金がかからず節約になる）」の意である。

(E) 正解は (1) ―――― 標準

「その家族はいつも等しい（　　　）の肉を分け合っていた」

(1)「分量」　(2)「儀式」

(3)「ため息」　(4)「(虫などの）群れ」

空所の語は equal が修飾していることから数量を比較できる単語であることがわかる。さらに，meat「肉」という語と結びつくものは，(1)しかない。

解答

(A)—(2)　(B)—(3)　(C)—(3)　(D)—(3)　(E)—(1)

50

2017年度 2月8日

目標解答時間 3分

次の(A)～(E)それぞれの文を完成させるのに，下線部に入れる語として最も適当なものを(1)～(4)から一つ選び，その番号を解答欄にマークしなさい。

(A) Teachers usually show students _______ example of a report as a model to follow.

(1) an excellent (2) an extinct
(3) a relative (4) a religious

(B) The _______ value in this area is regarded as the highest in Japan.

(1) promotion (2) property
(3) proportion (4) prosperity

(C) Before joining the soccer team, students must _______ a medical examination.

(1) decline (2) define
(3) modify (4) undergo

(D) Her Antarctic _______ was a great success as it discovered a new species of penguin.

(1) exclusion (2) execution
(3) expedition (4) explosion

(E) His decision to _______ is firm, though we want him to remain.

(1) prescribe (2) prosecute
(3) resign (4) rhyme

解説

(A) 正解は (1) ―――――――――――――――――――――――――― 平易

「教師は通常，見習うべき模範として（　　）レポートの例を生徒たちに見せる」

(1)「すばらしい」　(2)「絶滅した」

(3)「相対的な」　(4)「宗教的な」

教師が生徒に対して模範として見せるのはどのようなレポートかを考える。最も適切なものは(1)である。

(B) 正解は (2) ―――――――――――――――――――――――――― 難

「この地域の（　　）価値は日本で最も高いと考えられている」

(1)「昇進」　(2)「不動産」

(3)「割合」　(4)「繁栄」

地域によって価値が高くなったり低くなったりするのはどのような value「価値」かを考える。正解は(2)の「不動産」価値となる。property の原義は「持っているもの」で，他に「所有物，特性，属性」の意がある。

(C) 正解は (4) ―――――――――――――――――――――――――― 標準

「サッカーチームに参加する前に，生徒たちは健康診断を（　　）なければならない」

(1)「～を断る」　(2)「～を定義する」

(3)「～を修正する」　(4)「～を受ける，経験する」

サッカーチームに入る生徒たちはまず健康診断を「受ける」と考えられる。よって，正解は(4)。undergo は experience と同義の語である。undergo - underwent - undergone の活用にも注意。

(D) 正解は (3) ―――――――――――――――――――――――――― 難

「彼女の南極への（　　）は，新種のペンギンを発見したので，大成功だった」

(1)「排除」　(2)「実行」

(3)「遠征」　(4)「爆発」

新種のペンギンを発見するような行動は南極への「遠征」だと考えられる。よって，(3)が正解。ped- は「足」を意味し，expedition は ex-「外へ」ped-「足を」出す状態の意となる。他の派生語には pedal「ペダル」や pedestrian「歩行者」などがある。

(E) 正解は (3) ―――――――――――――――――――――――――― 標準

「私たちは彼に残留してほしいが，彼の（　　）決意は固い」

(1)「命令する」　(2)「起訴する」

(3)「辞職する」　(4)「韻を踏む，一致する」

英文後半の「私たちは彼に残留してほしいが」より，空所にはそれと反対の意味の語が入ると推測される。この場合，彼の決意として適切なものは(3)である。firm は「安定している，固い」の意。

解答

(A)—(1)　(B)—(2)　(C)—(4)　(D)—(3)　(E)—(3)

51

2016年度　3月9日

目標解答時間　3分

次の(A)～(E)それぞれの文を完成させるのに，下線部に入れる語としてもっとも適当なものを(1)～(4)から一つ選び，その番号を解答欄にマークしなさい。

(A) If you want to swim underwater, you should take a deep ＿＿＿＿.

(1) atmosphere　　(2) breath
(3) memory　　(4) talent

(B) High school teachers can provide students with ＿＿＿＿ about choosing a university.

(1) guidance　　(2) justice
(3) movement　　(4) union

(C) You need to add more spice because this curry is almost ＿＿＿＿.

(1) adorable　　(2) generous
(3) tasteless　　(4) thorough

(D) Friendliness is one of his best ＿＿＿＿.

(1) attributes　　(2) disciples
(3) quotes　　(4) transcripts

(E) We shouldn't ＿＿＿＿ such dangerous activities.

(1) detach　　(2) glorify
(3) mistreat　　(4) soak

解説

(A) 正解は (2) ―――― 平易

「もし水の中で泳ぎたいなら，深い（　　　）をとるべきだ」

(1)「雰囲気」　(2)「呼吸」
(3)「記憶」　(4)「才能」

水中を泳ぐためにすべきことを，選択肢から選ぶ。正解は(2)。take breath「呼吸をする」

(B) 正解は (1) ―――― 標準

「高校の先生たちは生徒たちに大学選びの（　　　）を提供できる」

(1)「案内，指導」　(2)「公平，正義」
(3)「動き」　(4)「組合」

高校の教師が，大学選びに関して生徒に与えるものは何かを考える。正解は(1)。進路指導などは guidance という単語が使われる。provide *A* with *B*「*A* に *B* を与える」

(C) 正解は (3) ―――― 平易

「このカレーはほとんど（　　　）から，もっとスパイスを加える必要がある」

(1)「かわいい」　(2)「寛大な」
(3)「味がない」　(4)「徹底的な」

because の示す因果関係に注目する。前半では「スパイスを加える必要がある」と述べていることから，現在の味はスパイスのきいていないものであろうと推測できる。よって，正解は(3)。接尾辞 -less は「～がない」を表す（例：useless「役に立たない」，hopeless「望みがない」など）。

(D) 正解は (1) ―――― 難

「親しみやすさは彼の最もよい（　　　）の一つだ」

(1)「特質」　(2)「弟子」
(3)「引用」　(4)「写し，書写」

「親しみやすさ」が人のどのような面を表したものかを考える。正解は(1)。tribute には「贈り物」の意があり，その派生語 attribute は生まれながらに与えられた「特質」の意（参考：attribute *A* to *B*「*A* を *B* のおかげだと考える」，distribute「～を配布する」，contribute to *A*「*A* に寄与する」）。

(E) 正解は (2) ―――― 難

「私たちはそんな危険な活動を（　　　）すべきではない」

(1)「引き離す」　(2)「称賛する」
(3)「虐待する」　(4)「浸す」

dangerous activities「危険な活動」が目的語となっているので，空所には肯定的な動詞が入る（shouldn't を含めて否定的な意味になる）と考えられる。よって，⑵が正解。detach や mistreat は否定的な意味をもつ語である。

解答

(A)—(2)　(B)—(1)　(C)—(3)　(D)—(1)　(E)—(2)

52

2015年度 2月8日

目標解答時間 3分

次の(A)〜(G)それぞれの文を完成させるのに，下線部に入れる語としてもっとも適当なものを(1)〜(4)から一つ選び，その番号を解答欄にマークしなさい。

(A) This kind of topic has never been paid ______ attention.

(1) comfortable (2) fortunate

(3) serious (4) wealthy

(B) According to the official police website, to become a police officer you must show yourself to be ______.

(1) capable (2) careless

(3) fake (4) offensive

(C) The runner tried to ______ the obstacle in his path but stumbled and fell.

(1) categorise (2) flunk

(3) leap (4) occupy

(D) For their summer exhibition, the art gallery arranged Picasso's paintings in ______ order.

(1) chronological (2) outer

(3) sticky (4) widespread

(E) The company has ______ the others in the food industry thanks to its popular products.

(1) implemented (2) infected

(3) outlived (4) stammered

(F) Talking on a cellphone and ______ a note at the same time while driving is extremely dangerous.

(1) confronting (2) inheriting

(3) scribbling (4) withdrawing

(G) Taro ______ from anything technical, so he is always asking me for help with his computer.

(1) consults (2) flees

(3) inflates (4) originates

解説

(A) 正解は (3) ―――――――――――――――――――――― 平易

「この種の話題は（　　）注目が払われたことがこれまで決してない」

(1)「快適な」　(2)「幸運な」

(3)「真剣な」　(4)「裕福な」

attention を修飾する形容詞としてふさわしいのは(3)以外にない。

(B) 正解は (1) ―――――――――――――――――――――― 平易

「警察の公式サイトによれば，警察官になるためには，（　　）であることを自ら示さなければならない」

(1)「有能な」　(2)「不注意な」

(3)「偽の」　(4)「攻撃的な，不快な」

「警察官になるため」とあるから，警察官の性質としてふさわしいのは(1)である。

(C) 正解は (3) ―――――――――――――――――――――― 平易

「そのランナーは行く手の障害物を（　　）しようとしたが，つまずいて倒れた」

(1)「分類する」　(2)「落第する」

(3)「跳び越える」　(4)「占める」

flunk という難語が出ているが，文意にふさわしいのは(3)しかない。

(D) 正解は (1) ―――――――――――――――――――――― 平易

「夏の展覧会に向けて，その画廊はピカソの絵を（　　）順に配列した」

(1)「年代順の」　(2)「外的な」

(3)「粘着質の」　(4)「広範な」

order を「順序」の意味に読み取れれば，正解の(1)は見つけやすい。(1)は難しい語かもしれないが，「年代記」という意味の「クロニクル」はすでに広く使われているので，意味を類推できよう。

(E) 正解は (3) ―――――――――――――――――――――― 難

「その会社は，人気のある製品のお陰で，食品業界で他社（　　）」

(1)「実施した」　(2)「感染した」

(3)「～より長生きした」　(4)「口ごもった」

レベルの高い単語が出ている。目的語が「他社」なので，空所にふさわしいのは(3)しかない。接頭辞 out- は「～より越えて」を意味することを知っていれば，正解は見つけやすくなる（例：outdo「～より勝る，～に打ち勝つ」）。

(F) 正解は (3) ―――――――――――――――――――――― 標準

「車を運転中に携帯電話で話し，同時にメモを（　　）は，極めて危険だ」

(1)「直面すること」　(2)「受け継ぐこと」

(3)「走り書きすること」　(4)「引き下がること」

標準レベルの単語ばかり。(1), (2), (4)の意味が不適当なので，消去法で(3)を選ぶ。(3)によく似たscribe「刻みつける」から，類推できるかもしれない。

(G) 正解は (2) 標準

「タローは技術的なことは何からでも（　　　）。だから，彼のコンピュータに関して，しょっちゅう私に助けを求めてくる」

(1) 「調べる，尋ねる」　(2) 「逃げる」
(3) 「膨らむ」　(4) 「生じる」

空所直後のfromに注目。flee from ～「～から逃れる」で，文意に合う。(1)は他動詞で前置詞は不要。(3)のinflateはinflation「インフレーション」から意味はわかるだろうが，文意に合わない。(4)はoriginate from ～「～が起源だ」とfromと合うが，文意が合わないので不適当。

解答

(A)—(3)　(B)—(1)　(C)—(3)　(D)—(1)　(E)—(3)　(F)—(3)　(G)—(2)

53

2014年度 3月5日

目標解答時間 3分

次の(A)～(G)それぞれの文を完成させるのに，下線部に入れる語としてもっとも適当なものを(1)～(4)から一つ選び，その番号を解答欄にマークしなさい。

(A) According to the weather ______ on TV, it's going to be sunny tomorrow.

(1) forecast (2) grade
(3) spectacle (4) track

(B) The woman ______ the man of stealing her wallet.

(1) accused (2) arrested
(3) interviewed (4) searched

(C) Fortunately, there were ______ quantities of food at the party.

(1) ancient (2) desperate
(3) financial (4) sufficient

(D) Most of the flights from this airport are to ______ destinations and not international ones.

(1) domestic (2) drastic
(3) retail (4) solid

(E) The candidate urged people to ______ for her in the election.

(1) claim (2) select
(3) subscribe (4) vote

(F) Four major islands ______ the geographical area of Japan.

(1) amend (2) comprise

(3) foster　　(4) tease

(G) The doctor warned Frank that the medicine would make him ______ and that he should not drive a car after taking it.

(1) drowsy　　(2) obsolete

(3) preposterous　　(4) solemn

解説

(A) 正解は (1) ——— 平易

「テレビの天気（　　）によれば，明日は晴れるようだ」

(1)「予報」　　(2)「等級」

(3)「光景」　　(4)「軌道」

weather と TV から，正解は「天気予報」となる(1)とすぐわかる。

(B) 正解は (1) ——— 標準

「その女性は財布を盗んだ理由で，その男を（　　）」

(1)「告訴した」　　(2)「逮捕した」

(3)「インタビューした」　　(4)「探した」

この問題は，語法が加味されている。of に注目する。accuse *A* of *B*「*B* の理由で *A* を告訴する」から，(1)を選ぶ。

(C) 正解は (4) ——— 平易

「幸いにも，パーティーには（　　　）量の食べ物があった」

⑴「古代の」　⑵「絶望的な」

⑶「金融の」　⑷「十分な」

「幸いにも」とあるから，食べ物はたっぷりあったことがわかるので，⑷を選ぶ。

(D) 正解は ⑴ ―――― 平易

「この空港からの出発便の大部分は，（　　　）目的地への便で，国際便ではない」

⑴「国内の」　⑵「徹底的な」

⑶「小売りの」　⑷「固体の」

international ones（＝destinations）と______ destinations との対照に気づけば，⑴が正解とわかる。

(E) 正解は ⑷ ―――― 平易

「その候補者は人々に選挙で彼女に（　　　）よう要請した」

⑴「要求する」　⑵「選ぶ」

⑶「予約する」　⑷「投票する」

選挙が話題になっている。直後の for に注目。vote for ～「～に賛成の投票をする」から，⑷を選ぶ。⑵の select は他動詞で，前置詞不要なので，不適当。

(F) 正解は ⑵ ―――― 平易

「主要４島が日本の地理的領域を（　　　）」

⑴「修正する」　⑵「構成する」

⑶「養育する」　⑷「いじめる」

目的語が「領域」なので，文意に合うのは⑵しかない。

(G) 正解は ⑴ ―――― 標準

「医師はフランクに，その薬が彼を（　　　）させるだろうから，服用後は車を運転してはならないと警告した」

⑴「（人が）眠い」　⑵「陳腐な，時代遅れの」

⑶「本末転倒した」　⑷「荘厳な」

運転してはならないということから，薬で眠くなるという意味にすればよいことがわかる。動詞 drowse「うとうとする」から，⑴が選べよう。

解答

(A)―⑴　(B)―⑴　(C)―⑷　(D)―⑴　(E)―⑷　(F)―⑵　(G)―⑴

54

2013年度　2月8日

目標解答時間　3分

次の(A)～(G)それぞれの文を完成させるのに，下線部に入れる語としてもっとも適当なものを(1)～(4)から一つ選び，その番号を解答欄にマークしなさい。

(A) Since you have prepared well, you'll feel ______ when you have an interview.

(1) blank　(2) confident
(3) negative　(4) subtle

(B) Most parents ______ their children for behaving badly.

(1) chart　(2) punish
(3) purchase　(4) sketch

(C) The ______ on environmental issues will begin next week in Kyoto.

(1) conduct　(2) conference
(3) construction　(4) convenience

(D) This medicine was so ______ that I was able to recover from my cold in no time.

(1) attractive　(2) aware
(3) effective　(4) exhausting

(E) It is difficult for the government to ______ the new law.

(1) convince　(2) enforce
(3) infect　(4) pump

(F) It is not ______ that the company can really carry out reforms.

(1) disposable　(2) irresistible
(3) plausible　(4) vulnerable

(G) The police released the suspect because of a ______ in the law.

(1) dynasty (2) gleam

(3) loophole (4) notch

解説

(A) 正解は (2) ―――― 平易

「準備は十分にしたのだから，面接を受ける時に（　　）感じがするだろう」

(1) blank「空白の，無表情の」 (2) confident「自信のある」

(3) negative「否定的な，悲観的な」 (4) subtle「微妙な」

準備が十分できているのだから，(2)を選ぶ。

(B) 正解は (2) ―――― 平易

「たいていの親は行儀が悪いという理由で子供を（　　）」

(1) chart「図に記す」 (2) punish「罰する」

(3) purchase「購入する」 (4) sketch「スケッチする」

「悪い振る舞い」から，(2)を選ぶ。

(C) 正解は (2) 平易

「環境問題に関する（　　　）が来週京都で始まるだろう」

(1) conduct「行為」 (2) conference「会議」
(3) construction「建設」 (4) convenience「便利」

con-で始まる単語の区別。「環境問題」と「始まる」という表現から，(2)を選ぶ。

(D) 正解は (3) 平易

「この薬はとても（　　　）ので，すぐに風邪から回復することができた」

(1) attractive「魅力的な」 (2) aware「気づいて」
(3) effective「効果的な」 (4) exhausting「疲労させる」

風邪が治ったのだから，(3)を選ぶ。

(E) 正解は (2) 標準

「政府がその新法を（　　　）のは難しい」

(1) convince「確信させる」 (2) enforce「施行する」
(3) infect「感染させる」
(4) pump「ポンプで汲み上げる，投入する」

目的語が「新法」なので，(2)を選ぶ。

(F) 正解は (3) 難

「その会社が本当に改革を実行できるということは（　　　）ではない」

(1) disposable「使い捨ての」 (2) irresistible「抵抗できない」
(3) plausible「妥当な，あり得る」 (4) vulnerable「弱い，傷つきやすい」

改革の実行に対する判断なので，(3)を選ぶ。

(G) 正解は (3) 難

「法の（　　　）ゆえに，警察は容疑者を釈放した」

(1) dynasty「王朝」 (2) gleam「かすかな光」
(3) loophole「抜け穴」 (4) notch「刻み目」

警察が容疑者を釈放した理由になるのは，法の抜け道を意味する(3)のみ。

解答

(A)―(2) (B)―(2) (C)―(2) (D)―(3) (E)―(2) (F)―(3) (G)―(3)

〈5〉類語選択

出題傾向と解法のコツ

出題傾向　英文中の単語の類語を選べる語彙力が要求される

問題番号	内　容	難易度
V〔2〕	単語・語彙に関する選択式の問題。英文中の下線が引かれた単語の類語として適切なものを4つの選択肢から選ぶ。（5問）	平易～やや難

解法のコツ　文意を損なわないように語を選ぼう！

自分が覚えている単語の意味とぴったり一致する選択肢があれば容易に正解できるが，本問での「類語」の定義はやや曖昧で，下の設問のようにやや広義での類義語を選ばなければならない場合もある。あくまでも，「最も近い意味になる語」を選ぶという設問の指示に従う必要がある。

> The new technology will make the company more <u>productive</u> than others.
> (1) attractive　(2) efficient　(3) imaginative　(4) progressive
>
> (2018年度　2月2日実施分)

単語レベルでは必ずしも productive「生産的な」= efficient「効率的な」とは言えないが，この設問での文脈，新しいテクノロジーによって会社にもたらされる影響を考慮に入れると，会社にとって「生産性が高い」というのは(2) efficient「効率が高い」ことに通ずると考えられる。ただ，たいていの場合は，どの選択肢を入れても文法的には正しく意味の通じるものとなるので，文脈のみに頼るのは危険である。

まずは英検2級レベルの語彙を正確に自分のものにすることで，平易～標準難度の問いはクリアできる。ただ，全5問の中には，語彙レベルの高いものが1問程度含まれており，ここも落とさず正解しようと考えるならば，英検準1級程度の語彙力が求められる。

55

2022 年度　2月1日

目標解答時間　2分

次の(A)〜(E)の文において，下線部の語にもっとも近い意味になる語を(1)〜(4)から一つ選び，その番号を解答欄にマークしなさい。

(A) I used to try not to <u>rely on</u> others for support.

(1) check on　(2) count on

(3) focus on　(4) spy on

(B) Taylor had <u>an outstanding</u> match in the final.

(1) a competitive　(2) a favorable

(3) an impressive　(4) an unlucky

(C) We should call the building's <u>landlord</u> about fixing the broken pipe.

(1) committee　(2) inhabitant

(3) owner　(4) tenant

(D) In his speech, the prime minister spoke about the <u>crucial</u> role of education.

(1) changing　(2) contemporary

(3) important　(4) modern

(E) We don't see ourselves as <u>opponents</u>, but some people do.

(1) colleagues　(2) innovators

(3) liberals　(4) rivals

解説

(A) 正解は (2) ———— やや難

「私は，以前は他人の援助をあてにしないようにしていたものだ」

(1)「～を調べる」 (2)「～に依存する」
(3)「～に集中する」 (4)「～をひそかに探る」

rely on *A* (for *B*) は「(*B* のことで) *A* を頼る」という意味なので，(2)が正解。

(B) 正解は (3) ———— やや易

「テイラーは決勝戦で見事な試合をした」

(1)「競争力の高い」 (2)「好ましい」
(3)「印象的な」 (4)「不運な」

outstanding は「突出した，特に優れた」という意味の形容詞なので，(3)が最も近い。

(C) 正解は (3) ———— 標準

「私たちは，壊れたパイプの修理について建物の大家に電話するべきである」

(1)「委員会」 (2)「住民」
(3)「所有者」 (4)「(土地や建物の) 賃借人」

landlord は「大家，地主」という意味の名詞なので，(3)が正解。

(D) 正解は (3) ———— やや易

「演説の中で，首相は教育が持つ極めて重要な役割について語った」

(1)「変化している」 (2)「同時代の，現代の」
(3)「重要な」 (4)「現代の」

crucial は「極めて重要な」という意味の形容詞なので，(3)が正解。

(E) 正解は (4) ———— 標準

「我々は自分たちが敵同士とは思っていないが，そう考えている人もいる」

(1)「同僚」 (2)「革新者」
(3)「自由主義者」 (4)「ライバル」

opponent (ここでは複数形) は「敵，ライバル」という意味の名詞なので，(4)が正解。

解答

(A)―(2) (B)―(3) (C)―(3) (D)―(3) (E)―(4)

56

2021年度　2月7日

目標解答時間　2分

次の(A)～(E)の文において，下線部の語にもっとも近い意味になる語を(1)～(4)から一つ選び，その番号を解答欄にマークしなさい。

(A) The flow of the river was impressive.

(1) coast　(2) coolness
(3) crossing　(4) current

(B) The writer's style has been imitated by many other authors.

(1) categorized　(2) confirmed
(3) copied　(4) criticized

(C) The prices are reasonable at the coffee shop down the street from our house.

(1) fair　(2) fancy
(3) fantastic　(4) funny

(D) Many people wish they could lead a carefree life.

(1) a fabulous　(2) a luxurious
(3) a radical　(4) an untroubled

(E) I was invited to an informal party on Friday.

(1) a casual　(2) a farewell
(3) a local　(4) an official

解説

(A) 正解は (4) やや難

「その川の流れは印象的だった」

(1) 「沿岸」　(2) 「涼しさ」
(3) 「横断」　(4) 「流動」

これらの中で flow「流れ」に近いのは(4)である。

(B) 正解は (3) 標準

「その作家の文体は多くのほかの著者に模倣されている」

(1) 「分類される」　(2) 「確認される」
(3) 「模倣される」　(4) 「批判される」

これらの中で imitate「模倣する」に近いのは，copy である。よって(3)が正解。

(C) 正解は (1) やや難

「うちの家から通りを進んだところにあるコーヒーショップの値段はお手頃だ」

(1) 「正当な」　(2) 「途方もない」
(3) 「とてもすばらしい」　(4) 「面白い」

これらの中で reasonable「妥当な，理にかなう」に近いのは(1)である。

(D) 正解は (4) やや易

「多くの人々は心配のない生活を送れたらいいのにと思っている」

(1) 「驚くべき」　(2) 「贅沢な」
(3) 「根源的な」　(4) 「安心な」

これらの中で carefree「気苦労のない」に近いのは(4)である。

Check 23 接尾辞 -free

単語を構成する要素の中にもヒントがある。ここでは接尾辞 -free だ。free には「自由な」の意味があるが，そこから派生して「～のない」という意味の接尾辞として使われる。例として，tax-free「免税の」，sugar-free「砂糖の入っていない」，barrier-free「障害がない，バリアフリーの」などがある。

(E) 正解は (1) 平易

「金曜日に形式ばらないパーティーに招待された」

(1) 「くだけた」　(2) 「送別の」
(3) 「地域の」　(4) 「公式の」

これらの中で informal「略式の」に近いのは(1)である。

解答

(A)—(4) (B)—(3) (C)—(1) (D)—(4) (E)—(1)

57

2020年度 2月2日

目標解答時間 2分

次の(A)～(E)の文において，下線部の語に最も近い意味になる語を(1)～(4)から一つ選び，その番号を解答欄にマークしなさい。

(A) We cannot <u>accept</u> this kind of behavior.

(1) abolish　　(2) allow
(3) assume　　(4) avoid

(B) Many people thought the article was <u>moderate</u> in tone.

(1) abnormal　　(2) academic
(3) mild　　(4) motivating

(C) He <u>acquired</u> more than he expected to while in California.

(1) arranged　　(2) distributed
(3) gained　　(4) meditated

(D) She intended to <u>demolish</u> the wall.

(1) decorate　　(2) destroy
(3) mend　　(4) transform

(E) Her <u>grief</u> was easy to understand.

(1) analogy　　(2) anguish
(3) dilemma　　(4) metaphor

解説

(A) 正解は (2) 平易

「私たちはこういった振る舞いを受け入れることができない」

(1) 「〜を廃止する」　(2) 「〜を許す」
(3) 「〜を想定する」　(4) 「〜を回避する」

これらの中で accept「〜を受け入れる」に近いのは(2)。

(B) 正解は (3) やや難

「多くの人々はその記事の論調は穏健だと思った」

(1) 「異常な」　(2) 「学術的な」
(3) 「穏やかな」　(4) 「やる気を出させる」

これらの中で moderate「穏健な」に近いのは(3)。

(C) 正解は (3) 標準

「彼はカリフォルニアにいる間に，予想以上に多くのものを得た」

(1) 「〜を配置した」　(2) 「〜を分配した」
(3) 「〜を手に入れた」　(4) 「〜をもくろんだ」

これらの中で acquired「〜を獲得した」に近いのは(3)。

(D) 正解は (2) 難

「彼女は壁を取り壊そうとした」

(1) 「〜を装飾する」　(2) 「〜を破壊する」
(3) 「〜を修理する」　(4) 「〜を変形する」

これらの中で demolish「〜を取り壊す」に近いのは(2)。

(E) 正解は (2) 難

「彼女の悲嘆は理解しやすい」

(1) 「類推」　(2) 「苦痛」
(3) 「板挟み」　(4) 「隠喩」

これらの中で grief「悲嘆」に近いのは(2)。

〈5〉 類語選択

解答

(A)―(2)　(B)―(3)　(C)―(3)　(D)―(2)　(E)―(2)

58

2019年度 3月7日

目標解答時間 2分

次の(A)～(E)の文において，下線部の語に最も近い意味になる語を(1)～(4)から一つ選び，その番号を解答欄にマークしなさい。

(A) She decided to help <u>preserve</u> the forest's trees.

(1) harvest　　(2) protect
(3) remove　　(4) replace

(B) The effect of the medicine is particularly <u>noticeable</u> in older patients.

(1) evident　　(2) rapid
(3) reliable　　(4) unpredictable

(C) After hearing the news, she showed her <u>rage</u>.

(1) anger　　(2) curiosity
(3) pleasure　　(4) suspicion

(D) The politician continued to talk <u>passionately</u>.

(1) excitedly　　(2) exclusively
(3) precisely　　(4) reasonably

(E) He often <u>bragged</u> about his job.

(1) boasted　　(2) explained
(3) gossiped　　(4) protested

解説

(A) 正解は (2) —— 平易

「彼女はその森の木々を守る手助けをしようと決心した」

(1)「～を収穫する」　(2)「～を保護する」
(3)「～を除去する」　(4)「～を取り替える」

これらの中で preserve「～を保護する」に近いのは(2)。

(B) 正解は (1) —— 標準

「その薬の効果は高齢者の間で特に顕著だ」

(1)「明白な」　(2)「迅速な」
(3)「信頼できる」　(4)「予測できない」

これらの中で noticeable「目立つ，顕著な」に近いのは(1)。

(C) 正解は (1) —— 標準

「その知らせを聞いて彼女は怒りをあらわにした」

(1)「怒り」　(2)「好奇心」
(3)「楽しみ，満足」　(4)「疑念」

これらの中で rage「激怒」に近いのは(1)。

(D) 正解は (1) —— やや易

「その警察官は熱心に語り続けた」

(1)「興奮して」　(2)「独占的に」
(3)「正確に」　(4)「理性的に」

これらの中で passionately「熱烈に，熱心に」に近いのは(1)。

(E) 正解は (1) —— やや難

「彼はよく仕事の自慢をした」

(1)「自慢した」　(2)「説明した」
(3)「うわさ話をした」　(4)「抗議した」

これらの中で brag「(大げさに) 自慢する」に近いのは(1)。

解答

(A)—(2)　(B)—(1)　(C)—(1)　(D)—(1)　(E)—(1)

59

2019年度 2月9日

目標解答時間 2分

次の(A)～(E)の文において，下線部の語に最も近い意味になる語を(1)～(4)から一つ選び，その番号を解答欄にマークしなさい。

(A) In order to share the pizza, we have to divide it into two pieces.

(1) join (2) maintain
(3) quarter (4) split

(B) Through this course, participants will acquire highly valued skills.

(1) declare (2) display
(3) gain (4) trigger

(C) Because of massive rainfall, water levels of rivers seem to be higher than usual.

(1) abundant (2) divine
(3) quick (4) temporary

(D) Managers will assess the workers.

(1) assure (2) direct
(3) evaluate (4) soothe

(E) The children were mortified as they forgot their lines during the play.

(1) aroused (2) ashamed
(3) confused (4) tamed

解説

(A) 正解は (4) ———— 平易

「ピザを一緒に食べるためには，2つに分けなければならない」

(1)「～に参加する」 (2)「～を維持する」

(3)「～を4等分する」 (4)「～を分ける」

これらの中で divide「～を分割する」に近いのは(4)。

(B) 正解は (3) ———— やや易

「このコースを通して，受講者は非常に価値のある技術を身につけるだろう」

(1)「～を宣言する」 (2)「～を誇示する」

(3)「～を得る」 (4)「～のきっかけとなる」

これらの中で acquire「～を身につける」に近いのは(3)。

(C) 正解は (1) ———— やや難

「土砂降りの雨のせいで，河川の水位が普段より上がっているようだ」

(1)「たくさんの」 (2)「神の」

(3)「すばやい」 (4)「一時的な」

これらの中で massive「きわめて量の多い」に近いのは(1)。

(D) 正解は (3) ———— 標準

「経営者は労働者を評価するだろう」

(1)「～を保証する」 (2)「～を指導する」

(3)「～を評価する」 (4)「～をなだめる」

これらの中で assess「～を評価する」に近いのは(3)。

(E) 正解は (2) ———— 難

「その子どもたちは，劇の最中にセリフを忘れてしまい恥ずかしい思いをした」

(1)「興奮した」 (2)「恥ずかしく思う」

(3)「困惑した」 (4)「飼いならされた」

これらの中で mortified「非常に恥ずかしい」に近いのは(2)。

解答

(A)—(4) (B)—(3) (C)—(1) (D)—(3) (E)—(2)

2018年度　2月7日

目標解答時間　2分

次の(A)～(E)の文において，下線部の語に最も近い意味になる語を(1)～(4)から一つ選び，その番号を解答欄にマークしなさい。

(A) Are you sure this is the correct location?

(1) direction　　(2) method

(3) order　　(4) position

(B) He showed steady improvement in his math scores.

(1) continual　　(2) dramatic

(3) moderate　　(4) temporary

(C) I'll call them tonight to arrange Scott's surprise birthday party.

(1) cancel　　(2) consider

(3) discuss　　(4) organize

(D) People said he was telling the truth, but Jane felt suspicious.

(1) ashamed　　(2) convinced

(3) doubtful　　(4) ignorant

(E) There is a subtle difference in the style of writing.

(1) a confusing　　(2) a slight

(3) a vital　　(4) an obvious

解説

(A) 正解は (4) —— 平易

「ここが正しい場所だとわかりますか」

(1)「方向」 (2)「手段」

(3)「命令」 (4)「位置」

location「場所」に近いのは，(4)である。

(B) 正解は (1) —— 標準

「彼は数学の成績が着実に向上した」

(1)「絶え間ない」 (2)「劇的な」

(3)「適度な」 (4)「一時的な」

これらの中で steady「着実な」に近いのは，(1)である。

(C) 正解は (4) —— 標準

「スコットのサプライズ誕生パーティーをする段取りを整えるのに，今夜彼らに電話します」

(1)「～を取り消す」 (2)「～を考慮する」

(3)「～を議論する」 (4)「～を組織する」

これらの中で arrange「～を前もって準備する」に近いのは，(4)である。

(D) 正解は (3) —— 標準

「彼は真実を語っていると人々は言っていたが，ジェインは疑わしく思った」

(1)「恥じて」 (2)「確信して」

(3)「疑って」 (4)「知らなくて」

これらの中で suspicious「疑いをもっている」に近いのは，(3)である。

(E) 正解は (2) —— 標準

「文体には微妙な差がある」

(1)「混乱を招く」 (2)「わずかな」

(3)「重大な」 (4)「明白な」

これらの中で subtle「微妙な，かすかな」に近いのは，(2)である。

〈5〉類語選択

解答

(A)—(4) (B)—(1) (C)—(4) (D)—(3) (E)—(2)

61

2018年度 2月8日

目標解答時間 2分

次の(A)～(E)の文において，下線部の語に最も近い意味になる語を(1)～(4)から一つ選び，その番号を解答欄にマークしなさい。

(A) His offer was <u>beyond</u> my expectations.

(1) above (2) behind
(3) below (4) within

(B) The scientists measured the <u>nucleus</u> of the atom.

(1) center (2) pattern
(3) size (4) weight

(C) He has always been <u>an earnest</u> student.

(1) a curious (2) a diligent
(3) a hopeless (4) a successful

(D) He <u>pondered</u> the question for a moment.

(1) avoided (2) considered
(3) edited (4) excluded

(E) From the start, the <u>endeavor</u> seemed certain to succeed.

(1) effort (2) excursion
(3) partnership (4) professor

解 説

(A) 正解は (1) ――― 標準

「彼の提案は私の想定外であった」

(1) 「～より上に」　(2) 「～の後ろに」
(3) 「～の下に」　(4) 「～の範囲に」

beyond *one's* expectations「想定外で」 above *one's* expectations「想定を超えて」より(1)が正解。

(B) 正解は (1) ――― 難

「その科学者たちは原子核を測定した」

(1) 「中心」　(2) 「パターン，模様」
(3) 「大きさ」　(4) 「重さ」

nucleus「中核」より(1)が正解。

(C) 正解は (2) ――― 標準

「彼は昔から真面目な生徒でした」

(1) 「好奇心旺盛な」　(2) 「勤勉な」
(3) 「見込みのない」　(4) 「成功した」

earnest「真面目な」より(2)が最も近い意味となる。

(D) 正解は (2) ――― 難

「彼はしばらくの間その質問について熟考した」

(1) 「～を避けた」　(2) 「～についてよく考えた」
(3) 「～を編集した」　(4) 「～を排除した」

ponder「～について熟考する」より(2)が正解。

(E) 正解は(1) ――― 平易

「最初から，その努力はきっと報われると思われていた」

(1) 「努力」　(2) 「遠足」
(3) 「友好関係」　(4) 「教授」

endeavor「努力」より(1)が正解。

〈5〉 類語選択

解答

(A)―(1) (B)―(1) (C)―(2) (D)―(2) (E)―(1)

62

2017年度 2月1日

目標解答時間 2分

次の(A)～(E)の文において，下線部の語に最も近い意味になる語を(1)～(4)から一つ選び，その番号を解答欄にマークしなさい。

(A) The doctor <u>observed</u> my records carefully.

(1) completed (2) examined
(3) issued (4) separated

(B) The university has <u>granted</u> 10 scholarships.

(1) awarded (2) blocked
(3) eliminated (4) modified

(C) Not even one person was <u>wounded</u>.

(1) captured (2) harmed
(3) oppressed (4) overwhelmed

(D) Her contribution to the research project is <u>crucial</u>.

(1) essential (2) inadequate
(3) lousy (4) satisfactory

(E) He had the <u>generosity</u> to offer help.

(1) benevolence (2) bravery
(3) capability (4) means

解説

(A) 正解は (2) —— 平易

「医者は私の記録を注意深く観察した」

(1) 「〜を完遂した」　(2) 「〜を調べた」

(3) 「〜を発行した」　(4) 「〜を分離した」

ここでの observe「〜を観察する」は，(2)の意味に最も近い。

(B) 正解は (1) —— 難

「その大学は奨学金を 10 人に与えた」

(1) 「〜を授与した」　(2) 「〜を妨害した」

(3) 「〜を除外した」　(4) 「〜を修正した」

grant は「与える」の意味の動詞。したがって，(1)が適切。

(C) 正解は (2) —— 平易

「一人として負傷した者はいなかった」

(1) 「捕らえられた」　(2) 「傷つけられた」

(3) 「抑圧された」　(4) 「圧倒された」

wound は「負傷させる」という意味の動詞。したがって，(2)が最も適切。

(D) 正解は (1) —— 標準

「その研究プロジェクトに対する彼女の貢献は非常に重要だ」

(1) 「必要不可欠な」　(2) 「不十分な」

(3) 「ろくでもない」　(4) 「満足のいく」

crucial「決定的に重要な」に近いのは，(1)である。

(E) 正解は (1) —— 難

「彼は寛容にも手助けを申し出てくれた」

(1) 「慈悲」　(2) 「勇敢さ」

(3) 「素質」　(4) 「手段」

generosity「寛容さ」に近いのは，(1)である。

解答

(A)―(2)　(B)―(1)　(C)―(2)　(D)―(1)　(E)―(1)

63

2017年度 2月7日

目標解答時間 2分

次の(A)〜(E)の文において，下線部の語に最も近い意味になる語を(1)〜(4)から一つ選び，その番号を解答欄にマークしなさい。

(A) That particular solution <u>involves</u> many difficult issues.

(1) ignores　(2) includes
(3) overcomes　(4) surrounds

(B) He is <u>a prominent</u> business person in Southern California.

(1) a bold　(2) a hidden
(3) an outstanding　(4) an unpredictable

(C) It's difficult to <u>estimate</u> the worth of this house.

(1) appreciate　(2) calculate
(3) demonstrate　(4) reduce

(D) She thought that it was a very <u>bizarre</u> movie.

(1) emotional　(2) exhausting
(3) thrilling　(4) weird

(E) The report <u>exaggerated</u> the importance of his contribution.

(1) denied　(2) exposed
(3) inflated　(4) proclaimed

解説

(A) 正解は (2) 平易

「特にその解決法は多くの困難な問題を伴っている」

(1)「～を無視する」 (2)「～を含む」

(3)「～に打ち勝つ」 (4)「～を取り巻く」

これらの中で involve「～を伴う」に近いのは(2)である。involve も include もいずれも「内に含む」の意がある。

(B) 正解は (3) 標準

「彼は南カリフォルニアの著名な実業家である」

(1)「勇敢な」 (2)「隠れた」

(3)「際立った」 (4)「予測不能な」

これらの中で prominent「著名な」に近い意味になるのは(3)である。

(C) 正解は (2) 標準

「この家の価値を見積もるのは難しい」

(1)「～の真価を認める」 (2)「～を計算する」

(3)「～を証明する」 (4)「～を削減する」

これらの中で estimate「(価値) を見積もる」に最も近いのは(2)である。appreciate は単に「～を評価する」という意味ではなく，「～の良さがわかる」の意であることに注意。

(D) 正解は (4) 難

「彼女はそれがとても奇怪な映画だと考えた」

(1)「感情的な」 (2)「疲れ切らせる」

(3)「ぞくぞくする」 (4)「異様な」

これらの中で bizarre「奇怪な，奇妙な」に近いのは(4)である。

(E) 正解は (3) 難

「その報告は彼の貢献の重要性を誇張していた」

(1)「～を否定した」 (2)「～を暴露した」

(3)「～を膨らませた」 (4)「～を公表した」

これらの中で exaggerate「～を誇張する」に最も近いのは(3)である。

〈5〉 類語選択

解答

(A)―(2) (B)―(3) (C)―(2) (D)―(4) (E)―(3)

64

2016年度 2月2日

目標解答時間 2分

次の(A)～(E)の文において，下線部の語にもっとも近い意味になる語を(1)～(4)から一つ選び，その番号を解答欄にマークしなさい。

(A) She <u>guarded</u> the painting.

(1) created (2) damaged
(3) protected (4) sold

(B) If you are not happy with my work, please <u>appoint</u> a new leader.

(1) demand (2) name
(3) seek (4) train

(C) My father will <u>undergo</u> special training in two months.

(1) acknowledge (2) examine
(3) experience (4) provide

(D) The numbers changed <u>dramatically</u>.

(1) automatically (2) greatly
(3) immediately (4) repeatedly

(E) She dealt with every <u>adversity</u>.

(1) difficulty (2) journey
(3) lecture (4) possibility

解説

(A) 正解は (3) ―――― 平易

「彼女は絵を守った」

(1) 「～を作った」　(2) 「～を損傷した」

(3) 「～を保護した」　(4) 「～を売却した」

guard「守る」より，正解は(3)である。

(B) 正解は (2) ―――― 難

「もしも私の仕事に満足できないなら，新しい指導者を選んでください」

(1) 「～を要求する」　(2) 「～を指名する」

(3) 「～を求める」　(4) 「～を鍛える」

appoint「指名する」より，正解は(2)である。name には「名づける」の他に「指名する」の意がある。

(C) 正解は (3) ―――― 標準

「私の父は，２カ月後に特別な訓練を受けるだろう」

(1) 「～を認める」　(2) 「～を検査する」

(3) 「～を経験する」　(4) 「～を提供する」

undergo「～を経験する」より，正解は(3)である。undergo - underwent - undergone の活用に注意。

(D) 正解は (2) ―――― 平易

「数字は劇的に変わった」

(1) 「自動的に」　(2) 「大きく」

(3) 「直ちに」　(4) 「繰り返し」

dramatically「劇的に」より，正解は(2)である。

(E) 正解は (1) ―――― 難

「彼女はありとあらゆる逆境に対処してきた」

(1) 「困難」　(2) 「旅」

(3) 「講義」　(4) 「可能性」

adversity「逆境」より，正解は(1)である。

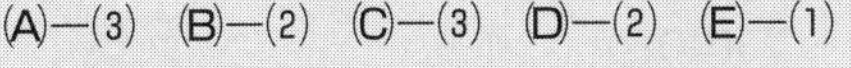

(A)―(3)　(B)―(2)　(C)―(3)　(D)―(2)　(E)―(1)

解答